BIBLIOPHILE

主编 宫晓卫

执行主编 李国庆 王振良

《藏书家》编委会

目录

藏书家·第20辑

旧期刊收藏的若干问题（下）

谢其章

三、“终刊号”更难寻

保护古旧期刊并将其版本价值提升为与“古籍善本”比肩而立的地位，当然是版本理念转变的一件好事，而如何保护好、利用好古旧期刊则是一个技术性很强的问题。譬如，一种期刊的完整与否（即一种期刊到底出版了多少时间、出版了多少期册的准确数据），并非像我们想象的那样已经做得很不错了（那些比较权威的期刊目录亦未可尽信），仍需要我们不断地利用手中掌握的实物（原版期刊）和史料线索做一点考证辨析的细活。需要做的事很多，方法手段亦不尽相同，我自己则是把“终刊号”作为一个切入口的，亦略有心得。判断一种期刊的完整与否——“创刊号（创刊号之前有可能还出过试刊号）表示它的起点，终刊号表示它的结束”是最简单的公式。创刊号一目了然，有诸多醒目标志，无须多费周折，而“终刊号”的断定则须“小心求证”下一番功夫，“终刊不终”的例子很可举出一些的。如果不能首先确定一种期刊是否完整，接下来的研究结论必然要打折扣。

上海陈思和教授在《杂志杂谈》一文里说道：“一本杂志的创刊号似乎并无什么可说，倒是它的终刊号更多耐人寻味。”台湾“中央图书馆”研究员张腾蛟先生在《搜集杂志创刊号》里也多次提到“终刊号”的苍凉——“没有一本杂志不希望延年益寿长命百岁的，然而，这是多么不容易的事情……对于一份杂志来说，诞生固然喜悦，夭折又是何等的悲哀……著名杂志的创刊号很珍贵，可是，当得不到它的创刊号时，弄到一本它的结束篇也行。”诞生有一千个理由，死亡也有一千个理由，折射在一本有血有肉的期刊上，我们感悟到的是同一个理由。一百多年来有数不清的期刊庄严而热烈地创刊（读读那些壮怀激烈的“发刊辞”便知），接着，一鸡鸣而一鸡死，数不清的期刊无可奈何花落去地终止。与创刊时的热闹相比，终刊往往无声无息，甚至“不知所终”——我们往往不能准确地说出一本期刊最后结束的日期。这里先举手边一个刚刚获知的例子——“《女声》月刊，1942年5月15日创刊，至1945年7月15日出至第4卷第2期（总第38期）终刊，前3卷由李俊芝（即日人佐藤俊子）主编，第4卷由关露主编。”这是《中国沦陷区文学大系·史料卷》（封世辉编著，广西教育出版社2000年版）关于《女声》的著录，《女声》属上海沦陷时期背景复杂的刊物，按常理，史料卷的著录应是可信的。《中国现代文学期刊目录》（上海文艺出版社1961年版）对《女声》的著录也是截止到第4卷第2期（1945年7月15日）为终刊。我自己刚刚入手《女声》第4卷第2期，自以为又新添了一种“终刊号”（近年我把终刊号作为收集专题，并写了《“终刊号”丛话》一书），及翻查了一旧一新两本权威期刊目录，事情却起了变化——第4卷第2期并非《女声》之“终”——《全国中文期刊联合目录（1833—1949）》（北京图书馆1961年版）里《女声》著录到了第5卷第1期（1946年1月）；《上海图书馆馆藏近现代中文期刊总目》（上海科学技术文献出版社2004年版）也著录到了第5卷第1期（1946年1月），但有一点令人不十分放心，上海图书馆并未藏有《女声》第5卷第1期实物，它的著录是转录。一般来说，沦陷区所出期刊到了抗战胜利，除了极个别的都停刊了，尤其是那些有政治背景的刊物更是惟恐停之不及，所以说《女声》停在1945年7月15日再正常不过了，怎么会在胜利后的1946年1月又孤零零地出了一期？这一期和前面的《女声》及编辑关露有什么关联？这都是特别令人感兴趣的谜团，亦是终刊号的魅力所在。

相似的例子还有一个，上述的两个权威目录都将一本叫《实报半月刊》（1935年10月创刊，北平实报社主办，管翼贤、罗保吾主编）的期刊著录为自1卷1期出至3卷18期，但一个（《联合目录》）将终刊号3卷18期的日期定在1937年7月，另一个（《期刊总目》）将3卷18期的日期定在1938年×月。北平是1937年7月28日沦陷的，在此关口停刊合情合理，所以《联合目录》说1937年7月停刊有它的依据，但是从期数上“挤”，1937年7月只能出到第2卷第19期，我手中保存的第2卷19期正是1937年7月16日出版的，日期对得上，但期数对不上。再说《期刊总目》将停刊日期定在1938年×月，于当时的局势似乎不符，但是当我们了解到北平实报社的政治立场，了解到管翼贤的汉奸背景，事情就变得顺理成章了。因此，我们可以比较肯定《期刊总目》的著录，而《联合目录》的“1937年7月”有可能是“1938年7月”之误。正确的著录应该是：《实报半月刊》出至第3卷第18期（1938年7月）后停刊。从这个例子的推理，我们明白，判断一本期刊的终刊应有三个不可少的条件：比较权威的目录，实物（原版期刊），缜密的考证辨析。《期刊总目》为什么不能肯定《实报半月刊》停刊的准确月份，因为它的馆藏《实报半月刊》只藏到第2卷第19期，未存关键的第三卷。

有一条简易判断“终刊号”的方法——重大历史事件发生的当口，常常造成期刊的停刊。如上海的“一·二八事变”和“八一三事变”，北平的“七七事变”，还有抗战胜利、全国解放等等，具体的例子不胜枚举。我们应该着重注意的是那些迈过历史关口继续出版的刊物，看看它们背后隐秘着什么。一本期刊的最终完结，不外乎三个因素：政治的，经济的，人事的。二十世纪三四十年代所出刊物，由于政治原因停刊的占很大比例，政治原因说穿了，就是被当局查禁，以至于专门搜求“禁刊”也成为后来研究者的有着浓厚兴趣的课题。现代文学专家阿英、唐弢、倪墨炎、瞿光熙等均在“禁查书刊”课题上撰有专文或专著。在一份《国民党反动派查禁报刊目录（1929—1931）》的资料中，短短两年内竟有三百多种刊物遭到查禁，著名者如《海燕》《拓荒者》《巴尔底山》《萌芽月刊》《大众文艺》《文化斗争》等，解放以后的首批期刊影印重点就是上述这些刊物。查禁的理由大有“欲加之罪，何患无辞”的荒谬——如“攻击中央肆意造谣宣传反动”，“挑拨派别意图分化”，“宣传反动煽惑人心内中尤多提倡阶级斗争言论”。不可思议的是“宣传拉丁文，提倡拉丁化文字”也可成为查禁的理由。

政治原因之外造成刊物办不下去的另一个大原因是经济问题，为数众多的期刊难以为继是因为“没钱了”，无法支撑下去。我们仔细阅读当年旧期刊上的“编后记”，常常可以看到主编者大倒苦水，什么“纸张又涨价啦”，“工厂印刷费又涨钱了”，“我们的杂志定价也不得不涨啦”，坚持不下去的只有停刊一条路可走。三个原因之中，由于内部人事矛盾纠纷而造成刊物停办的，最不容易被外人所了解，到底为什么停刊，只有当事人清楚，他不透露别人无从得知。要探寻此类刊物的终刊内幕，必须关注当年主编者的回忆文章，也许多少年之后，秘密才会被揭示。

四、专号与特辑

“专号”或称“特辑”——以某项内容为中心而编成的一期报刊，专门报道、论述、研究某一主题的某期报刊。

前面讲到搜集创刊号、终刊号之类的专项收藏方法，此外值得留意的还有期刊的专号和特辑。所谓专号，即某一期杂志为它的内容设定了一个主题，所有的文章都围绕这个主题来写。譬如“鲁迅逝世悼念专号”，不言而喻，这一期的内容都是悼念鲁迅逝世的。名人的去世，是刊物出专号最多的起因，但是能担起出版专号殊誉的名人极少。我收藏的专号中只有《青年界》的《朱湘纪念号》，《文讯》的《朱自清先生悼念专号》等。有的专号，内容很单薄，只能约到三四篇文章。专号一般都在封面上显眼地写明该期是什么什么专号。

专号的做法，对于提高读者的阅读兴趣很起作用。除了纪念人物的专号，更多的专号是约名家专门谈一个话题，譬如《东方杂志》1933年第一期是《“新年的梦想”专号》，1937年《文学》杂志的第一期是《新诗专号》，都是分量很重的专号。邵洵美主编《论语》杂志时期，特别偏好编专号，如《鬼故事专号》《家的专号》《癖好专号》《灯的专号》，连吃、病、睡这类题材，邵洵美也有办法各出一期专号，《论语》最后一个专号是《逃难专号》。

早期的旧派鸳蝴文艺刊物却是最先使用专号手段来编辑杂志的，他们编专号，不是为了悼念谁，而是很随意地想起个话题就办一期专号。譬如《半月》和《紫罗兰》杂志，就是大出专号的刊物，什么《恋爱专号》《家庭专号》《装饰专号》《消夏号》《歌舞号》《非战号》等等，不一而足，隔个几期就出专号，这样的专号不太具有收集价值。

五、合订本的优缺点

杂志和报纸一样，为了长久保存的缘故，到了一个月或一年，就要合订成册。讲究点的用精装，简陋点的用牛皮纸一裹。不管是私人收藏，还是图书馆藏品，合订本好像是目前唯一可行的保存方法，尤其是图书馆，借阅的人多，更是非合订不可。还有一种是合订本，是出版杂志的公司自己合订的，这种原装的合订本，尤其值得收集，市面上流传的很少。我买了几种，譬如《现代》《文学》《论语》的原合订本，留有那个时代装订工艺的痕迹，更具有故物的特征。

合订本的优点上面讲过了，就是它的便于保存性。每一种事物都有两面性，合订本的缺点也是明显的，很多时候这个缺陷会使藏家难决取舍，我过去是合订本的反对派。如果有两种选择，我肯定是选零本而弃合订本，为什么呢？因为合订本势必要将杂志三边切齐，另一边被装订线占有，一张美丽的封面被这么一整，真可谓面目全非了。如果仅是阅读损失还不大，可是从收藏的角度来看，这件藏品就算“残品”了。如果装订技艺再粗糙一些，这样的合订本怎么看怎么别扭。另有一种合订本是装订厂为图省事省料，将封面全去掉了，更是难以容忍。

合订本还有一个缺陷，现在已凸显了。假如你想复印合订本里面的一篇文章，你会发现很困难，总是复印不全，离书根越近的地方越复印不清楚。还有一个苦头，是拍合订本的封面照片（书影）也有困难，勉强拍下来效果也不好。我看过一回中国期刊展，老旧杂志多为合订本，只能像一本摊开的书一样摊在那展出，远不如一本散册杂志展开来让人感到美观。

六、丛刊是期刊吗？

常有书友问，收藏老期刊时，那些标有“某某丛刊”“某某第一辑（集）”的，算不算期刊，能不能当作期刊来收藏。我开始也不懂这些“似书似刊”到底应该算书还是应该算期刊，后来多有留意，方略有领悟。这个问题要分两个阶段来讲，解放前是一回事，解放后是一回事，盖两者的出版发行政策规定大有不同。这里只谈前者。

丛刊往往具有期刊的面目，开本、编排、序言、目录、作者、版权页、封面，都一如期刊，全然不像“书”的样子，可是它为什么称丛刊，丛刊的第一本为什么不称“创刊号”，而叫“第一辑”或“丛刊之一”呢？我是在无意中读了金性尧的《期刊过眼录》后，才找到了解答，金性尧写道：“此外，尚有介乎书籍与杂志之间的丛刊，如上举之《燕京学报》号外是一种，由一人执笔作固定题目。亦有文学性的亚东之《我们的六月》《我们的七月》，商务之《星海》，大江书铺之《文学研究》。出版的日期没有确定，执笔也非一人，而略有同人性，文字则较结实，现实色彩比较少，实则与杂志也并无怎样大不同。大家知道在四五年前，凡是新出版的杂志，几乎十之八九采用了丛刊的形式，尤其是比较硬朗泼刺的。这原因不消说是为政治的压力。因这时发行杂志必须向工部局登记，丛刊则择每一期中某一篇作品为刊名，旁注某某丛刊之一，便可以书的方式避免这限制了。不过这样的做法，自然还有问题，例如登记虽然避免，但查禁依然很严。”

金性尧此文写于1944年，说的丛刊大都是二十世纪二三十年代出版的，有些话由于当时金性尧身处沦陷的上海，说得有些云里雾里，但大致丛刊是怎么回事他说明白了。

另有一资料与金文所称的时间相差不多。范泉先生创办过几个知名杂志，其中之一乃《文艺春秋丛刊》。范泉后来回忆道："在沦陷了的上海出版期刊，必须向敌伪登记，为了避免登记，决定用期刊的形式，丛刊的名称，分辑出版，每辑一个书名。"范泉将丛刊与期刊的关系说的再清楚不过了。《文艺春秋丛刊》共出五辑，分别是《两年》《春雷》《星花》《朝雾》《黎明》，封面是钱君匋设计前三辑，池宁设计后两辑。

这里所说只是关于丛刊的一己之见，在期刊的研究中，丛刊的面目最为模糊不清，就是在图书馆的管理上，丛刊也是个头痛的问题，二十世纪五十年代的《图书馆》杂志上有人撰文专门讨论过。

七、老杂志的"初刊本"性质

作家的作品在发表程序上，有个现象颇值一说。作品多先于报刊刊载，然后结集出版单行本。譬如张恨水的小说即先在报纸上连载，然后出书。人们重视初版本的收藏，却往往忽视了报刊的"初刊本"性质。这当然与报刊的不易收集有关，可也不能否认藏界对于"初刊本"的学术价值的不够了解。

《骆驼祥子》谁没有读过？但是知道其版本变迁的人恐怕就不很多了，知道《骆驼祥子》被多次动过"手术"的恐怕也不多。有的"手术"只是订正错别字，有的"手术"删去了不大洁净的语言，有的"手术"干脆将全书最后的第24章全部删除，一些自然段的删改也不在少数。新文学版本专家朱金顺教授在《新文学考据举隅》一书中有专文《〈骆驼祥子〉版本初探》，对该书进行了精详的考证。《骆驼祥子》最早就是在《宇宙风》杂志第25期至第48期连载，一期一章，共24章。这是原生态的"祥子"，是以后一切"祥子"的祖本。据现代文学专家丁景唐考证，现藏于上海图书馆的《骆驼祥子》手稿——"全部书稿24章内容均与《宇宙风》上连载的文字相同。"据此可以说，《宇宙风》第25期至第48期是《骆驼祥子》的"初刊本"，具有很高的版本价值。

再举一例。近年来，有关《毛泽东自传》最早版本的"发现"与"惊现"的消息报道屡见报端，好像发现了天外来客，一些大学者也卷了进来跟着惊讶，并且跟着争论何者为最早的《毛泽东自传》，大呼小叫，终于惊动了大图书馆，开始翻箱倒柜地查家底，原来所谓“惊现”的宝，几十年来一直静悄悄地沉睡在书库的某一角落。我们已然习惯于“守着宝贝找宝贝”。《毛泽东自传》的来历，当年已说得很清楚——“本书是毛泽东先生亲向美国著名记者史诺氏的口述生平事迹的忠实记录，是中国革命史上的一个重要文献。原文在《亚西亚》杂志上分四期发表，经本社译出并在《文摘战时旬刊》中连续刊出。”（上海黎明书局发行单行本《毛泽东自传》广告，1937年11月8日。）《毛泽东自传》最初的出版形式不是单行本，而是期刊，这点已确定无疑，所以最初承载《毛泽东自传》的中文期刊，应该确认有着非同一般的版本价值。我们特别喜欢争执“最早”“最先”，还有比《文摘》更早的《毛泽东自传》吗？

《文摘》杂志，1937年1月1日创刊，上海复旦大学文摘社编，上海黎明书局发行，卢沟桥事变后，更名为《文摘战时旬刊》。《毛泽东自传》在《文摘》第二卷第二期（1937年8月1日）的第379—383页首次露面连载，题名《毛泽东自传（特译稿）》，下注Edgar Snow笔录，吴光译；旁注Asia七月号。第二卷第二期后《文摘》更名，《毛泽东自传》在《文摘战时旬刊》上连载6期完毕。这样，《文摘》第二卷第二期加上《文摘战时旬刊》的6期，共同形成了《毛泽东自传》的最早中文文本，而晚了几个月（1937年11月1日）出版的单行本《毛泽东自传》，终归称不上“最早”了。

八、藏刊应讲究专题

中国之有期刊，虽然不过百余年的历史，但是出版的期刊数量已达到四五万种。不管多么有实力的藏家也不可能将这么多的杂志一网打尽，图书馆也做不到。所以，现实一点的收藏策略就是专题收藏。每个人都有自己的兴趣点，抓住兴趣点就是抓住了专题，集中财力，容易出成果，“兴趣广泛，全无心得”最不可取。

上海有位赵士荟老先生，收集老电影资料六十几年，电影杂志、影星老照片、电影说明书应有尽有，简直就是个电影资料库。赵先生撰著的电影文章，史料性是别的作者比不了的。他还经常上电视台，讲述老电影的逸闻趣事，由于赵先生手握第一手资料，所以讲起来很生动很有说服力。

北京有一位方先生，自住房即可称“中国象棋图书馆”，所藏棋刊数万册，为了保证书刊之安全，方先生冬天家里也不生煤火，来客一律“严禁吸烟”。

我自己有好几个小专题，电影杂志、漫画杂志、文学杂志。还有一个专题是，凡刊有张爱玲作品的杂志，必收之。

九、集藏期刊目录不可或缺

现在的收藏较之过去那是条件好多了，这条件好的标志之一，就是工具书的唾手可得，这在过去是难以想象的。以期刊目录为例，就有《全国中文期刊联合目录（1833—1949）》（北京图书馆1961年版）、《中国现代文学期刊目录》（上海文艺出版社1962年版）、《中国电影期刊目录》（上海文艺出版社1963年版）等正式出版的目录，这还不包括大学、研究机构、旧书店自己编印的期刊目录。二十世纪九十年代以来又有几部大型期刊目录加入进来，它们之间互有补充，使用起来十分趁手。

目录的使用也需要积累经验，因为我们既离不开目录，也不能完全依赖目录。

我曾买到一册印数很少的《北京师范大学图书馆馆藏中文珍稀期刊题录（1902—2002）》，印数仅1200册。本书收录了北师大馆藏珍稀期刊280余种，对于每种期刊的著录项目有：（1）题名（包括副题目和并列题名）；（2）编辑者；（3）版本；（4）刊物的出版情况；（5）出版发行地；（6）出版发行者；（7）出版发行年；（8）文献总数和刊物的外部描述（尺寸大小，有无插图等）；（9）主要栏目；（10）统一题名；（11）出版频率；（12）附注（包括刊物的沿革和各项细节）；（13）内容提要；（14）分类，主题；（15）馆藏。这15个项目其实也就是"刊话"写作的要素，虽然不见得每篇"刊话"都要将15个要素都交代全。

于天池教授为本书作序，说："北京师范大学图书馆编纂出版馆藏珍稀期刊的目录在学术的严谨方面承担着一定的风险。虽然图书馆界都承认珍稀期刊的存在，但哪些是珍稀期刊，依据什么标准来划定珍稀期刊，各馆在选择的标准上不尽一致。本题录的依据有二：其一是，依据相关的工具书著录的情况来确定，主要的参照典籍是《全国中文期刊联合目录（增订本）》。它是目前比较权威的中国1833年—1949年期间的期刊志。它明确地著录了各种期刊存世散佚的情况，一般而言，它缺载失录的，或者是虽然著录，但入藏的图书馆非常稀少的，自然应该属于珍稀的范围。前者北师大图书馆藏有十余种，后者也有相当的数量。其二是，根据我们现时对全国比较重要的部属重点高校图书馆的实际入藏的粗略统计来确定。根据对兄弟馆的期刊入藏情况的了解，又确认了所谓珍稀的第二个依据，即如果这种刊物有较多较大的图书馆没有入藏，我们就把它也纳入了珍稀的范围。可能后者的纳入标准稍嫌宽泛了些。根据这两种依据，我们确认的珍稀刊物约280余种。”

于教授说了这番话后，仍担心别人对珍稀标准质疑，只好又补充说：“所谓珍稀（只）是一个描绘性的词汇，它相对主观而又有一定的模糊性。有时是否称得起珍稀可能会引起分歧和争议，就北京师范大学图书馆而言，之所以编写这本题录，既不想敝帚自珍，也不想夸示炫耀，更没有任何商业的目的，只是为了按照自己的理解揭示馆藏，给利用图书馆期刊的学子们提供一种便利，如果有人以‘快炙背而美芹子’相耻笑，也只好听之任之了。”

作为私家收藏的期刊爱好者，按照自己的理解来认定某期刊的珍稀与否，其依据也只能是于教授所说的相关工具书，主要的参照典籍也只能是《全国中文期刊联合目录》（现在又有2004年出版的《上海图书馆馆藏近现代中文期刊总目》，其权威性似略胜《联合目录》）。资深的老期刊收藏家姜德明、胡从经，通常也是依据《联合目录》来判断某本杂志的“珍稀度”。胡从经说：“一般而言，猎书是围绕着研究课题进行的，例如六十年代就想写《中国文学期刊史》，所聚近现代文学期刊不下千种。其中就有百余种为《全国中文期刊联合目录》所未著录。像李叔同于光绪三十一年（1906）在东京创刊的中国第一本音乐刊物《音乐小杂志》，八十年代中在东京神田町一家旧书店觅到，国内公私藏家均无收藏；又如《声色》，从未有人提到它是新月社的刊物，也不见任何处所有藏。”胡先生所称“国内公私藏家均无收藏”及“也不见任何处所有藏”，都是过头的话，说有易，说无难，“均无收藏”——如何调查得来如此肯定的结论，而且私家收藏如何普查？后一个“任何处所”亦同前病。中国现代文学馆某研究员尝言“《女神》初版本全世界只存有三本”，这位研究员的口气大到“全世界”，更不知他是如何操作范围如此大的全球性调查，也不知为一本《女神》有无必要惊动他国。我曾就此戏言，不知他去莫桑比克调查了没有。

完全依据《联合目录》作为“珍稀与否”的标准，还有一个不准确的地方，如《联合目录》的“编例”中已说明有“几个不收”，不收不等于失收。所以，假如你手中有《联合目录》标明了的“不予收录”的期刊，就该慎重一些，不要急于自作多情地视为珍稀之物来夸示炫耀。《联合目录》收录的期刊仅19115种，离1833—1949年间实际刊行的三四万种相去甚远。

2000年，北京大学出版出版《中文期刊大辞典》，“前言”称“但《联合目录》已出版多年，由于各种原因致使有许多遗漏。《中文期刊大辞典》的编辑出版，为我国增添了一份反映中文期刊全貌的重要资料，为广大读者和研究工作者提供了大量而又较为齐全准确的资料和线索”。《大辞典》收录期刊330036种，其中旧中国出版的25000多种，新中国出版的8000多种。按理说，《大辞典》的25000种应该全部涵盖《联合目录》所收者，但令人不解的是，《联合目录》已收而《大辞典》失收的情况依然存在，譬如我手头收藏梁得所主编的《小说半月刊》（1934年），《联合目录》收录，《大辞典》却失收。同样的例子还有《小象》（1947年，北平综合文化杂志）。《大辞典》的另一缺陷是每种期刊只标示一家馆藏，不像《联合目录》那样凡是有藏存的图书馆皆一一标示。《联合目录》的做法使得某教授的珍稀标准“但入藏的图书馆非常稀少的，自然应该属于珍稀的范围”，有了数据支持。《大辞典》的“前言”与“凡例”异常简短，与厚达2700余页分上下册的巨量载体不甚相称，有“小头大身”之感。《大辞典》较之《联合目录》优势的地方，在于每种期刊都有“内容简介”。有些期刊尤其是古旧期刊，光听其名你闹不明白它里面讲的是什么，有了内容简介就好多了，至少不会再花冤枉钱买回自己不需要的杂志。

另外，我在《大辞典》中也找到了一些《联合目录》缺载的期刊，使得原本以为特别珍稀的刊物顿时觉得不那么珍稀了。鉴于此，珍稀期刊的标准有必要修订为《联合目录》与《大辞典》均失录缺载的期刊。我自己的做法是，《联合目录》加上《大辞典》，再加上最新出版的《上海图书馆馆藏近现代中文期刊总目》，三者均失录缺载的期刊，大体可放心地视之为珍稀期刊，可即使这么做了，也还是应缓称“孤本”，也不必宣称“仅存”。

—书 讯—

中国历代家训文献叙录

赵振 著

ISBN 978-7-5333-3160-3　精装　32开　一册　2014年5月版　66.00元

本书对先秦至晚清的家训文献进行了全面的清理和描述，并仿《四库全书总目》体例，对流传于世的每一部家训专著的作者、内容、版本、价值及影响都进行了详细的考辨和评述，书末附有《历代家训专著存目一览表》及《历代亡佚家训专著一览表》。该书是目前国内第一部对中国古代家训进行全面梳理和描述的著作，对于从事中国传统家训、中国家庭史、中国家族史、中国古代教育史等研究的专家学者及热爱家庭教育的一般读者均具有参考价值。

知堂藏书小考

姚一鸣

周作人的写作，大多和读书藏书有关，他在文章中写道："近日在家多闲，只翻看旧书，不说消遣，实在是过瘾而已，有如抽纸烟的人，手嘴闲空，便似无聊……只以旧书当纸烟消遣，此外无他嗜好。"（《书房一角》）无他嗜好的周作人藏书丰富，从他的日记书帐以及书话作品（他的书话都有藏书作依据）可以清楚地看出，其内容也十分庞杂，包罗古今中外。

周作人的早期买书

周作人最早开始买书是在清光绪二十一年（1895），时年十岁的周作人，和鲁迅、周建人兄弟三人从压岁钱中各拿出五十文，在周作人提议下购买了一部日本和刻本《海仙画谱》。周作人之所以喜欢画谱，在于年幼时鲁迅即从亲戚处给他买过《山海经》等书籍，古书中精美的插图深深吸引了周作人，儿童幻想的空间便在这些图画中展开，之后周作人在大舅父家又看了《毛诗品物图考》，便想自己拥有一本带插图的书，《海仙画谱》便是周作人最初买书愿望的实现。

以后无论是在南京水师学堂，还是在日本留学期间，周作人买书开始逐渐增多，其中有不少是兄长鲁迅代购或托亲戚所购。周作人在南京水师学堂时，1902年2月2日，鲁迅晚饭后至水师学堂，给周作人带来严复翻译的赫胥黎《天演论》，这本书成为周作人之后一段时间的必读书。3月9日，周家堂叔祖和叔父给周作人带来家人的信，以及《三国志》《前汉书》《癸巳类稿》等书，周作人十分的高兴。鲁迅托人带来《物竞论》（日本加藤弘之著）、《波兰衰亡战史》（日本涩江保著）及严复翻译的英国亚丹·斯密《原富》，这些书对周作人帮助很大。3月17日，鲁迅从绍兴来到南京，又为周作人捎来书一批，计有《汉魏丛书》两函十六本、《徐霞客游记》四本、《板桥杂记》四本等，均是中国古代传统典籍。

到了光绪二十九年（1903），周作人继续在南京水师学堂学习，而兄长鲁迅已去日本留学。1903年5月，“收到鲁迅自日本寄来的书刊杂志十一本及相片一张，其中有《生理学粹》《旧学》《月界旅行》以及林琴南所译孟查登的《利俾瑟战血馀腥录》，又《浙江潮》《新小说》等”（《周作人年谱》，天津人民出版社2000年版）。

在南京水师学堂期间的周作人，所读的书刊相当多，从其日记和年谱中可以清楚地看出，处于求学阶段的周作人受鲁迅的影响和家庭的熏陶，阅读范围广是他的长处，从海外译本到传统典籍，周作人无不涉及，并且读后还在日记中写感想。如在读了《物竞论》后，在日记中写“虽感到不甚解，但颇增兴会”（《周作人年谱》），真实地表达出看法。周作人读书藏书的起步，在其青年求学期间即露端倪，自然他从书中也获取了知识，便有了创作翻译的冲动。

1904年，周作人得到一本伦敦纽恩斯公司发行的英文插图本《天方夜谭》，阅读后翻译了一则“阿里巴巴与四十大盗”，这成为周作人翻译西书的开始。

在周作人的买书中，除托兄长及亲戚购书以外，他有时也会自己买佛经看，他在《知堂回想录》中说：“那时候开始买佛经来看。最初是十二月初九日，至延龄巷金陵刻经处买得佛经两本，记得一本是‘投身饲饿虎经’，还有一本是经指示说，初学最好看这个，乃是‘起信论’的纂注。其实我跟本是个‘少信’的人，无从起信，所以始终看了‘不入’，于我很有影响的乃是投身饲虎的故事，这件浪漫的本生故事一直在我的记忆上留一痕迹……”

周作人的买书读书藏书，是和其文学创作翻译的起步相辅相成的，他早期受到文学的影响，正是在南京水师学堂期间。周作人也说，在水师学堂五年间课堂上倒没学到多少有用的东西，反而在读书藏书中，学好了传统国文的底子，读到了不少外国文学和学术著作，并且学着文学翻译创作，除了感受新旧文章、革命思想、外国浪漫主义等之外，更多的是像海绵吸水般地汲取中外知识，从而完善着他早期有些混乱的精神世界。据《知堂回想录》云：“我在南京的时候所受到的文学的影响，也就只是梁任公的《新小说》里所载的那些，主要是焦尔士威奴的科学小说，以及法国雨果——当时因为用英文读法称为嚣俄的名字，此外则是林琴南所译的哈葛德等，后到有司各得，其《萨克逊劫后英雄传》比较的有点意思。至于我所有的外文本文学书，就只有一册英文《天方夜谈》，八册英文雨果选集，和美国朗斐罗的什么诗，坡的中篇小说《黄金甲虫》的翻印本罢了。"

周作人的读书藏书，自南京水师学堂求学始，到他留学日本始渐入佳境，且以西书居多。《知堂回想录》记云："我到达东京的时候，下宿里收到丸善书店送来的一包西书，是鲁迅在回国前所订购的，内计美国该莱（Gayiey）的《英文学里的古典神话》，法国戴恩（Taine）的英国文学史四册，乃是英译的。说来可笑，我从这本书才看见所谓文学史，而书里也很特别，又说上许多社会情形，这也增加我不少见闻。《古典神话》虽是主要在于说明英文学上的材料，但也就有了希腊神话的大概，卷首并说及古今各派的不同解释，使我对于安特路朗的人类学派的说法有了理解。恰巧在骏河台下的中西屋书店里有多少本'银丛书'，安特路朗的主要著作就收在这里边，这便是《习俗与神话》（*Custom and Myth*）和两册《神话仪式和宗教》（*Myth Ritual and Religion*），我便去都买了来，这就是研究神话最早的根据。"

周作人从南京水师学堂毕业后，考取了官派留学资格赴日留学，但他并不是为了学习科技知识，而是准备学习和介绍新文学，这就需要购买大量的书和资料，但那时周家的经济条件并不宽裕，加上鲁迅和周作人等都在留学，除应付留学费用以外所剩无几，要想买点文学书也只能另想办法。周作人便想到用译书的稿费来买书。几年间所译的作品有：《红星佚史》（英国罗达哈葛德、安度兰合著），《劲草》（俄国托尔斯泰著），《匈奴奇士录》（匈牙利育珂摩耳著），《炭画》（波兰显克微支著），还有与鲁迅合译的《域外小说集》等。其中出版的几种，也仅《红星佚史》销售较好，共取得二百元稿费，这在当年是个不小的数目。在商务印书馆稿费未寄以前，周作人即迫不及待地先向蔡谷商借钱。拿到借来的一百元钱以后，他马上到丸善书店，买了一部英译《屠格涅夫选集》，共有十五本，每本都附有几张精美的插图。在丸善书店，周作人还看到一则新书广告，是丹麦勃兰兑斯的《波兰印象记》，与《屠格涅夫选集》均由同一书店印行，便预订了一本。

周作人的藏书与书话

周作人从日本回国后，在绍兴老家待了一段时间。辛亥革命后，1912年做了半年的浙江省教育司视学（督学），后又任浙江省立第五高级中学教员，教了几年的英文。从1917年开始在北京大学附属国史编纂处做编纂，1918年出任北京大学文科（文学院）教授，教授希腊罗马文学史、欧洲文学史、近代散文、佛教文学等课程，并创办北京大学东方语言文学系，出任首任系主任。周作人这个时期的文学创作发生了变化，不再单一地翻译外国文学，而是以创作散文为主，且在歌谣研究、儿童文学研究、民俗学研究等方面卓有建树，并积极参加五四新文化运动，发表了《人的文学》《平民文学》《思想革命》等启蒙主义文章，影响十分深远。

从1923年到1937年，周作人相继出版《自己的园地》（北平晨报社）、《雨天的书》（北京北新书局）、《泽泻集》（北京北新书局）、《谈龙集》（上海开明书店）、《谈虎集》（北京北新书局）、《永日集》（上海北新书局）、《过去的生命》（上海北新书局）、《艺术与生活》（上海群益书社）、《儿童文学小论》（上海儿童书局）、《中国新文学的源流》（北京人文书店）、《看云集》（上海开明书局）、《知堂文集》（上海天马书店）、《周作人书信》（上海青光书局）、《苦雨斋序跋文》（上海天马书店）、《夜读抄》（上海北新书局）、《苦茶随笔》（北京北新书局）、《苦竹杂记》（上海良友图书公司）、《风雨谈》（上海北新书局）、《瓜豆集》（上海宇宙风社）等书，体裁涉及散文、文学评论、序跋文、诗歌、理论等。

在周作人的十多本作品集中，散文占了绝大多数。其散文继承了《诗经》、六朝和晚明文学的内蕴，充满着平淡如水、自然如风的语言色彩，其冲淡平和的散文风格展现出空灵的人生境界，是中国现代散文的经典之作。如果仔细地阅读和分析，会发现周作人的散文集，如《雨天的书》《夜读抄》《苦茶随笔》《苦竹杂记》《风雨谈》《知堂文集》等，其中大部分是和书籍有关的书话，在钟叔河所编的《知堂书话》中，《雨天的书》选了九篇，《夜读抄》选了二十六篇，《苦茶随笔》选了五篇，《苦竹杂记》选了十七篇，《风雨谈》选了十八篇，《知堂文集》选了七篇，最后到抗战时期的《书房一角》（北京新民印书局1944年版），总计选了一百一十八篇，周作人关于书话的现代散文创作，也达到了一个新的高度。

周作人的书话作品，所涉及的中外书籍相当多，以1936年良友图书公司出版的《苦竹杂记》为例，谈到的书就包括《冬天的蝇》《醉馀随笔》《煮药漫抄》《如梦录》《拜环堂尺牍》《古南馀话》《广东新语》《岭南杂事诗抄》《隅田川两岸一览》《幼小者之声》《游艺录》《我是猫》《和文汉读法》《日本话本》等。周作人的书话涉及买书过程的不多，有时一笔带过，涉及书的内容以及相关的典故不少，从中可看出周作人的读书品位。实际上周作人的买书读书及藏书，和其兄长鲁迅十分相似，即不讲求图书的珍稀程度及版本，比较注重于书的内容，是否适合阅读和写作。

不过收入在《夜读抄》中的《厂甸》一文，及《苦茶随笔》中的《厂甸之二》中，还是有些许有关周作人淘书内容的。据文中钱玄同在《戴氏注论语》上的题跋及文后所标写作日期，周作人在厂甸淘书应该是在1934年。他在《厂甸》中说："厂甸的路还是有那么远，但是在半个月中我去了四次，这与玄同、半农诸公比较不免是小巫之尤，不过在我总是一年里的最高纪录了。二月十四日是旧元旦，下午去看一次，十八、十九、廿五这三天又去，所走过的只是所谓书摊的东路西路，再加上土地祠，大约每走一转要花费三小时以上。所得的结果并不很好，原因是近年较大的书店都矜重起来，不来摆摊，摊上书少而价高，像我这样'爬螺蛳船'的渔人无可下网。然而也获得几册小书，觉得聊堪自慰。"又云："其一是《戴氏注论语》二十卷合订一册，大约是戴子高送给谭仲修的罢，上边有'复堂所藏'及'谭献'这两方印。这书摆在东路南头的一个摊上，我问一位小伙计要多少钱，他一查书后粘着的纸片上所写'美元'字样，答说五元。我嫌贵，他说他也觉得有点贵，但是定价要五元。我给了两元半，他让到四元半，当时就走散了。后来把这件事告诉玄同，请他去巡阅的时候留心一问，承他买来就送给我，书末写了一段题跋云：'民国廿三年二月廿日启明游旧都厂甸肆，于东莞伦氏之通学斋见此谭仲修丈所藏之戴子高先生《论语注》，悦之，以告玄同，翌日廿一玄同往游，遂购而奉赠启明。'跋中廿日实是十九，盖廿日系我写信给玄同之日耳。"

这是周作人难得的一篇写到淘书过程的文章，有知堂小品的风格，极具可读性，特别是对《戴氏注论语》得来过程的描写相当生动——从看见这部书的具体位置，到看中后还价未成，回去想想又舍不去这书，便托钱玄同顺便去看看，后钱玄同购来此书赠予周作人，并在书上写有题跋述其过程。真是一段饶有情趣的淘书故事。

过了几个月，周作人又写了《厂甸之二》，收入《苦茶随笔》。他在文中说："新年逛厂甸，在小摊子上买到两三本破书。其一是《诗庐诗文钞》。胡诗庐君是我的同学前辈，辛丑年我进江南水师，管轮堂里有两个名人，即铅山胡朝梁与侯官翁曾固，我从翁君初次看到《新民丛报》，胡君处则看他所做的古诗。民国六年我来北京，胡君正在教育部，做江西派诗，桐城派文，对于这些我没有兴趣所以不大相见。十年辛酉胡君去世，十一年壬戌遗稿出版，有陈师曾小序，即是此册，今始得一读，相隔又已十二三年，而陈君的墓木也已过了拱把了罢。……"周作人在文章中由淘得之书引出往事，一本《诗庐诗文钞》得忆江南水师同学，字中见情，这是周作人淘书的另一种收获。

《苦茶随笔》里的《〈食味杂咏〉注》一文，周作人也提到厂甸淘书："今年厂甸买不到什么书，想要买一本比较略为好的书总须得往书店去找，而旧书的价近来又愈涨愈贵，一块钱一本的货色就已经不大有了。好在有几家书店有点认识，暂时可以赊欠，且不管三七二十一先拿几本来看罢，有看了中意的便即盖上图章，算是自己的东西了。这里边我所顶喜欢一册《食味杂咏》，东墅老人嘉善谢墉撰，有门生阮元序，道光中小门生阮福刊。……"看来周作人是喜欢淘书的，只不过他对淘书的要求稍高，即既要适合自己的阅读口味，又要价廉，照例周作人在北京时期经济条件并不算差，但爱书人都有一个通病，即以低廉的价格淘到中意的好书。

周作人的书房"苦雨斋"

周作人的命运，1939年后发生根本改变，相继出任多个伪职。落水后的周作人，又出版了好几本散文集，包括《秉烛谈》（上海北新书局）、《药堂语录》（天津庸报社）、《药味集》（北京新民印书局）、《药堂杂文》（北京新民印书局）、《书房一角》（北京新民印书局）、《秉烛后谈》（北京新民印书局）、《苦口甘口》（上海太平书局）、《立春以前》（上海太平书局）等书。特别是《书房一角》，展示出周作人书话作品的魅力，也使其散文创作达到新的高度。1944年5月出版的《书房一角》，收入读书笔记一百九十一则，内容涉及广泛，大多写于1935年1943年间，从中可见周作人在这个时期的藏书经历和读书趣味。

周作人这个时期的文章中，屡次提到从杭州书店得来旧书，如收入《药堂语录》中《入都日记》云："从杭州书店得旧书数种，均颇可喜。此店在清波门内花牌楼，戊戌居杭时曾住在此街，距塔儿头不远，殊有怀旧之思。书皆小品，其一为医道俗人著《俗语指谬》三卷，《杭州白话报》抽订本，木板竹纸，辛丑年刊。其二为钱大昭著《迩言》六卷，光绪四年啸园重刊巾箱本，唯与茹氏《越言释》均未收入丛书中，不知何也。其三为《南菁丛书》本《戴氏论语注》二十卷。其四则《入都日记》一册不分卷，不著撰人姓氏，唯读第一叶即可知是李圭所著……"

又如收入《书房一角》的《越妓百咏》也提到杭州书店："壬午年从杭州书店得安越堂平氏藏书十余种，其中有红格抄本两册，皆杂录诗词，以会稽韩氏作为多，计所记时日大抵在乾嘉之交十七八年间，卷首为嘉庆癸亥韩慕樵与侄予良书，末有平景孙题字五行。册中所抄多极杂乱，唯其中有九叶首尾完具，题曰《越妓百咏》，下注云，自壬戌起至戊辰止共七年，萼桴氏未定草……”周作人所写从杭州书店得来旧书，恐怕掺有旧时的回忆——戊戌年（1898）他居杭州时曾得光顾书店，而书话中所说壬午年（1942），其时担任伪职的周作人正忙着宣传和巡视，怎么会有时间逛旧书店，或许是托人所购？

在《药堂杂文》中有一篇《读〈初潭集〉》，也有精彩的淘书记录，是抄自知堂日记：“‘久欲得《初潭集》，畏其价贵不敢下手。去冬书贾携一册来，少敝旧而价不出廿元，颇想留之。会玄同来谈，又有生客倏至，乃属玄同且坐苦雨斋北室，即前此听虾蟆跳处，今已铺席矣，可随意偃卧，亦良便利也。比客去，玄同手《初潭集》出曰，此书大佳，如不要勿即退还。——盖自欲得之也。未几全书送来，议打一折扣而购得之，尚未及示玄同，而玄同已殁矣。今日重翻此集，不禁想起往事，感慨系之，于今能与不佞赏识卓吾老子者尚有几人乎。廿八年二月四日夜，知堂记于北平。’此是不佞题所藏《初潭集》的话，于今转眼将一年矣。今日取出书来看，不胜感慨……”从得旧书到追忆好友钱玄同，文笔中有一种苍凉的调子。

周作人买书读书藏书乐此不彼，多年下来也积累了不少的书刊，他把自己的书斋取名为“苦雨斋”，自称为“苦雨斋主人”。他在文章中写道：“在民国十三年和二十七年，院子里的雨水上了阶沿，进到西书房里去，证实了我的苦雨斋的名称。”（《雨的感想》）关于周作人的“苦雨斋”，康嗣群发表于《现代》杂志第四卷第一期中的《周作人先生》有详细记载：“苦雨斋在故都的西北，是一个低洼所在，一进门便下台阶，其低洼已可想见，对着门便是一棵很大的白杨，随时都哗哗的在响，好像在调剂这古城的寂寞似的，院子里老觉得是秋天。在被称作侧座的房里，悬着平伯君所写的‘煆药庐’，很娟秀的一笔字，正如其人。院子里遍种各样的树木，便是仅留着的四条甬道，也被树荫遮着，枝头的花常拂着行人的头。”（选自陶明志编《周作人论》，北新书局1934年版）

那么“苦雨斋”究竟有多少旧书呢？梁实秋在《忆周作人先生》中，介绍了周作人的藏书和书房：“（苦雨斋）里院正房三间，两间是藏书用的，大概有十个八个木书架，都摆满了书，有竖立的西书，有平放的中文书，光线相当暗。左手一间是书房，很爽亮，有一张大书桌，桌上文房四宝陈列整齐，竟不像是一个勤于写作的所在。靠墙一几两椅，算是待客的地方。上面挂着一个小小的横匾，‘苦雨斋’三个字是沈尹默写的……”作为周作人同时代人的梁实秋，所描述的周作人“苦雨斋”藏书较为可信。另外如温源宁、碧云等对苦雨斋藏书也有所描述，情况大同小异。

周作人藏书的特色和命运

周作人晚年写的《知堂回想录》中说："这个非正宗的别择法一直维持下去，成为我搜书看书的准则。这大概要有八大类。一是关于《诗经》《论语》疏注之类。二是小学书，即《说文解字》《尔雅》《方言》之类。三是文化史料类，非志书的地志，特别是关于岁时风土物产者，如《梦忆》《清嘉录》，又关于乱事如《思痛记》，关于倡优如《板桥杂记》。四是年谱、日记、游记、家训、尺牍类，最著名的例如《颜氏家训》《入蜀记》等。五是博物书类，即《农书》《本草》《诗疏》《尔雅》各本亦与此有关系。六是笔记类，范围甚广，子部杂家大部分在内。七是佛经之一部，特别旧译《譬喻》《因缘》《本生》各经，大小乘戒律，代表的语录。八是乡贤著作。"这是周作人搜书看书中的中国古典文学书，其实在周作人的藏书中，还包括大量的西书及日文书，有外国小说、神话和神话学、性心理学、人类学、医学史、乡土研究、浮世绘、外国语等。

在周作人的藏书中，关于越地的乡邦文献尤为引人关注。周作人的乡邦文献藏书，自小受到家庭熏陶和影响，从前辈留下的书籍中，就读到了贺循、虞预、张元忭、张天复、徐渭等人的著述，同时他也收藏了明清以来的乡邦文献，如张岱的《西湖梦寻》《陶庵梦忆》等十种，李慈铭的《白华绛柎阁诗》《越缦堂日记》等十一种，平步青的《安育堂文集》等五种，还有其他一些著述。周作人还把这些乡邦文献著述的阅读笔记，写入了他的书话作品中。

收入《书房一角》的《蕉轩摭录》中写道："《蕉轩摭录》十二卷，山阴俞梦蕉著，旧有申报馆活字本，因系越人著述，故欲搜求其原刻，通行木刻多是咸丰年刊本，今得一部，乃道光年刊，当是最早之本矣。活字本有顾丙辉序及自序，均署嘉庆乙亥，案即嘉庆二十年，而刻本中尚多韩廷辉乙亥序，孙光照丁丑序，潘榞题辞七绝三首，沈潮七古一首，例言四则，活字本均无之。又活字本载题词七绝四首，下署失名，刻本则有印章二方，盖即是韩廷辉作耳。俞梦蕉不知其名，今见刻本自序后有墨色印文二，朱文曰梦蕉，白文曰国麐，又每卷题签上均钤一白文朱印曰俞国麟篆，可知此本尚是作者自藏之书也。"

此则书话有版本源流，有详细述其版次的优劣，更有作者的观点，如果不是乡贤著作，如果不是刻本俱佳，周作人是不会收藏的。实际上对《蕉轩摭录》一书，周作人认为“思想庸陋，文章尚未脱俗”。这是周作人书话作品中难得的谈书版本之佳作。

周作人藏乡邦文献著述，受兄长鲁迅影响颇深，如周作人在《鲁迅的故家》中写道：“不知道在戊戌前哪一年，买到一部《二酉堂丛书》，其中全是古逸书的辑本，有古史传，地方志，乡贤遗集，自此抄书更有了方向，后来《古小说钩沉》与《会稽郡故书杂集》就由此出发以至成功。”鲁迅所买的《二酉堂丛书》，是清武威张澍所辑，虽辑录的书是甘肃武威西凉的地方文献，但对鲁迅、周作人产生极大影响，而同时收集和研究越地的文献，也成为周作人的读书藏书的重点。

周作人其他比较有特色的藏书是神话、童话、歌谣及儿童文学书籍。他在《知堂回想录》中写道：“我在东京时，得到高岛平三郎编的《歌咏儿童文学》及所著《儿童研究》，才对这方面感兴趣。……以前的人对于儿童多不能正当理解，不是将他当作小型的成人，期待他少年老成，便将他看作不完全的小人，说小孩懂什么，一笔抹杀，不去理他。现在才知道儿童在生理心理上虽然和大人有些不同，但他仍是完全的个人，有他自己内外两面的生活。这是我们从儿童学所得来的一点常识，假如要说救救孩子，大概都应以此为出发点的。……”显然周作人对于儿童文学研究及书籍的收藏，是有着自己个人的观点和看法的。为此他在书话作品里，也多次提到他收藏的儿童文学书籍。他在《歌谣》（收入《书房一角》）中写道：“民国初年我搜集外国歌谣的书，最初只注意于儿歌，又觉得这东西禁不起重译，所以也只收原文著录的，这就限于英文、日文两种了。英文本的儿歌搜了没有多少种，后来也不曾引伸到民歌里去，可是这里有一册书我还是很欢喜，这是安特路朗所编的《儿童之书》。此书出板于一八九七年，有勃路克的好些插图，分类编排，共十四类，有序言及后记，很有意思，因为朗氏是人类学派的神话学家，又是有苏格兰特色的文人，我的佩服他这里或者有点偏向也未可知。日本方面最记得的是前田林外编的《日本民谣全集》，正续二册，皆明治四十年（一九〇七年）刊，正集附有《日本儿童的歌》一篇译文，小泉八云原著，见一九零一年出板的《日本杂记》中，我觉得这是很有意思的事，盖以前不曾有过这种文章也。以后汤朝竹山人著书《俚谣》等有十余册，藤井乙男藤田德太郎编各歌谣集，高野辰之的《日本歌谣集》成十二大册，陆续出板，寒斋亦大抵收置……”

周作人的藏书，无论是越地乡邦文献，还是歌谣及儿童文学书籍，抑或其他的书籍，和一般的藏书家有所不同，他是以阅读和研究为主，并不单纯追求版本的珍稀程度，但也不是完全不顾及版本的优劣。周作人的藏书中他大都是读过的，并且写出了大量的书话作品，其出版的书籍也取得了读者的认可。周作人从五四时期反封建斗士，提倡人性的新文学观念，到后来退隐书斋，以消极的态度对待文学发展，最后在抗日战争时期担任伪职，落水成为汉奸，其实从他大量的读书笔记中可见一斑。周作人的书话作品有着其强烈的个人风格，看似漫不经心的掉书袋、说典故、忆师友，实与后五四时期周作人消遁的文学态度一脉相承，体现出现代知识分子对于命运的各自不同选择。

周作人藏书命运和他个人的命运，是紧密联系在一起的。日本投降后，周作人以汉奸罪被判处十年徒刑。周作人的全部家产包括藏书也被没收，但给他留下了一小部分书。文洁若在《晚年的周作人》中写道："周作人原先有不少藏书，大都是线装书，存放在中院的三间厢房里。中院地势低，雨季常常漫水，因而取名为苦雨斋。那匾还是沈尹默为他写的，挂在中堂墙上。光复后，这块匾随着众多藏书一道被没收了，书则给他留了一小部分……"文洁若的回忆大抵是可信的，她的姐姐和周家子女曾在孔德学校一同上学。

1949年以后，周作人不大再买书了，但不少海外友人，以及日本岩波书店等，还会定期寄书给他，日积月累又存下了不少。全国解放后周作人主要以翻译和写回忆文章为主，这时期的周作人藏书中，以参考书和工具书为主，偶有几本残留的旧书，也只能勾起一点回忆。"文革"期间，周作人的藏书又被洗劫一空，有时因生活所迫，他只能出卖藏书以及日记手稿等。中央美术学院图书馆、鲁迅博物馆等都收过周作人的藏书及日记。

晚年周作人向北京鲁迅博物馆捐赠了一大批鲁迅手稿手迹，如鲁迅在南京时的购书目录等。其中最为珍贵的是鲁迅为辑录《古小说钩沉》《会稽郡故书杂录》等所摘抄的资料卡片等，共有几百张之多，是研究鲁迅文学思想的重要文献。相比兄长鲁迅的藏书（1949年后绝大部分存于北京鲁迅博物馆和上海鲁迅纪念馆），周作人藏书的命运要悲凉得多，至今没有一本完备的周作人藏书目录，除国图藏有周作人题跋的部分古籍，中央美术学院图书馆等藏有周作人部分书籍以外，他的大量藏书都已散失。

王国维：密韵楼中老书童

肖伊绯

王国维（1877—1927）曾说："余毕生惟与书册为伴，故最爱而难舍去者，亦惟此耳！"和所有旧式文人一样，王国维的书生本色是无疑的——读书、治学，再读书、再治学的书斋生活，似乎并无二致。但再进一步观察，同样是以读书治学为毕生志趣的王氏，又与同时代的读书人、学者有着很大的不同。

从辛亥革命之前的倾心于西洋哲学，到辛亥革命之后三五年间全力进行古典文学研究，再到寓居上海期间的淹贯于经史小学众多领域——真正着力于所谓国学研究，王国维一生中的这三个治学阶段，其转变之剧、反差之强姑且不论；单单是从购书、藏书、读书的角度而言，难度就相当之大。对于同时代一般学者而言，恐怕很难配置这一囊括中外古今的巨大书库。反过来讲，如果没有这样一座巨大书库，要想形成像王氏那样丰厚的学术积淀就没有可能，要想达到王氏那样卓越的学术水准也就无异于痴人说梦了。

王国维早期的读书生涯所需书籍，还比较容易购置。在他生活的那个西风东渐的世纪之交，大量铅印洋装的译介读物并不昂贵，也极易觅得。可是，后来从事古典文学研究时所需书籍，则相对而言已经有一些购藏上的难度了。那些所谓集部古籍，即主要内容为诗词文赋的线装书，有一些珍稀版本在清末民初已身价不菲，绝非一般文士可得染指。况且，王国维要做的相关研究，是追根溯源式的无所不尽其极，对古籍中的字词句章均须逐一比勘，以期从中返本正源，方可进一步精考细研。譬如其《宋元戏曲史》，乃是我国第一部戏曲史专著。为撰写这样一部开辟鸿蒙式的著作，所需查阅的相关史料与古籍数不胜数，有许多不是孤本便是珍本，皆是一些知名藏书家束之高阁的秘籍，非极深交谊不可得见一页半纸。

事实上，王国维本身不是什么顶级的藏书家，也无力购置如此庞大的古籍书库。但好在有罗振玉等友朋相助，查阅这些珍本秘籍可谓不在话下。当然，由于王氏学力精深，眼光独到，也有一些藏书家主动登门求见。他们一来是请王氏鉴定版本珍稀真伪，二来是为求得王氏一纸跋文，以期“一经品题，身价百倍”，这在无形中也给予王氏更多接触到珍本秘籍的机会。王国维所读之书并不完全来自于自购自藏，亦有天下他人所藏最为精粹之书——他对此没有所有权却有使用权。他能读到当时最珍贵、最稀有、最完善的本子，更能将这些别人的藏书为我所用，将其中的学术价值发现发掘乃至发明发挥出来。王国维的书房——是无边无际的天下大书房，更是至精至绝的天下大宝库，中华五千年文史秘要尽在其中。

国学转向集大成

辛亥革命之后，王氏东渡日本，罗振玉力劝王国维“专研国学”，他的治学方向转而淹贯于经史小学。罗振玉认为，王氏专研国学当“先于小学训诂植其基”；又与其论学术得失，谓“尼山之学在信古，今人则信今而疑古”，并谓欧西哲学虽大行其道于中国，但“流弊滋多”；他最终慰勉王氏，“方今世论益歧，三千年之教泽不绝如线，非矫枉不能反经。士生今日，万事无可为，欲拯此横流，舍反经信古，末由也”。（见罗振玉《海宁王忠悫公传》）

客居日本期间，经罗振玉的斡旋安排，王国维得以与众多日本学者、日本藏书家建立广泛而友好的联系。此时，罗振玉的社交资源与其丰硕收藏同时发力，给予王国维转向国学强有力的支撑。可以看到，这一期间，王国维经史研究方面的重要著作相继问世，如《简牍检署考》《明堂庙寝通考》《释币》（原名《布帛通考》）、《秦郡考》《汉郡考》《流沙坠简》《宋代金文著录表》《国朝金文著录表》《生霸死霸考》等。另外，又于1913年7月至1915年11月在沈阳《盛京时报》刊载学术札记《东山杂记》《二牖轩随录》《阅古漫录》，内容虽然庞杂，但可供参考的学术见解颇多。

1916年2月，王国维自日本回国，其后寓居上海达八年之久（1916年2月至1923年4月）。在上海的八年，是王氏在学术上的又一重大创获期。王氏一方面与海内外学者（如沈曾植、内藤湖南等）广泛交往，相与论学，切磋学术；另一方面，则一如既往地在学术上精研细考，许多学术名篇随之问世，在国际学界声誉鹊起。他这一时期的治学范围，已经纵横于经史小学的众多领域，如古礼制、古文字、古器物以及音韵学、版本学、目录学、敦煌学等。在这一时期，学者、藏书家、古董商等纷至沓来，为其提供或间接提供了更多的孤本秘籍以及重宝古器。从治学角度而言，这样的近水楼台与得天独厚，显然是可遇不可求的。在罗振玉及其友人圈子、众多学者和藏书家的丰硕资源与巨量文献中，王氏作为这些顶级古物、古籍的资深“看客”，基本上已经将当时的“超一流”国学资源尽收眼底。从殷墟甲骨到敦煌文书，从齐鲁封泥到汉晋木简，从国宝重器到大内秘档，从宋元孤本到明清珍籍，王氏站在同时代国学资源的顶峰，无形中已经具备了“会当凌绝顶，一览众山小”的大师气魄。

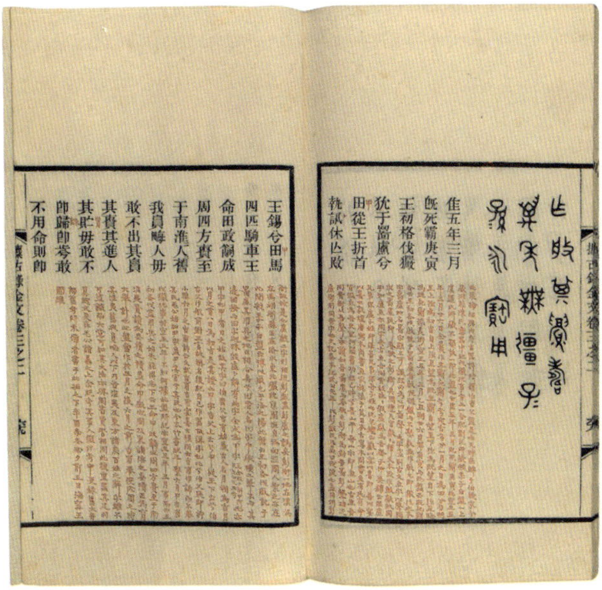

王国维书跋手迹

在这一背景之下，王国维日益精深的国学研究成果，层出不穷地涌现出来，譬如《殷卜辞中所见先公先王考》及《续考》《殷周制度论》《史籀篇疏证》《尔雅草木虫鱼鸟兽释例》《书郭注方言后》《书尔雅郭注后》《周书顾命考》《与友人论诗书中成语书》《联绵字谱》《唐写本切韵残卷三种》《魏石经考》《汉魏博士考》《古本竹书纪年辑校》《今本竹书纪年疏证》《西胡考》及《续考》《五代两宋监本考》《两浙古刊本考》等。王国维的国学研究成果的首次汇集，即“几乎篇篇都有新发明”的《观堂集林》，似乎也要顺理成章地应运而生了。

四年精读密韵楼

这时，又一位极其重要的藏书家，步入了王国维的读书生涯。他不但为王氏提供了作为古籍参校底本的一系列重要藏书——这批藏书成为王氏晚期学术积淀的重要基础；他还第一次将王氏学术代表著作《观堂集林》印制面市，让更多的学者与世人目睹了中国顶尖学者的风采。他就是浙江南浔藏书家蒋汝藻，他的藏书楼名叫密韵楼，王国维人生中最后的大规模系统读书生涯，就在此密韵楼中。

蒋汝藻（1877—1954），字元采，号孟蘋，别署乐庵，吴兴（今湖州）南浔人。清光绪二十九年（1903）举人。曾任学部总务司郎中。参加过辛亥革命，任过浙江军政府首任盐政局长及浙江省铁路公司董事等职，后专习实业。

蒋家是吴兴藏书世家，有传书楼、密韵楼等藏书楼，其中密韵楼与陆心源皕宋楼、刘承幹嘉业堂、张钧衡适园，被称为吴兴四大藏书楼。祖父蒋维培、叔公蒋季卿、父亲蒋书箴在藏书方面均有名声。蒋汝藻幼承家学，曾为官北京，久客上海，足迹遍及南北各大城市。和曹元忠、沈曾植、王国维、张元济、傅增湘、罗振玉等名家相往来，遍览诸多藏书家藏书，如天一阁藏书、艺芸书舍藏书等。

清末民初，著名藏书家宁波范氏、杭州汪氏、泰州刘氏、泾县洪氏、贵阳陈氏等故家遗藏散出，多为蒋汝藻所购藏。对祖辈家藏散出之遗书搜购更力，凡有茹古精舍、求是斋旧籍，都以高价收购。又因得到宋椠本周密《草窗韵语》，乃极为稀见之本，被沈曾植谓之“妖书”，他也因此命名其藏书楼谓“密韵楼”。密韵楼藏书中有宋代旧刊88种，元本105种，明本863种。所藏书有5000部，善本有2667种，其中宋版书563册，元版2097册，明刻6753册，抄本3808册，还有《永乐大典》20册（详参《中国藏书家通典》，中国国际文化出版社2005年版）。密韵楼的藏书规模与质量，在当时可谓独步海内，学界、藏书界乃至文化圈子里，无人不知，无人不晓。

蒋汝藻曾请人为其密韵楼藏书编制书目，但多年来没有进展。于是，他想到邀请原来在学部任职时的同事——时已经盛名远播的王国维。1919年10月，王国维接受了蒋氏之邀，一是出于生计所迫，寓居海上又多添儿女的他此时已经是入不敷出；二是蒋氏藏书的独特吸引力，已经足够打动他了。从1919年秋到1923年夏，王国维为蒋汝藻编纂书目、鉴别真伪、撰写跋文，前后四年时间，编成了三十册的《密韵楼藏书志》（后改名为《传书堂藏善本书志》）。编校蒋氏藏书，实际上成为王氏在上海后期的主要工作，他在此事上投入了大量精力，也在编校的过程中得以看到不少珍本，这对其治学本身也大有助益。

王国维编纂的《密韵楼藏书志》并不仅仅是一种普通的私家藏书目录，而是中国目录版本学史上一部经典性著作，其重要性不仅在于它著录了民国时期最重要的藏书家蒋汝藻所藏之宋元旧本、稿本和抄校本，以及一些重要的明人文集；更在于在其考订、编纂方法在学术上对后人的启迪，还有这次编纂工作本身对王氏学术的促进。

王国维编纂《密韵楼藏书志》期间，正是他学术研究活动最为旺盛的时期。这段时期，与他来往者许多是著名的藏书家、版本目录学家，他们相互之间借抄图书、校勘旧籍，这些活动不但为《密韵楼藏书志》的编纂提供了帮助，从某种意义上讲，更为王国维的学术成果“提纯加精”，使其更为精纯完美。《密韵楼藏书志》中大量的研究性内容，如各种版本异同的比较、不同版本之间关系的研究等，都是王氏整个学术交往与学术研究活动的结果。因此，《密韵楼藏书志》不仅像清代一些著名藏书目录那样，详细著录了宋元旧本的行款、藏印以及前人的序跋，因而为后人提供了重要的文献学参考资料；同时，王氏通过某一特定文献各种不同版本的综合研究，如根据古籍行款变化、文字剜改删节等情况，对文献的版本流传之迹、不同版本之优劣细加考订，从而得到了许多重要的研究成果。如对宋刻诸经注、疏本的综合研究，弄清楚了五代、北宋监本以下各种版本递嬗之源流，这对于古籍版本的研究与鉴定有重要意义；又如通过对《水经注》各种版本的综合研究，弄清楚了《水经注》自宋以来各种刻本、抄本之间的相互关系，并明晰了《永乐大典》本以及赵、戴、全校本《水经注》之间的关系。

《密韵楼藏书志》的编纂不仅是王国维的一项重要学术活动，这项工作还为王氏的其他学术研究提供了非常重要的帮助。王氏身后留下的大量批校文字，其中参校之本许多就是据蒋氏密韵楼藏本而来。换句话说，王氏的学术巅峰状态，在密韵楼的读书生涯中得以巩固与蓄势，为他后来出任北京大学国学门通讯导师、清华大学国学研究院导师等教职，奠定了更为坚实的文献与理论基础。王国维的学生、著名目录学家姚名达在《友座私语》（载《国学月报》第二卷第八期“王静安先生专号”，1927年10月）中曾经写道：

静安先生所以有如此成就，固由其才识过人，亦由其凭藉弥厚。辛亥以前无论矣。辛亥以后至丙辰，则上虞罗氏之书籍、碑板、金石、甲骨任其观摩也。丙辰以后至壬戌，则英伦哈同、吴兴蒋氏、刘氏之书籍听其研究也。癸亥、甲子，则清宫之古本、彝器由其检阅也。乙丑以后至丁卯，则清华学校之图书稟其选择也。计其目见而心习者，实至可惊，人咸以精到许先生，几不知其渊博尤为有数。返观身后所遗藏书，则寥寥万卷，无以异人，古物尤不数数覯。后以学者，可以省矣！

《集林》初版密韵楼

从1919年10月王国维接受蒋汝藻之聘开始，至1923年5月王国维受命任逊帝溥仪“南书房行走”为止，王氏历时近四载，为蒋氏藏书编成经、史、子三部目录，集部目录也编至元末，明代则为草稿。从43岁到47岁间的王氏，正值学术盛年，在密韵楼中的读书、校书、编书生涯是其一生中难得的静好岁月。

在这段岁月里，他与同样以遗老自居的蒋氏志趣相投，相处融洽。嗜书好学的王氏，在此可谓如鱼得水，暂得桃源。其实，早已盛名在外的王氏，学术界、文教界、文人圈子里的各类聘任接踵而至。而他总是把读书看得比聘书更重要，总是认定自己读书比教书更适宜。早在1917年底，北京大学校长蔡元培曾托马衡与其联系，欲聘其往北大任教。王氏经与罗振玉商量，拒绝了聘任。其时，王氏正醉心于敦煌遗书的研读，根本无心于任教。到1921年年初，马衡仍受北京大学委托，再次来书力邀王氏出任北大文科教授，但仍为其所拒。此时，王氏正倾力为蒋氏藏书编撰目录，在密韵楼中坐拥书城，终日乐此不疲，何来闲时闲意赴任教职？也正是再次拒绝赴北大的这年5月，王氏将数年间所写经史论文，撷其精要，集成了《观堂集林》二十卷。蒋氏对此著颇为激赏，当即表示愿意出资校刊、印制发行。

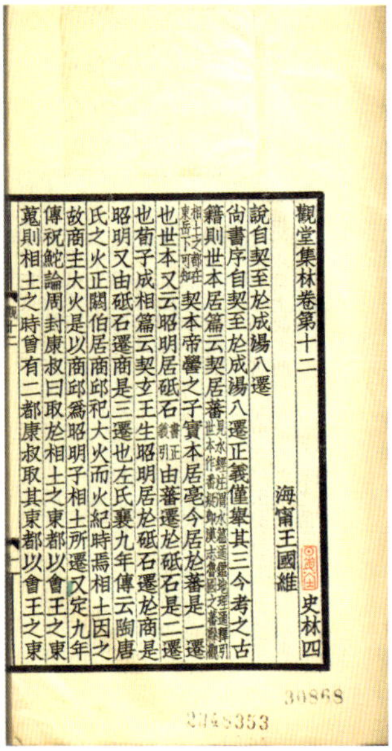
觀堂集林卷第十二　史林四
海甯王國維
說自契至於成湯八遷
尚書序自契至於成湯八遷正義僅舉其三今考之古
籍則世本居篇云契居蕃
相土之都在東岳下可知　契本帝嚳之子實本居亳今居於蕃是一遷
也世本又云昭明居砥石（書正義引）由蕃遷於砥石是二遷
也荀子成相篇云契玄王生昭明居於砥石遷於商是
昭明又由砥石遷商是三遷也左氏襄九年傳云陶唐
氏之火正閼伯居商邱祀大火而火紀時焉相土因之
故商主大火是以商邱爲昭明子相土所遷又定九年
傳祝鮀論周封康叔曰取於相土之東都以會王之東
蒐則相土之時曾有二都康叔取其東都以會王之東

《观堂集林》首页

密韵楼校刊的《观堂集林》，是王国维这部代表作的第一次印行，也可以说是唯一经过王氏本人审定的版本。因为，无论是其友人罗振玉1927年编选的《海宁王忠慤公遗书》，还是其弟子赵万里1940年编选的《海宁王静安先生遗书》，虽然均收录有《观堂集林》，但均为二十四卷的增订本，为王氏逝世后的选本，并没有经过王氏本人的审定。也正因为如此，密韵楼校刊的《观堂集林》，可以说是王氏生前出版的所有学术著述之集大成者，是能真实反映王氏学术成果的一部总结性著作。

蒋氏本人也非常看重这部著作，在校刊与印制中不惜工本，极尽一位藏书家精雅风范，以鉴赏一部传世经典的眼光来精心印制。他特聘“聚珍仿宋版”发明者、西泠印社创始人之一丁辅之来监印，正文采用方形仿宋大字，引文采用长形仿宋中号字，夹注采用长形仿宋小号字，版式疏朗有致，字体清秀俊美，实在是为《观堂集林》这部学术经典增色添彩。在每卷卷末，蒋氏还别出心裁地增添了各色印记，这些印记或篆或隶，均是摹仿宋明古籍的牌记格式，古典雅致，别具一格。这些印记或刻写着“密韵楼”“乌程蒋氏校刊书籍之印”，或直接以方框形式印于卷末，诸如“壬戌春日乌程蒋氏密韵楼仿宋聚珍版校刊”之类字样。

也正因为蒋氏的郑重其事，《观堂集林》的印制并不是一蹴而就的。此书有一套随印随校、随校随印的严谨流程，务必经王国维多次审定后方才拼版印制，所以不可能全书二十卷同时印出。实际上的情形是，从1921年5月至1923年12月三年间，二十卷《观堂集林》陆续印出，分订为六册，每册的成书时间都各有不同。这从卷末牌记中屡屡变更的辛酉、壬戌、癸亥及春日、夏日、冬日字样，就可以明证。就这样，一位顶级藏书家与一位顶级学者的因缘际会，年复一年春来秋去地周而复始着。虽然二人在密韵楼中的切磋仅有三五年时光，但这亦足以成为近代学林佳话了。

密韵楼外的题外话

1927年6月2日上午，王氏在颐和园内的鱼藻轩前，自沉于昆明湖。在其内衣口袋内发现遗书云：

五十之年，只欠一死；经此世变，义无再辱！我死后，当草草棺敛，即行藁葬于清华园茔地。汝等不能南归，亦可暂于城内居住。汝兄亦不必奔丧，固道路不通，渠又不曾出门故也。书籍可托陈、吴二先生处理。家人自有人料理，必不至不能南归。我虽无财产分文遗汝等，然苟谨慎勤俭，亦必不至饿死也。

王国维之死，世人热议已久。遗嘱中前十六字，也让后人揣测良久。殊不知，所谓书生本色，尚有意气可以描摹，可以形容。但以书为身家性命者，如王国维者，在十六字之后，关于书籍安排的详尽托付，更见其爱书本性。王氏的藏书，托付给陈寅恪、吴宓，当然是所托得人。陈、吴二人后来纵横文史学界，颇多建树，便是明证。但遥想陈、吴二人的命运多舛，最终也死于非命，似乎也正是王氏一生藏书、读书，最后成于书、死于书的又一翻版。王氏的藏书中似乎也寄寓了那么一点书生命运，得其书者自然也承其衣钵，续演这爱书人吊诡的人生旅程。当然，这已是题外话了。

回过头来试想，如果王国维能继续留在密韵楼中读书、校书、编书，如果他没有北上赴任清华大学教职，是否还会为后世留下更多卓越著作，而绝不至于自沉于昆明湖中，杀身成仁？如果王国维只是安于在浩翰古籍中徜徉，只是孜孜不倦地做一个老书童，而不是选择在北京——这个政治文化中心，遭受种种意识形态上的冲击与刺激，是否还是可以像同时代大多数遗老遗少们一样，优雅娱老、岁月静好呢？当然，这又是题外之题外话了。

北京文献家新考

郑伟章

近年来，我在检读史籍的过程中，尤留意于北京文献家之考索。《藏书家》杂志第19辑已刊登拙稿《宛平王氏藏书考》，考证出明末清初宛平王崇简、王熙、王克昌祖孙三代文献活动之史实。今又检王敷政、金绍纶、马泰荣、李玉棻、冯恕、王立承等六人为一组，再借《藏书家》这块宝地，予以披露。以期抛砖引玉，恳天下方家批评、指教。

一、王敷政

王敷政字代工，号淡庵，先世为直隶枣强县人，后迁居京师为官。生于明崇祯九年（1636）丙子三月廿八日辰时，卒于清康熙十九年（1680）庚申七月初九日卯时，年仅四十五。其父辈四兄弟。其父王槠为长，从叔王樛（字子下），袭父王鳌永大司农世爵、拜他喇布勒哈番，康熙四年（1665）升通政使司右通政。是年十二月十三日病故，由敷政袭其爵，隶籍旗下，预修《世祖实录》成，于康熙十年（1671）授吏部考功正郎，不期年升内阁侍读学士。十八年（1679）七月廿八日巳时，京师发生大地震，地动山摇，地声如雷，地下黑水恶臭外冒，地上风沙翻滚，人员难以直立行走，只能匍匐爬行。当时有诗记载宛平城“一响摧塌五城门，城中裂碎万间屋。万七千人屋下死，骨肉泥糊知是谁”。敷政精通满汉文，地震发生时正在署中校译章疏，头颅被砸伤，调理经年，倏愈倏犯。至翌年四月以夫人刘氏弃世，突遭变故，旧疾复发而猝亡。

王氏家富藏书。清王培荀《乡园忆旧录》卷一云："家侍读公名敷政……在朝交游最广，国初诸钜公咸与往还。方向用，以地震受伤卒。诗多散失。""公家书籍最富，每夏晒书，牙签散落盈升。家人岁以为苦。今散轶无存矣。"2003年7月出版之《般阳骛桥王氏一家言》廿八卷，其卷十一为王樛之诗文集，卷十四为王敷政诗文集。中有敷政《新葺书舍》诗云："栖迟在适性，斗室自清虚。宝鼎升细香，清风入户徐。榻间足仰卧，几静可临书。聊慰北窗愿，不须更卜居。"卷十四末有清高珩撰、徐文元书、沈荃篆额之王敷政《墓志铭》。

二、金绍纶

金绍纶字苕之，清顺天府大兴县（今北京市大兴区）人。

十数年前，我读清丁丙在《善本书室藏书志》卷五《广雅》提要中记有"大兴金氏绳斋藏书之印""绳斋""金绍纶印""金苕之印"等印记，未详金氏为谁人。我耿耿于心，记录在案。直到近年，我于国家图书馆藏善本（A02678）《逸语》十卷，清嘉善曹庭栋所辑注并于乾隆十二年慈山草庐曹氏自刻本上，又发现亦钤"金绍纶读过"朱长方、"大兴金氏绳斋藏书之印"朱长方等印。又，清末端方所藏明拓碑帖《衡方碑》（东汉灵帝建宁元年立，原碑今在泰安岱庙碑廊）上，亦钤以"大兴金氏绳斋珍藏"印。又读官桂铨、江荣基所撰《林慎思〈续孟〉〈伸蒙子〉版本考》一文，列举此二书康、乾以来版刻九种，其中第八种即系"清金绍纶刻本"。缪荃孙辑明徐𤊹撰《重编红雨楼题跋》著录此二书，并详林慎思为唐进士，以抵抗黄巢而不屈死。

考金绍纶系清大兴县金溶之孙。金溶，字广蕴，号一斋，康熙四十四年（1705）生，乾隆四十二年（1777）十二月甲午卒，终年七十三。金氏为大兴望族。检《大兴县志》，国图仅有康熙时所修志。近年所修新志于大兴望族亦无反映。其父怀玮，武进士，官至云南援剿左协副将。所生六子中，金澍、金溶、金洪三子为进士，金潢、金浚为举人，即所谓"五子登科也"。次子金溶雍正八年（1730）成进士，授刑部江苏司主事。乾隆四年（1739）擢山东道监察御史。八年九月以言事罢，半年后复职。十年知漳州府。十四年授台湾道。丁父忧后，于廿九年补浙江督粮道，三十二年休致回籍。他直言敢谏，以乾隆元年（1736）所上《培养元气疏》有名于世。略云："国之所恃者民，民之所恃者养。养则安，不养则不安。是以有天下者，必以安民为急务……其为国家培养元气至深且厚，事事以厚生为急，时时以国本为念。"又提出"损上益下”之说，“轻徭薄税，使四海咸宁者，天子之富也”，“百姓足，君孰与不足！百姓不足，君孰与足”。他有四子：克诚、克让、克俊、克杰。五孙：绍章、绍簪、绍纶、绍祺、绍闻。《清史稿》卷三百三十六、《清史列传》卷七十五有金溶本传。清袁枚《小仓山房文集》卷三十三有《浙江督粮道金公传》。清卢文弨《抱经堂文集》卷二十八有《浙江督粮道一斋金公家传》。清代学术大师、文献大家卢文弨即曾为其家塾师。卢氏曰“余主公家最久”，“公子不以传属余，而余自欲为之”。故卢氏所撰《家传》最为详实。

从上述可知，金绍纶既富藏书，又藏碑帖，还曾刻书，当系乾嘉道时期一著名文献之家。其藏书、刻处为绳斋。多枚藏书印记已见前文所列，此不赘。检大兴县新志更不列其名氏，有名士翳如之痛，故余为撰此篇，以聊补新志。

三、马泰荣

马泰荣字钖之，号秋浔，别署陶泾里农。原籍北京大兴县，后迁浙江海盐县，居陶泾里。生于乾隆卅六年（1771），卒于道光十六年（1836），年六十六。生平事迹不详。

喜藏书，每遇秘籍则手录副本，至老不衰。已故潘景郑先生《著砚楼读书记》第447页有其所藏《义山诗注》，跋云：“此校本《义山诗注》，为华亭姚培谦笺本，醉经楼马氏所藏。马氏名泰荣，字秋涛，事迹未详，所录前贤校语凡十家。”我在国家图书馆读见善本（13224）胶片《心逸道人吟稿》二卷四册，明马宗汉撰，即系马泰荣所抄之书。书末有马泰荣小楷题识一行云：“大清道光十年十一月，同邑后学马泰荣秋浔氏手录。”下钤“陶泾里农”朱文方印。书中又钤“秋隐山房马氏珍藏”朱文长方印、“羊石手钞”朱文方印等印。跋中署款为“马泰荣秋浔氏”，而非字秋涛。所抄上卷有四十一页，下卷有四十六页，每半页十一行，行廿三字，为无格白纸端楷所抄，甚精妙。此书后归嘉业堂刘氏所藏，每册首页均钤以刘氏朱文大方印两枚。

四、李玉棻

李玉棻字真木，一作贞蕤，号韵湖，亦作均湖、蕴壶、畇瓠、耘芙、云屋、筠坞，别署虹月传师，北通州（今北京市通州区）人，居潞河，李氏常署为通州、古潞、潞河、鲍邱人。李玉棻生年世人鲜知，我在抄录其《过目考》附卷二樊镇条时发现李氏自称：“余与其（按指樊镇）同里，幼时尚亲见之。”“余藏有《花果博古》大横幅，画于道光庚戌（按即卅年）秋日，后余生之一岁也。”据此可推知李氏生于庚戌之前一岁，即道光二十九年己酉（1849）。其卒年及仕履不详。曾官至司马。

李氏系北京著名书画收藏家，所撰《瓯钵罗室书画过目考》四卷附录三卷，有名于世。国家图书馆普通古籍（15601）此书前有“光绪丁酉（按即廿三年）秋日开雕”牌记，旁注“京都琉璃厂西头路北兴盛斋刻字局支镌板”二行小字。这是国图所存该书之较早本子。其前有光绪元年乙亥夏阜保（荫方）序、冯尔昌序及光绪廿年伏日李氏识于沈阳褪杓馆自序。阜保序云：“吾友均湖少嗜翰墨，长则弥精，喜新之所得，惧昔之所失，故见夫名人手迹，必详考其渊源，审其笔墨，定其真伪，大率以名家为主，兼及师弟子孙，不惮烦复……名曰《过目考》……一代闻人名迹，集成一册，亦略可觌矣，有同好者览之宜如何羡其眼福哉！”览此序，似在光绪元年其目即已成形。又冯序称其为“通州李均湖司马”，云：“壬午（按即光绪八年）岁，雅集寅僚，均湖在焉，询其好古真鉴，示观《书画过目考》一编，不言于唐宋金元，乃专纪胜国以后及近世诸家。”其自序称“余性耽书画，幼已成癖，每逍遥于古肆，讨论于老成”，就景其濬（剑泉）、曾协均（笙巢）、僧明基（心泉）三家所藏及平时所见撰成此目。末有光绪三年丁丑腊月八日松筠庵僧明基跋，云“卷中所收五百馀家，过目之品二千有奇，且录及明基所藏，尚以拙鉴为不谬也”。光绪十七八年辛卯壬辰“从戎关外凯旋”，“偶检行笥，得向时所辑《过目考》一编，详加厘定”，“汇兹一编，分为四卷，以王公宗室冠首，名媛、释道附末，凡著录者则千家未满”。从光绪元年起的五百馀家，到二十三年梓成，前后经历二十三年不断修改补充而成此目，搜聚清代近千家书画收藏家，一一详其生平、雅好及所藏所见，过目藏品数千卷，亦一实用之奇书，难怪一百馀年来被人们所珍重。

其藏书处在北京为瓯钵罗室，在沈阳有褪杓馆。其藏书印据上海博物馆《中国书画家印鉴款识》上册第232李玉棻条，有“均湖延年”朱文圆印、“韵湖藏弆”朱文方印、“均湖庚子后收”朱文方印、“均湖审定”朱文长方印、“通州李韵湖藏”朱文长方印、“通州李均湖审定真迹”朱文大方印、“韵湖心好目玩”朱文长方印、“瓯钵罗室珍秘”朱文长方印、“通州李玉棻韵湖庚子后所收书画”朱文长方印等。

笔者在国家图书馆又读见其所校刻之《娄东王奉常书画题跋》二卷（XD1290），系清初著名藏书家、画家王时敏所撰，有“通州李氏瓯钵罗室藏板”二行长方牌记，前有宣统二年（1910）上元日李氏刻此书序，时年已六十二矣。

五、冯恕

冯恕字公度，号华农，别署自得园主人，本浙江慈溪县望族，乾隆年间，其三十一世祖又三公懋迁北来，至太高祖毅堂公始入直隶大兴县（今北京市大兴区）民籍。生于清同治六年（1867）八月（壮月）初二日，卒于民国三十七年（1948），享年八十二岁。年幼时，祖、父双亡，家徒四壁，赖其祖母、姑母旦晚刺绣及冯恕本人鬻书卖文，全家始免冻馁。因其颖慧实干，清末中进士，受到时任海军都统载洵（光绪帝载湉之弟）之赏识，曾随其出访英、美、法等八国，考察西方军事。后入海军衙门（在地安门东大街铁狮子胡同），历任海军部参事、军事司司长、协都统等要职。入民国后，走实业救国道路，并收藏、研究古器物。曾与史履晋（侯康）、蒋式惺（性甫）合作在京师创办华商电灯股份有限公司。1920年购得西四之羊肉胡同75号及73号（原为陆润庠寓所），在此定居。

我初不知冯氏系何人。2007年2月10日，在老北图门口石狮子前与北大漆永祥教授见面时，荣获他惠赠我其鸿著《汉学师承记笺释》上下两巨册。当晚我即兴奋拜读，于下册附录三《赵之谦〈国朝汉学师承续记〉整理记》之二“汉学师承续记存佚现状”，知赵之谦该书稿本上钤有冯氏藏印多枚：“大兴冯氏玉敦斋收藏图书记”朱文长方印、“大兴”朱文长方印、“公”朱文圆印、“公度”朱文长方印等印，又有“御赐葆真灵迈”“御赐凤庭集祉”“御赐经厚”“御赐景星照堂”等花边朱文长方印。该稿本今藏国家图书馆善本（12986）。七八年来，“冯公度”其名一直萦绕于我搜索记忆之中，至今日始撰成此篇。

冯恕（公度）是清末民国年间北京的一位大收藏家和藏书家。国家图书馆有其所撰《冯氏金文砚谱》两大方册。其别出心裁，将所藏一百三十多件钟鼎彝卣等古器物之铭文，一一按其形制刻于自制之端砚上，将拓片辑成此书。其书每页有绿色大方格边，中即所拓砚形铭文，两边为小字各若干行，为冯氏所撰之考释文字。其书皆白棉纸拓印，极为精美，难怪图书馆将其归为艺术品一类。书前有冯汝玠序云：“公度先生勤俭起家，渐足自给，无声色之娱，而惟金石是好。迩年以来，就所素蓄砚材，取家藏商周重器及著名拓本，选其款识，鸠工刻之……并折衷详说，而手自释之书之。”又孙壮序云：“吾师公度夫子汇拓所藏彝器，并择海内收藏家之精拓本，凡有关经史字学之文，积累经久，乃得百馀器，钩摹入石……其搜罗之富，鉴别之精，钩摹之工，镌刻之善，可迈传古诸书而上之。”其书共将其彝器分为二十一类，冠于廿一类之首者为“散氏盘”，原器上有金文三百四十馀字。右边有小字一行云：“甲子（按即1924年）春，上以此拓本赐臣恕，恕诚欢诚忭，拜手稽首，抚勒上石，敬冠冯氏金文砚之端。”又下端亦刻说明文字云：“散氏盘自嘉庆十四年贡入天府，考古者终不知其所在。”可知此件为溥仪小王朝之赐。由此可知，上引“御赐”各花边朱文长方印，当系清末民国初年记清廷历次“赐予”之产物，惜难以一一详考。冯恕又刻有《庚子辛亥忠烈像赞》一大册，庚子有王懿荣、徐桐等十五人，辛亥有袁昶、凤山、端方等五十三人。每人一页，正面为精绘像，背面为赞词，所用纸为“乾隆年仿金粟山藏经纸”，纸张印刷均精雅。我又读见《冯母俞太恭人七十寿言》及《大兴冯公度七十寿辰征文启》。前者印成于光绪三十四年八月，为恭贺其母俞氏七十寿庆之册。后者则印成于丙子（1936）壮月（八月），系其子冯大可、大生、大申操办冯氏七十寿庆之册，为朱印本。冯恕又为其叔冯秀莹刻《蕙襟集》十二卷。秀莹字子哲，一字蕙襟，号桐根居士、握月生，系清代著名词人，其集卷七至卷十皆为词。冯氏尚有《石鼓观谱》《蕴真堂石刻》等书，尚未读见。

其藏书及藏古物处为玉敦斋。关于其藏印，除前引各印外，又见陈红彦、林世田所撰《敦煌遗书近现代鉴藏印章辑述》一文尚载有“公度”“冯公度审定记”“玉敦斋藏”“公度所藏隋唐墨宝”等，惜未详各印之形制。

冯氏得知毛公鼎的藏家欲以五万金出售给外国人的消息，即与叶恭绰、郑洪年变卖家产，筹措五万元将此鼎买下，捐给公家，今藏于台北“故宫博物院”。冯氏故世后，翌年底，其子大生等将所珍藏之古物、书籍捐献给人民政府。1950年3月21日，文化部沈雁冰部长，周扬、丁西林副部长向冯家颁发奖状云：“河北大兴县冯大生、冯大可、冯大申、冯克柔、冯瀓云、冯德符、冯士行先生等，秉先人冯公度先生遗志，将所藏古玉、石屏、金文砚一百四十七件，及所藏图书一万七千六百五十册，捐献人民政府，化私为公，殊堪嘉尚，特此褒扬。此状。”

六、王立承

王立承字孝慈，别署鸣晦庐主人，清康熙年间其先人自浙江山阴迁河北通县（今北京市通州区），居潞河。清光绪九年（1883）八月廿二日生，民国廿四年（1935）卒，年五十三。其父王芝祥，号铁栅，官至广西桂平梧道，署广西布政使。辛亥革命后被推为广西副都督，后任中华红十字总会会长。王立承为监生，广西法政学堂毕业，宣统元年以主事分度支部检查纸币清理财政处帮办，入民国任大总统秘书、政事堂机要局佥事、国务院秘书厅佥事，被授予五等嘉禾勋章。有五子，名达文、达武、达仁、达义（更名达津）、达弗。达义为南开大学教授，达弗为南京大学美术系教授。浙江家谱收藏家励双杰先生之思绥草堂有《太原王氏支谱》，即为王立承一系家谱。王立承所撰有《闻歌述忆》一卷，系王立承专访京剧大师谭鑫培（叫天）之作，被张次溪收入《清代燕都梨园史料》续编；《仙韶馀沈》三卷，系王氏为谭氏所写传记；《英秀集》，谭鑫培一名英秀，此系荟萃四十种谭氏剧目，故又名《英秀册子》。按：王氏故后一年，1936年12月周叔弢曾分别致函琉璃厂书肆王晋卿和乔景熹，欲搜购王孝慈所藏《谭叫天戏目》抄本，盖即此《英秀册子》。

王立承是民国年间通县的一位著名藏书家，以搜聚明刻本、明清版画、彩色套印本、明清戏曲为特色，与马瀛（隅卿）、郑振铎（西谛）为同时藏书之友。郑氏收集明版画书廿馀年，有三种巅峰之作为他所梦寐以求，除《程氏墨苑》已得自陶湘（兰泉）外，另外两种均藏于王立承（孝慈）。一是《十竹斋画谱》“初印本几绝迹人间”，“孝慈生前亦尝从琉璃厂文昌馆中某肆得开化纸初印本三册。余出全力与之竞，竟不能夺之”。[①]另一种是《十竹斋笺谱》四卷，两书均为明末胡正言（字曰从）所刻彩色版画“最精至美”之品。郑氏于马隅卿处见到王孝慈所藏此种。其时，鲁迅先生正在与郑氏辑印《北平笺谱》，乃向鲁迅建议翻刻《笺谱》，“鲁迅先生力促其成。余北归，乃毅然托赵斐云先生假得孝慈藏本，付荣宝斋复印”，“印成持较原作，几可乱真”，“时在岁暮，第一册竣事，适孝慈至平，遂以复本贻之，是为与孝慈订交之始”。[②]刻第二册时，马隅卿、鲁迅、王孝慈相继故去，不能见全书刻成。《瑞世良英》五卷，明金忠辑，崇祯年间车应魁刻本，荟萃古今忠孝贞廉故事三百馀则，每则前半叶为绘图，后半叶为文字，极精美。郑氏两次谈到此书云，有刘姓书贾持此书四册来，价奇昂而分文不让，“乃忿然退还之。后知为孝慈所收，喜其得所，且喜仍可得借读也”。孝慈卒后此书归陶湘（兰泉），从兰泉散出后，“余如见故人，立收得之，不问价也”。[③]当时学界为什么会兴起搜聚明末版画书的兴趣呢？郑振铎先生作了很好的回答。他说：“我国版画之兴起，远在世界诸国之先”，明末《十竹斋画谱》《笺谱》“纤妙精雅，旷古无伦，实臻彩色版画最精至美之境。其时欧西木刻画固犹在萌芽也”。而日人广搜我国版画书，传刻于世，使世界只知有日本版画，“而以我国作品为附庸”。为“一雪此耻”，郑振铎先生廿馀年来“倾全力于搜集我国版画之书”。“于时，与余有同好者，在沪有鲁迅、周越然、周子竞诸氏，在平有王孝慈、马隅卿、徐森玉、赵斐云诸氏”，“孝慈竟因书发痫死”。[4]王孝慈是因书得病而亡，据其幼子王达弗说，其父王孝慈五十岁左右时，要去天津就任河北省政府秘书，北平家中藏书较多，住房是租用的，不得不暂寄一位朋友家中。哪料想此人竟将书占为己有，爱书如命的王孝慈经不起这突如其来的刺激，精神失常，加之别的病，经一年多治疗无效而与世长辞。[5]

其藏书处为鸣晦庐，藏书印有：“王立承”白边白小方、“立承”白方、“孝慈”朱小方、“鸣晦秘宝”朱长方、“鸣晦庐珍藏金石书画记”朱长大方、“立承写定”等。

国家图书馆今藏其藏书目录多种。

一为《鸣晦庐藏书目录》不分卷，一册（七叶半），著录藏书百七十二种。前后无序跋，黑竖格稿纸端楷精抄本，每目仅详书名，小字注册数、何种刊本。卷数、撰者及年代均无，甚简略。中有“《墨苑》，明程氏刊白棉纸本，十六册”及残本十五册，“《墨海》，明方氏刊本，廿五册”，“《十竹斋笺谱》四册，《十竹斋画谱》一函及残《十竹斋画谱》各一，明刊本”，“《盛明杂剧》六册，明刊本”，“《金瓶梅图》一厚册，明刊本”，“《明状元图考》五册，明刊本”，“《六十种曲》卅八册，汲古阁原刊初印”及残本，“《诗馀画谱》二册，明刊本”，“《图书集成图》八册，开化纸”，“《凌烟阁功臣图》二册，清初刊初印本”，“《唐诗画谱》二册，明刊本”，“《芥子园画谱》初集五册”等，中多曲剧、明刊本、清初刊本、闵刊本、汲古阁刻本、版画及插图本。

二为善本（2707）《鸣晦庐书目》不分卷，二册，系王立承稿本，此目用“清秘阁造笺”竖格稿纸行楷工抄，每半叶八行。此目由五部分组成：

1.《鸣晦庐藏曲略目》，顾名思义，此为藏曲之专目，记凌氏、茅氏朱墨套印本并有图各种；汲古阁《六十种曲》；《元曲选百种》两函八十本，图精；极罕见之明刻本《酹江集》，有精图；难得珍秘之宣德本《诚斋乐府》二卷。以下若干种均有小字注，摘录数则以飨读者。

《盛明杂剧全集》初集卅卷，注云：“顷在文友所见，纸墨均□新洁，且是初印，胜于姚茫父所藏之本，展卷快观，喜甚喜甚，冀必得之，当与姚公同展对也。此书为海宁王静安所藏，因托傅沅叔丈辗转询商，腊八日仍由文友得回，去冬是日亦得《女范编》，吉曜凌临，同为一日，真佳话也。”

《太霞新奏》，注云：“明香月居主人评选，共十四卷。卷首附出像八景，原刻敬美，旧藏董授经处，今归于余。似为内府所藏，授经以为古本，较之《吴骚萃雅》诸书，自为罕见。”

《天书记》，注云："明环翠堂原刻本，汪昌朝撰，图极工细繁缛，曲亦守律，玉玦玉合之支流也。"

《投桃记》，注云："汪昌朝撰，环翠堂原刻，瞿安藏本。"

《北西厢记》，注云："徐文长批本，明刻有图精雅，批字极超隽可爱。傅沅丈书，允让，余欣识以俟。丙寅（按即民国十五年，1926）正月廿日。"后目注云："三月十五日得回。"

《牡丹亭记》二卷，注云："玉茗堂原刻白棉纸本，精幅中镌刻工名氏，有吉甫伯、符元吉、应阶诸字。傅沅叔丈藏书，昨请商让，允觅出即归于余，欣识以俟，八月廿八日。记九月十五日，得回今岁九月初八日。"

《疗拓羹》，注云："明两衡堂本，吴石渠撰，又得一书，亦白棉纸本，尺寸宽大，纸张白洁完好，由隅卿转购于修绠者，极精，岁序一周，恰逢九月，佳话也。"

《情邮记》，注云："吴石渠撰，粲苍斋原刻，吴瞿安藏书，有图，极难得。"

2.《明刻图画书籍藏目》，顾名思义，此为王氏所藏明刻图画书专目。如：

"《人镜阳秋》廿二卷，万历汪昌朝环翠堂本，黄应组镌，汪耕（字于田）绘，竹纸。"

"《坐隐棋谱》，明环翠堂本，汪耕（于田）绘图，黄应组镌刻。"

"《明状元图考》五卷，万历吴承恩（字君锡）本，黄伯符等绘刻，白棉纸。"

"《圣贤象赞》，徐俟斋旧藏本，白纸。"

"《列仙全传》九卷，万历初本，题王世贞辑次，汪云鹏校刊。"

"《程氏墨苑》廿三卷，万历滋兰堂本，天工物华均有终，卷末附《续中山狼传。最足之本。"

"《方氏墨谱》，万历美荫堂原刻本，是书据书坊人云，有翻课本，此则原刻也。"

"《唐诗五七言画谱》，明集雅斋本，黄凤池刻。"

"《闽刻邯郸记》，图王文衡绘，极精。甲子（按即1924年）夏，武进陶兰泉得一书，羡慕深切"，向其借抚原图，只允借首卷一本。后王氏于肄文堂买到此书。陶氏书缺第七图，此书则皆全，"兰泉以将景印此去，并属为补全此图，亦佳话也。丙寅（按即1926年）五月识"。

"《方氏墨苑》廿二册，明万历方瑞生著，绘刻极精，白棉纸本，新如未触手。”

“《十竹斋笺谱》，明崇祯胡曰从精刻本，五色套印，精雅极妙。庚申（按即1920年）见之，丙寅（按即1926年）得之，七年岁序，物好所归，另有详记，非偶然也。”按：此即前已述及之鲁迅、西谛所借之书。

“《历代圣贤像赞》四册，明胡文焕本，庄严大朴，字体甚美。……按《述古堂书目》孙承恩《历代圣贤象赞》六卷，今次刻只上下二卷，已非孙氏之旧矣。孙刻今不可见，得此亦足珍也。上卷自盘古氏至隋韩擒虎共93人，下卷自唐高祖至元虞邵庵公101人，计194人，195像，则孔子有二像也。”

自《祝发记》至《义侠记》“均明金陵唐氏刻本”，王氏跋云：“此下各曲均许守白代觅之书，共十九种，予与孔德学校马隅卿先生分得之。……尝闻瞿安云，曾见富春堂曲合售者不下百馀册，盖当时金陵富春堂所刻小说、曲子最多。此种汇刻之曲或是十套、十二套，已有一百馀种矣，卷首题页与汲古《六十种曲》相同，皆曰‘绣刻演剧’几本，第毛氏所刻有去取，此则多多益善耳。”

又自《称人心》至《万事足》五十七种系“孔德借缀玉轩本藏曲目”，王氏跋云：“近得金陵富春堂曲多种，皆唐氏所刻，又曰世德堂，盖唐氏以刻书世其业，历元明以至清初，所谓书林子弟也。”

3.《图绘书籍总目·旧镌之部》，大多自清初至光绪年间所刻图绘书籍之目，间亦列有数种明刻本，如《历代名公画谱》《明状元图考》等。

4.《图绘书籍总目·石印之部》，多为清光绪年以来石印图绘书籍之目。

5.《明板略目》，所列廿馀种，大多已见前各种目，又列“《三祝记》二卷，汪廷讷撰，环翠堂刻，万历戊申汪耕绘图”。

三为《吴瞿安、许守白、陆诚斋、王孝慈所藏曲目》王孝慈部分。此目仅四叶，红色竖格稿纸，墨笔端楷所抄，目无题亦无序跋，仅在栏外有三行说明性文字。“近刘、董两家……各种及坊间常见之蒋九种，惺庵五种等均未载入，馀如《长生殿》《桃花扇》及近来新曲亦未录，石印者均不列。”每半叶九种，共约七十馀种，与《鸣晦庐藏曲略目》有同有异。

王立承亦喜撰书跋。国图善本（1469）《诗馀画谱》不分卷，二册，明汪氏于万历四十年刻本，前有“乙丑（按即1925年）十一月初五日潞河王立承题记”云，初得此书因“残碎”不知为何书，吴昌绶（松邻）老人告知当系《诗馀画谱》，“乃以所复明洪武本《草堂诗馀》见赠”，持归互勘乃知确为《诗馀画谱》，“装治共得九十一图”，“其绘事、刻工精妙流动，略无板滞，老松柔柳，袅娜纷披，尤为独擅胜场，又非《唐诗》六如诸谱所能望其项背”，“此岁断简残缣，无异古本，默默中必有护持之者，真瑰宝矣”。

又读（1509）《陈章侯画博古牌》不分卷，一册，明陈洪绶绘，清初刻本，亦有“鸣晦”手书端楷跋十行云：“此亡友仪征陈大镫物，曾假回景摹副本，以为海内不复再见矣。大镫归道山后，其子乃以此十幅为赠，仍自留六幅以为世宝。……此亘古奇宝，又为亡友故物，弥足珍惜，愿与此身相始终矣。”按：此书有题签，云：“陈章侯绘叶子格，明黄子立精镌，十幅，珠还室藏。”每幅画所镌之人物栩栩如生，画两边有黄子立手书题字，并落款“子立”二字。首页书眉上钤以“甲”朱圆印，不知出何人之手，可见其书之珍贵。

王孝慈生前肯出大价钱购买秘籍，生后则家境萧条，子女无以为谋葬，不得不出售珍籍。郑振铎云：“惟孝慈家事极窘迫，不能不尽去所藏以谋葬事。”⑥王达弗兄弟委托其父生前好友徐森玉同赵万里先生商谈，将鸣晦庐藏书归诸北平图书馆。⑦所藏《瑞世良英》则归陶湘、郑振铎递藏，亦归诸北图。⑧今天津图书馆所藏（S2671）《精订纲鉴廿一史通俗衍义》廿六卷，廿四册，有精绘图像，系清雍正十年（1732）正气堂泥活字印本，早于李瑶、翟金生泥活字印书百馀年。此书亦系王立承旧藏，有其藏印，后经周绍良先生递藏，而归入津图。至于王立承本人精抄本《环翠堂新编投桃记》二卷、《谭友夏钟敬伯批评〈绾春园传奇〉》二卷，后由王氏后人散入琉璃厂文友堂，齐如山从文友堂买到，今在美哈佛大学燕京图书馆。两书端楷所抄，装帧讲究，画图精美绝伦。⑨齐如山百舍斋尚有王立承旧藏明世德堂唐氏刻本《赵氏孤儿记》二卷，今亦在哈佛。⑩

注释：

①⑥郑振铎：《劫中得书记续记》“十竹斋笺谱初集”条。

②郑振铎：《西谛书话·复镌十竹斋笺谱跋》。

③⑧郑振铎：《西谛书话·中国版画史序》。

④郑振铎：《劫中得书记续记》“瑞士良英”条。

⑤⑦纪维周：《鲁迅与王孝慈轶闻二三事：新版〈鲁迅全集〉（第18卷）补注》，《鲁迅月刊》2009年第6期。励双杰《鸣晦庐主人王孝慈家世考》（《图书馆研究与工作》2013年第1期）亦载。

⑨沈津：《王孝慈抄的戏曲书》（见“书丛老蠹鱼”的BLOG）。

⑩沈津：《美国哈佛大学哈佛燕京图书馆中文善本书志》“明唐氏世德堂刻本新刊重订出像附释标注音释赵氏孤儿记”条。

《锦官录》与《解氏家藏》

高洪钧

《锦官录》和《解氏家藏》是两部清代丛书，不见《中国丛书综录》著录。两书一藏于天津师范大学图书馆，一为好友于宝华同志私秘，现择要解说如下。

一、《锦官录》与《李锡书年谱》

《锦官录》一作《见庵锦官录》，也有书商题作《蘂石山房丛书》，清人李锡书撰，嘉庆道光间刊本，蘂石山房藏板。作者生平资料鲜见，故在此略作介绍。

李锡书字洪九，号见庵，山西忻州静乐县人。清乾隆二十一年（1756）生，五十五年成进士，曾主讲介休绵山书院。嘉庆四年（1791）选授四川汶川县令。二十一年因族人藩蜀，遵例回避，量移云南补官。未几告病归，养疴锦城。锦城即锦官城，成都之别名，故其所著书以此名之。

《锦官录》收书八种附录二种，即《见庵制义》一卷，《四书臆说》十二卷附《辨误》一卷《辨异》一卷，《见庵杂著》一卷，《河洛图说》四卷，《周官图说》六卷，《释地图考》二卷，《释星图考》一卷，《圜海图考》四卷。这是一部综合性独撰丛书，所收之书经史子集四部都有。其中《四书臆说》卷十一末附有门人撰《李锡书年谱》及《续后》，可补《中国历代人物年谱考录》和《近三百年年谱知见录》之缺漏；而《见庵杂著》中《宦蜀纪年》一文，李锡书自述仕历甚详，又可补《年谱》之不足。

《见庵杂著》是李锡书的诗文汇录，收碑记、祝文、序跋、书传等二十余篇。内中《宦蜀纪年》间插有即兴纪事诗九首和楹联两副。其他文章有的也能说明一些问题，如《汶川县志跋》，即是他在汶川县令任上作，从而结束了“汶无志”的历史。今有《汶川志略》四卷存世，题“李锡书纂修，嘉庆十年刻本”，《中国地方志联合目录》著录。

李锡书淹通经史，尤好舆地与方志学。如《释地图考》二卷，虽绘图拙劣，但行文部分取《禹贡》《职方》《春秋传》及《朱子纲目》之地名，合以当时之地名，具有古今地名对照性质。另外，他还编修方志多部，除前述《汶川志略》外，后又应约参订《静乐县志》，就其故乡山西静乐县的建置沿革、修志历史，撰写了《与县尊陈耦桥先生论修邑志书》和《静乐县志后》二文，指出旧志之八误，并对新志稿提出五点意见。这部嘉庆《静乐县志》未见《中国地方志联合目录》著录，或未刊，或已失传，但有《杂著》中二文在，资料难得，可供今人新修静乐县志时参考。

《杂著》中还有“代人作”的《重修四川通志序》。对照前几年巴蜀书社影印出版的嘉庆《四川通志》中此文，除中间一段稍有更改外，其余一字不差，末署“嘉庆二十一年丙子秋七月既望，四川等处承宣布政使司布政使、静乐李銮宣撰”。李銮宣字石农，也是山西静乐县人，乾隆五十五年（1790）进士；嘉庆间官云南按察使，缘事谪戍，寻释回；嘉庆二十一年（1816）春，由广东按察使调任四川布政使（见《国朝耆献类征初编》卷一百九十六）。这正接上了李锡书《宦蜀纪年》里说的因族人藩蜀，遵例回避，量移云南补官事。故此族人即李銮宣，《重修四川通志序》即李锡书代李銮宣作，而后由李銮宣改定者。若非《杂著》所示，后人怎知个中关节。

《杂著》中另附有友人书信九通。其中《同年石琢堂韫玉来书》，即石韫玉《独学庐二稿》中《与同年李明府锡书论河图洛书书》。石还作有《送同年李石农观察浙东》诗四首。石与二李同年，据《明清进士题名碑录》载：石韫玉为乾隆五十五年庚戌恩科第一甲第一名，李銮宣为第二甲第十一名，李锡书为第三甲第五十名。但他们的境况不同：石韫玉官至山东按察使，李銮宣最后官至云南巡抚，而李锡书在汶川知县任上待了二十多年，一直没有升迁。他对儿子李演说：“余仕不加进，非无故也。圣人有言，多闻见，阙疑殆，慎言行，三者缺一不可。阅历数十年，凡事求之于心，殊多杌陧，以此自思，尤悔事丛如乱麻，焉能得禄也。”故自叹曰：“人生在世，有命自天；爱者莫能助焉，恶者莫能阻焉。”（见《宦蜀纪年》）

道光八年（1828）八月，李锡书年七十三，尚在世，且“康强逢吉，正未有艾”。现移录其门人刘厚滋所撰《李锡书年谱》及曾和瑞所补《年谱续后》如下：

李锡书年谱

先生姓李氏，名锡书，字洪九，号见庵，山西忻州静乐县人。父讳珥，字君笔，号西河，雍正己酉科（1729）举人，仕江西建昌府新城县知县。母冯太宜人，本邑著姓。

乾隆二十一年丙子（1756）

九月十二日，先生生。

乾隆三十二年丁亥（1767）　年十二岁

应本县童子试。邑令海宁陈琇容先生赠以诗云：“李家玉琢好儿郎，也解吟来急就章。莫负老夫心盼盼，春风早占一枝香。”先生名进星，丙戌（1766）进士。

乾隆三十四年己丑（1769）　年十四岁

聘岚邑程氏女，是年成礼。

乾隆三十五年庚寅（1770）　年十五岁

正月，太宜人病卒，居忧。是年冬十二月，府君新城公病卒，再忧。

乾隆三十七年壬辰（1772）　年十七岁

服阕。应县试，邑令施雅斋先生录为案首。先生山阴举人，名大成，绍兴名夙。

乾隆三十八年癸巳（1773）　年十八岁

入学，从施雅斋先生问学。

乾隆四十四年己亥（1779）　年二十四岁

本省乡试中式第十九名举人。房考壶关县令、四川涪州举人姓向名岇。座师则潘容斋、刘珵圃二先生也。

乾隆五十年乙巳（1785）

从宁武县令彭兰堦先生讲学。先生名吴礼，太仓人，辛巳（1761）进士（按：此处或有误，疑为乾隆三十一年丙戌科进士，见《明清进士题名碑录》）。

乾隆五十一年丙午（1786）

元配程氏卒。

乾隆五十二年丁未（1787）

娶兴县孙氏女成礼。

乾隆五十五年庚戌（1790）　年三十五岁

会试中第七十四名进士，殿试三甲第五十名，归班铨选。房考松江吴铭茶先生，名树本；座师则王文瑞、朱文正二公也。

乾隆五十七年壬子（1792）

三月，子演生。

乾隆五十八年癸丑（1793）

膺介休县绵山书院主讲。

嘉庆三年戊午（1798）　年四十三岁

行取赴都。

嘉庆四年己未（1799）

四月，选授四川汶川县知县。是年十月履任。汶治在四山中，阖境蛮番杂处，不满千户，全无案牍。廉俸入不过二三百金而已，先生安之。

嘉庆十七年壬申（1812）　年五十七岁

在汶刻《释地》《释星》图考二种。

嘉庆二十年乙亥（1815）　年六十岁

刻《河洛》《周官》图说二种。

嘉庆二十一年丙子（1816）　年六十一岁

因族人藩蜀，遵例回避，量移云南补官。

嘉庆二十二年丁丑（1817）

三月赴滇，檄署宣威州知州属。感疾不能沾事，遂移病；居一月，回川。不能长行，暂寓官调养。是年刻《圜海图考》一卷、《时文》一卷、《杂著》一卷。

嘉庆二十五年庚辰（1820）

居蜀，纂《周史集成》十卷。

道光元年（1821）

居蜀。

道光三年癸未（1823）　年六十八岁

刻《四书臆说》十二卷。先生居蜀二十四年，子一人，孙三人，家才十口，淡泊安居，萧然无与，杜门谢客，唯以讲学为事云。

年谱续后

道光三年（1823）

居蜀。

道光四年甲申（1824）　年六十九

（高洪钧按，本条谱文原缺。）

道光五年乙酉（1825）　年七十

著《四书大成直讲》一部。

道光六年丙戌（1826）　年七十一

讲四书卒业，共二十卷，缮写成本。

道光七年丁亥（1827）　年七十二

刻《四书辨误》《辨异》二卷。

道光八年戊子（1828）　年七十三

居蜀，刻《课短试卷》一卷，共一百六十篇。

和瑞辑先生年谱至七十三岁，时道光八年八月也，先生康强造吉，正未有艾。

二、《解氏家藏》

《解氏家藏》三种十卷，清稿本八册。编者解恕字纫芬，号蘧亭，山东即墨人。生于清雍正二年甲辰（1724）。因家贫，十三岁时即不能从师，完全靠自学成才。虽无功名，但“自弱冠时即以创修族谱为己任，广询博采，老而不辍，于先人手泽所存，珍若拱璧，集腋成裘，汇为《家藏》十卷”。前有《弁言》曰：“国有史，郡县有志，家亦有乘，文之所也；虽广狭大小不同，为已往将来计，一也。吾家居墨四百余年，传世十有余世，诗书为业，由来久矣。恕不敏，将采旧闻，备一家之文献。……因取平日收贮一二散帖，录为《仅存集》，既又编次柳溪碎札为《世德堂集》，并自为《敬修堂集》，合之凡如干卷，总题曰《解氏家藏》。”

这实际是一部地方氏族丛书。《仅存集》一卷，是解恕在修家谱时“留意旁搜”，所得有关先人行谊之寿序、碑传、祭文，以及金兰盟书、契约借据等原始材料，是为史部类。《世德堂集》是其六世从祖名瑶字琢章，又字柳溪号松斋者，与朋辈间的赠诗和信札：友人相赠之作题《海岳投缟》，本人所撰原为《松斋文集》，后改题《松斋遗文》，各分上下二卷，应属集部类。《敬修堂集》是丛书中的丛书，是编者自为之作，包括《节孝赠言》《家教雅言》《半村诗草》《文类存稿》《蘧亭随笔》五种各一卷。其中《蘧亭随笔》扉页有题词云：“杂物撰德，极天下之赜而不可恶。是编所收，虽极烦琐，然乡曲人说话，不离乡曲间事，譬井底之蛙，纵横跳梁，终不出八角栏外，故散笔不堪共质。”又云：“愚瞽之谈，不当一噱，于事则率出新意。其已见往籍，自非特表，或因之有所发明，无取重录。”显然当属子部书。各书前均有题序，备述编辑原委。

该丛书最有特色和文献价值者，莫过于《海岳投缟》《松斋遗文》和《蘧亭随笔》了。《海岳投缟》里收录有与解瑶老人交好的“海内名流”一百五十多人近三百七十篇诗文，其中包括康雍间以直言敢谏著称而无著述传世的李元直诗四首、文五篇。每一作者均有小传，著录其字号、籍贯、科名、仕历和所录作品序数。上卷“赠诗”是以写作时序编排的，起自康熙三十二年癸酉（1693），讫于乾隆十七年壬申（1752），故卷题副作“纪年题名”。如康熙四十四年乙酉间有《乙酉九月五日席次送琢章世兄东归》诗，诗题下署：“孔尚任，字季重，号东塘，又号东堂、岸堂，自称云亭山人。曲阜至圣六十四代孙。由博士历官户部员外郎。诗一首。”此后之作，则著“再见”“三见”云。下卷“书简”，是与解瑶交往者的信札。

《松斋遗文》辑录解瑶生前的政论题序等。如卷上所收《上陈邑侯去蠹役》诸文，深刻揭露了康熙年间地方上“猛吏如虎”的情状，大胆指斥邑侯“爱吏如子、视民如仇”，谓其“自莅任以来，差役一票到手，有勒索数千至数十百千者，使人倾产鬻子；间为告发，赃证确然，犹曲为护庇，是剥穷黎之脂膏，为胥役肥囊橐也。……凡此数十条，皆合县共传共闻，彰彰在人耳目”。这对研究清初地方吏治，很有参考价值。

又如卷下收有其《家藏延陵碑真迹记》云：“吴公子季札卒，孔子过吴，题其墓曰‘於乎有吴延陵季子之墓’，事载《圣迹图》第七十二叶。《通典》注云：‘晋陵申浦，有季子墓，墓前有石碑古篆，自昔传以为孔子之笔，其大径尺，体势奇伟。’按申浦在今常州府江阴里西北七十里，季子墓在申浦万山中，邃岩灵窟，江泥阻塞，隔绝人境，非刳木乘橇，梯空历险，不可得出入。考之唐开元中，元（避玄）宗尝命拓其书。国朝圣裔东塘先生，以部郎有事江湖，永言孝思，欲得先圣手迹，假国家浚河之力，百计至其地，见墓前古篆，圣迹犹新，其石如玉，光可以鉴，遂拓数本以归。盖自唐开元而后，遥遥千载，躬诣季子之墓，得至圣之手迹者，东塘先生一人而已。康熙乙酉，余过曲阜，馆于岸堂，先生以一本见赠，盥手披阅，古穆之气，溢于柱外，诚希世之至宝也。”不知这季子墓碑拓片有传存否？若果系孔子手书，则不仅可改写司马迁所谓“孔子生平未尝至吴”的历史，同时亦将是我国现存最早古篆之一，比秦时李斯泰山石刻还早，其意义和文化价值就更大了。这类信息，是他书所未道及的。

《蘧亭随笔》则多为有关地方史实和社会轶闻。开篇《读县志》文，针对当时县令尤淑孝领修之《即墨县志》（乾隆二十九年刊，见《中国地方志联合目录》），提出了批评意见，指出“尤志可取者，沿革封建、田赋徭役十数条，此外大概有四失：曰滥、曰脱、曰误、曰错杂无次。滥处不必言，脱误错杂，殊难一一指教”。文中列举了数端，又另写了《懿行》《列女》诸篇，可补旧志之不足。社会新闻则如《杂记》上载：“嘉庆四年，首辅和珅罪败籍没，姬妾有吴卿怜者，为诗十绝并注之，自序吴门人，年十五入平阳王抚军亶望邸，继归于中堂和又十四年矣。其一曰：‘晓妆惊落玉搔头，宛在湖边十二楼。魂定暗伤楼外景，湖边无水不东流。’”内有注：“己未正月初八，晓起理妆，适闻和事。平阳王处遇事时亦清晓，情景宛然在目。又，王抚浙时，起楼饰以宝玉，人传为迷楼；和处池馆，皆仿照上苑。王、和祸福如出一辙，天道之常有如流水。”这就是近年播出的电视剧《铁嘴铜牙纪晓岚》里关于王亶望、苏卿怜、和珅事（当然是戏说了的，情节与事实有出入）。其他九首亦然。又《杂记拾遗》载：“明太祖时，州县官犯赃者，银才数两，生剥其皮，存库示戒。即墨库中，有贪官之皮，其人姓名失传，皮则至国朝犹存；年久蠹败，乾隆初，邑令王公，瘗于官衙土地祠。”反映了历朝历代对贪官污吏都是要严惩的。

《解氏家藏》是编者“生平心血之作”，乾隆五十二年初成，后屡有增补。至嘉庆十一年（1806）二月二日《家教雅言序》题毕，同年十一月二十八日解恕卒，享年八十三岁。其子承坒，“千里乞书”，由同邑生杜延闾于次年春撰成《蘧亭先生传》，附于《节孝赠言》后。这是一部未刊书稿。同治《即墨县志》卷十《艺文志》著录有解瑶撰《海岳投缟》《松斋文集》，解恕撰《半村诗文稿》《蘧亭随笔》等，于此即可见其全貌。丛书中不仅保存有解氏家族史料和族人作品，更收录有不少外姓人的诗文和简历，对我们了解当时山东文人的交往和创作情况是很有参考价值的。解恕在《弁言》里说：“是帙也，名为家藏，后人之果能世其家、善其藏，存已往之辙迹，昭将来之耳目，不致沦失，勿事抛弃者乎，吾又乌得而知之？”该丛书为吾友于宝华二十年前在北京旧货市场上以高价购得。

清稿本《二知轩诗钞》小考

王晓娟

《二知轩诗钞》为济南周晶先生所藏，余幸得一睹。是书上下两册，写本精工，由《客游吟》《还山集》《倦馀录》《归田草》四个小集组成，其中《客游吟》《倦馀录》各上下两卷，《还山集》《归田草》各一卷，共计六卷。卷首有作者姻亲刘家骧所作序。钤有“赖似青山”印，未晓何人。又有周先生藏印“周晶藏书”。书内夹附刘家骧《序》草稿一份，有修改痕迹，所改之处皆合于书前之序，则是书为清稿本无疑。《客游吟》一集有朱笔圈点，不知何人所为。周晶先生推测是书作者为清代安丘王氏，惜不知其名。余细读之，亦以为是。

余曾参加《清人著述总目》编纂，知此集为传世仅有之本，因就著者名氏、行历，以及诗集所记史事、人物考索如下。

《还山集》中有一组诗名为《忆旧绝句八首》，为作者追忆“身已早没，而恩谊尤不能忘”的八位授业师、授知师所作，每诗后皆有小注，讲述师生交往事迹。第五首小注称其授知师芷江杨鸿烈先生对自己赏识有加，“每谓人曰：古人‘以貌取人，失之子羽’，今吾于王生，窃自幸其不失也”。则《二知轩诗钞》的作者是一位其貌不扬的王姓人士。

《忆旧绝句八首》后有诗，曰《前诗意有未尽，追忆马丹石、李星如两夫子皆遇变而没，为怆然者久之，又赋二绝，藉志其事》，诗末小注云：“捻匪之乱，丹石师纠近村万余人避难吾村北之牟娄山。”《齐乘》（《山东文献集成》影印清乾隆四十六年胡德琳、周嘉猷刻本）：“牟娄山，密州安邱南二十里。”则《二知轩诗钞》作者应是山东安丘人。又诗人自言少经捻匪之乱，那么他的出生年代大约在道光年间。

卷首《序》中，刘家骧称“尚文姻丈，文伯也，亦诗豪也”，“至于先生行谊，则载在邑乘，故不著”，则诗人大概字“尚文”，且《安丘县志》有传。细读诗集，又发现王尚文有一位近亲，字典文，光绪五年中举。作者有《喜典文秋捷灯下闲话》诗云：“喜君锥颖脱囊新，对话灯前促膝频。家运渐隆亲已老，宦情本淡我仍贫。”诗后小注云：“此己卯秋典文举京兆时夜话作也。当时闻捷而喜，转念家贫亲老，余又远隔晨昏，怆然者久之。”典文中举牵涉诗人的“家运”“亲老”，且“尚文”“典文”取字相仍，二人应为同胞兄弟。有《岁晚三诗用东坡原韵》诗序为证：“余客居春明，岁晚亦动相思，喜家弟典文相依度岁。”由前文所推定的王尚文生活年代，则己卯应该是光绪五年（1979）无疑，是年距捻军事起已二十余年。

检《山东通志·举人表》（《山东文献集成》影印民国四年至七年山东通志刊印局排印本），光绪五年己卯科举人，安丘籍唯有王师曾一人，核之民国《续安丘新志》（孙维均、章光铭修，马步元纂，民国九年刻本），王师曾并无字“典文”。又查《安丘县教育志》中所附《安丘清代科甲出身名录》，光绪五年举人除王师曾外，还有牟山前村人王敟，为《山东通志·举人表》所遗漏。根据《安丘清代科甲出身名录》，王敟于光绪十五年考中进士；同时，该表还有一位牟山前村人王敞，同治十二年中举，光绪二年中进士。二人同籍名近，对照其字，“尚文”为“敞”、“典文”为“敟”，各为拆分其名所得，为兄弟二人似已无疑。则《二知轩诗钞》的作者疑为王敞。核之民国《续安丘新志》有如下记载：

王敞，字尚文。父椿龄，字寿千，生员。少孤，事母至孝，积学敦行，教授乡里间，莫不推为良师。敞秉庭训，博闻强记，早著文名，经术淹通，尤熟史事。光绪丙子成进士，授户部主事。性坦率，不事营逐。阎相国文介（按即阎敬铭）长户部时优遇之，亦未尝稍事攀附也。循资保送直隶州知州。需次安徽，任真如故操。委办泾县厘局，商旅皆称其不苛。以内艰归，服阕，寻卒。著有《客游吟草》《还山集》《倦馀录》各一卷。弟敟，字典文，己丑进士，官刑部主事，亦有文名。

《客游吟草》即《客游吟》，同《还山集》《倦馀录》皆已收入《二知轩诗钞》，此外尚有《归田草》一集，《续安丘新志》未著录。至此，《二知轩诗钞》的作者是安丘王敞，可无疑义。

《二知轩诗钞》所收《客游吟》《还山集》《倦馀录》《归田草》四个小集，关涉王敞生平经历极为紧密。

自光绪二年中进士后，王敞任户部主事，长期寓居帝都，有六年之久。这一时期的诗作，有的作于返乡或回京的途中，以记述风物、述怀言志为多，有的是感赋帝京古迹和岁时景物，如《过贵家园》《过杨忠愍公故居有感》《天宁寺看花二首》，有的是与诸位同年或友人唱和及交游的记述，结集为《客游吟》。

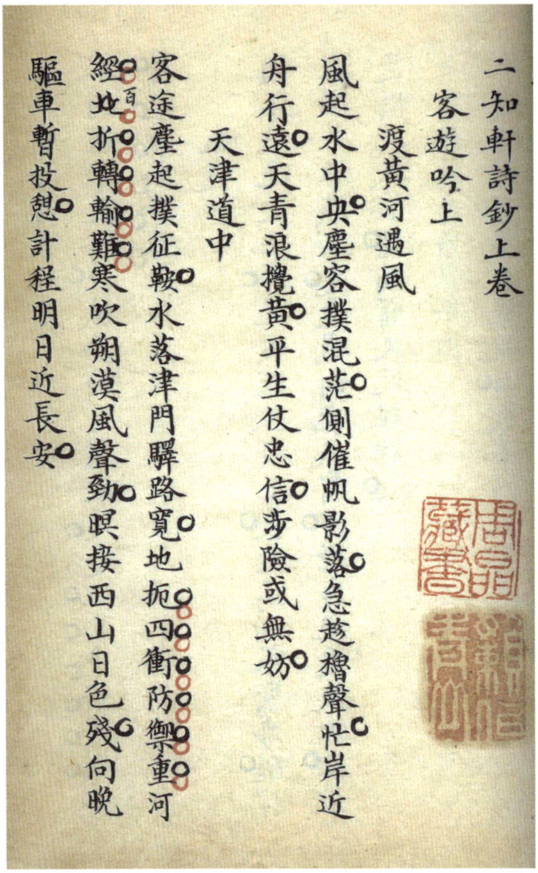
二知軒詩鈔上卷
客遊吟上
渡黄河遇風
風起水中央塵容撲混茫側催帆影落急趂櫓聲忙岸近舟行遠天青浪攪黄平生仗忠信步險或無妨
天津道中
客途塵起撲征鞍水落津門驛路寛地扼四衢防禦重河經百折轉輸難寒吹朔漠風聲勁暝接西山日色殘向晚驅車暫投憩計程明日近長安

《二知轩诗钞》首页

王敞交游的情形，主要保存在这一集中。从人物事迹来看，较为著名的有臧济臣，道光二十六年（1846）生，字景傅，号未斋，山东青州府诸城县人。同治九年举人，同治十年（1871）进士，并授翰林院庶吉士，后出任湖北学政。王敞有诗赠之，曰《送臧景傅编修督学楚北》，曰《贫交送远无以为赠，率成二律言浅情深，继以绝句数章聊当骊歌之奏云尔》。管廷锷，咸丰四年（1854）生，字天衢，又字士一，号荐秋，山东沂州府莒州人。光绪二年进士，为王敞同年，并授翰林院编修。擅长文学，“尤工古近体诗”，于书法“尤工楷法”。著有诗集七卷，并辑《同声集》一卷。王敞有诗《雪后与管士一太史看梅花》。傅溥，道光二十五年生，字晥生，号答泉，山东东昌府聊城县人。同治元年举人，官内阁中书，诗书画兼擅。《全清词钞》卷二十七收入其《扬州慢·维扬感旧》之作，并称其有《石云词》。王敞有诗曰《傅答泉内翰新纳宠姬口占戏赠》，曰《余素不喜香奁体，兼闻答泉所纳姬人崇尚简朴，意颇相得，因前诗有涉亵渎语，又赋四章》。这些人均科举出身，又多为山东籍人士，与王敞同在京从仕，多有唱和。廷雍，字邵民，满洲正红旗人，光绪二十六年卒于庚子之变。王敞有诗《同署廷邵民员外郎以其先人诗集见赠赋诗报之》，题中“先人”即廷雍之父崇恩，字仰之，号语舲，曾任山东巡抚。王敞受赠诗稿名《香南集》，崇恩传世有《香南居士集》二十二卷，存道光、同治多个刻本，分别见于山东省图书馆等处。廷雍一家，祖父舒敏，父崇恩，侄元隽，四世俱有画名。而廷雍与王敞的赠答，当在二人同在户部任职之时，彼时王敞任户部广西司主事，廷雍亦任户部贵州司员外郎。

六年后的冬天，王敞自京返乡，经桑干河、文安、沧州一路至庆云（德州），返回安丘家中。次年春又离家，经益都、临淄、长山、邹平、历城、东阿，至阳谷县，任谷山书院主讲。这一路诗人游览山川古迹，吟咏颇多，可以说是遍及其足迹所至之处。又有客居阳谷时所作《忆旧绝句八首并序》，记述王敞的八位先师，小注尤详，如同简要的传记。结集为《还山集》，寄意于诗人对家山的深情和返乡的喜悦。

王敞自称寄居阳谷三年，每年春来秋返如燕，因命其所居为春燕楼，常有思乡之语、登楼之叹，因而作《忆牟娄杂诗》十二首，保存其家乡风土民情信息甚多。如“牟娄山西连一小山曰桃红，亦名洪陀，西麓下即吾村。村西一水名金沟，迤逦北折入汶”，又“红桃西麓有古冢，传为汉嵩孙墓，即藏赵岐于复壁者。金沟桥西，旧有墓道碑，今仆，现存孙赵祠于霞栖观中，亦在桥西”，可以和县志互证。光绪十六年春，四十九岁的王敞携妻孙氏及幼子再次入京，任某署行走。同年曾国荃卒，王敞有诗纪之。光绪十八年春，孙氏客死京城，王敞有《遣悲怀》四首，语极沉痛。仲冬时节，由其子扶柩南下，归葬家乡。彼时王敞因宦事羁留帝京，次年亦返乡。此一时期，王敞的少年壮志只落得中年蹉跎，顾怜家贫亲老，却每客居在外，故而结集名为《倦游录》。

光绪十九年，五十二岁的王敞任职于泾县厘局，客居皖城三年，后因母丧卸职还乡，从此老于牟山之下。四时信步东岗，醉心乡村田园之景，乐于岁丰人和，作诗多自遣，有“原无骨相可封侯”、“夜凉如水月华流”（《秋夜不寐》）之语，结集为《归田草》。

刘家骧民国八年（1919）七月十五的《序》，对《二知轩诗钞》的内容有所概括：“先生自登仕版，二十年未迁一秩，以傲然之气写沉郁之词，凡宦海之升沉、事情之冷暖、人事之代谢、天道之推移，及一切山川草木可惊可愕之状，一一达之于诗。”又有关于《二知轩诗钞》结集的记录：“诗厘定若干卷，曰《客游吟》，曰《还山集》，曰《倦馀录》，曰《归田草》，总领之曰《二知轩诗钞》，盖取知足知止之意。”又云“犹子允乾为先生外孙，搜集旧稿，雠辑成帙，缮既毕，爰弁数言于简端”。诗集大约王敞生前已经定稿，由家人收藏，后由其外孙刘允乾收集起来，找人誊写，并托刘家骧写序。那么，这个本子应为刘允乾的誊清本。至于“二知轩”一名，应为王敞堂号，其诗《题二知轩壁》云“止足从来不易知，及遭殆辱悔迟反（疑当为“反悔迟”，集中颇有上下字颠倒者）”，刘家骧所谓“盖取知足知止之意”便是从这里得来的。

《二知轩诗钞》所收诗作，时间均在光绪二年之后。刘《序》亦称：“诗不常作，以习帖括业未遑也。登第后始肆力于古近体诗，故集中诸作，少年时俱不载。”又《忆旧绝句八首》小注记云：“师笑曰：‘……称君东州名士，必工吟咏，想专业帖括，未暇多作耳。’”由此来看，清代士人研究学问、诗词，往往于课艺之外，科考中式之后，方可专心致力于此。

至于王敞的卒年，《侯安丘新志》称其“以内艰归，服阕，寻卒”，在为母服丧期满后不久。《客游吟》一集有诗《喜典文秋捷灯下闲话》，诗末小注云：“今先严已弃养……辛巳季秋月晦日自识”，按辛巳年为光绪七年（1881），王敞之父于是年已经故去。《归田草》首篇《痛定思辞章》，是王敞于泾县厘局任上得知胞弟王敷死讯所作，彼时有“休惊噩梦到高堂”之语，其母尚健在。随后《即事》一诗自注“此先慈遗句也”，其前后另有诗记录辞官初归故里情形，便是“以内艰归”。观《二知轩诗钞》所收之诗，基本上以时间顺序编排，有言“垂老归来一事无，闲拈笔墨足清娱。吟成便付儿存稿，兴尽非关吏索租”，大约是其晚年诗作。诗人有意“付儿存稿”，因此其诗当是整理过的。《归田草》为最后老于故乡之作，每年四时都有诗作，辗转两载后，卷末有诗《己亥元日得雪未足长句催之》，当作于光绪二十六年（1900），王敞年五十八，随后又有二诗，语涉秋日风光，而诗集至此终止，按王敞大约卒于此后不久，或许就在这年的冬天故去了，卒年约为光绪二十六年底或二十七年初。

王敞的履历，除了《续安丘新志》和《二知轩诗钞》外，还有一件文献保存资料极详，即《光绪二年丙子恩科会试同年齿录》。该齿录顾廷龙先生编《清代朱卷集成》未收，仅知国图、北大、清华有收藏。国图所藏笔者无缘见到，北大本中王敞仅列名而已，实际上并无履历。唯清华大学图书馆所藏清刻本记载颇详，可由此考见王敞的生年、字号、科举成绩和家世，以补订《续安丘新志》记载的讹缺。《齿录》称：“王敞，字文轩，号娄村，行一，道光辛丑（按即道光二十一年）四月二十八日吉时生，系山东青州府安丘县廪膳生民籍。”王敞生日亦有诗为证，名曰《四月二十八日余生辰也，是日与诸同年公会演剧。见场上有为佛祝寿者，偶然有触，戏成长句，借以自祝兼以自嘲云》。末又列举其科考成绩称：“乡试（按即同治十二年癸酉科）中式第十七名。会试（按即光绪二年丙子恩科）中式第二百七十二名。覆试三等。殿试二甲第一百四十名。朝考三等，钦点学习主事，签分户部广西司。”又云“世居城西南十五里牟山前庄”。文中牟山前庄又名石娄村。《归田草》之《即事》云：“此身端合置山岩，别署石娄樵史衔。”《村居》云：“石娄村外好风光，秋到深时引兴长。”与《齿录》相参照，则牟山前村一名石娄村，今安丘市凌河镇牟山前村。

科考以外，履历所列王敞直系祖先至十五世，上溯到明初，称其始祖王从义“明初自直隶枣强县迁居昌乐，后籍安邱”，自三世祖以下世代业儒。其曾祖以上，据《续安丘新志·技术传》：“王敬忞，字用涵，号学澄，别号青渠子。邑诸生，擅写芦雁，当时颇负盛名，得其片楮，人争宝之。子图字汉文，孙济远字汝舟，能绍其艺。”韩宗祥《明清安丘书画小识》（见戴维政主编《文博研究》第二辑）称王敬忞“画作传有《山水图》轴”，王图“于今最知名”，王济远“传有《浦上青云》《青云直上》图轴”。王敬忞、王图、王济远三世擅画芦雁，俗称“牟山雁”，其家学授受源流由此可见。王敬忞的画作，当时已有盛名，而王图所绘，至今流传不绝。至于王敞，虽未见其画作记载，然诗集中颇有题画诗作。其父王椿龄，字庄圃，号寿亭。而《续安丘新志》称其“父椿龄，字寿千”，或另有所本。王敞与胞弟王敷感情深厚，尝以苏轼、苏辙兄弟相比拟。二人虽为寒门子弟，而勤学苦读，双登进士第，彼此间相伴相依的情形是可以想见的。王敞的家庭，按之履历，初聘韩氏，终取孙氏，育有二子二女，长男方逵，幼子方选。一女嫁与刘家骧的堂兄弟，育有一子允乾，就是王敞身后收集保存诗稿之人。

《齿录》中另有一重要内容，便是王敞的受业师和受知师，诗集中则有王敞追忆先师之作《忆旧绝句八首》，二者可以相互参照。诗前有序称：“客窗无事，闲忆及之，择其身已早没而恩谊尤不能忘者，得八人焉。以受知之先后为序，各成绝一，录而存之，藉以志感云。”王敞记述八位先师，尤详于先师对自己的赏识和提携，此中可见王敞少年才俊，一生却辗转在微官卑职中不得施展抱负，联想今昔，感慨一定是很深的。虽然组诗题称“藉以志感”，但诗末小注对于保存这些地方士人的事迹，仍有微功。

《二知轩诗钞》既为孤本，《齿录》亦传世极罕，因在此择诸人事迹不易于别处考见者互证而疏之，仍用《齿录》为纲，而以王敞诗证之，以补文献之不足。

马庄龄夫子，讳椿年，壬辰（道光十二年）经魁，任茌平县教谕，即补知县。《忆旧绝句八首》之三：“乡先辈马丹石师讳椿年……余初习举，业师为尽心指授，期以远大，尤爱余所作试帖，批卷尾有‘律诗不亚馆课柯亭刘井，有厚望矣’等语。尝患余家贫，拟助以乡试资斧，未及试期，师竟殉辛酉二月之难。”

所谓“辛酉二月之难”，《前诗意有未尽，追忆马丹石、李星如两夫子皆遇变而没，为怆然者久之，又赋二绝，藉志其事》小注记录甚详：“捻匪之乱，丹石师纠近村万余人避难吾村北之牟娄山。贼围困数日，山泉缺水，众不支，遂散。先生曰：‘吾曾忝仕路，安可辱贼手乎！’因拔剑自刺死。乱平后，奉敕入祀忠义祠，并蒙恩荫，后裔以云骑尉职衔世袭罔替。”

李星如夫子，讳联珠，辛未（同治十年）会元，前署城武知县。《忆旧绝句八首》之八云：“大令李星如师讳联珠，直隶景州人……须次山左。癸酉科分校秋闱，余与门人赵尔瑨皆出师门下，谒见日遽索余诗稿，余以无对，师笑曰：‘君师弟同房可称盛事，昨赵君来，称君东州名士，必工吟咏，想专业帖括，未暇多作耳。’余辞归时呈二律，有‘自昔文章羞狗监，从今声价重龙门’句，大师称赏曰‘名下固无虚也’。闻师著作颇富，拟搜访付梓，恨尚力不能逮耳。”

有关李联珠之死，《前诗意有未尽，追忆马丹石、李星如两夫子皆遇变而没，为怆然者久之，又赋二绝，藉志其事》记曰：“星如师初署城武县，事值修河，工所估物料价值昂贵，而同事者率皆染指，先生不知也。料钱违发，乡父老入署索物价，先生宦囊羞涩，迫无可偿，兼闻外间多有讹言，似谓官亦分润者。先生羞之，遂以自缢，哀哉！丁丑冬，有师家旧仆赍公子信，赴京师投余，为言师殁后家计零落，公子且至困穷矣。”

李冠山夫子，讳金鳌，己亥（道光十九）举人，庚子（道光二十年）联捷进士，历任直隶栾城县、龙门县知县，补兵马司正指挥，改授江南震泽县知县。《忆旧绝句八首》之四云：“丙子秋，师临终时嘱其公子，以殁后木主必待余归点，而余观政农部，滞留都门，比归而师葬已数月矣。”据此，李金鳌卒于光绪二年秋天，而此份履历写定之时，李金鳌仍存于世。王敞这份履历，是在光绪二年会试之前写好的，应为乡试履历的增改，因此履历中受知师一栏不见会试考官的记载。至于履历末尾的会试、殿试、朝考名次，应当是后来加上的。

王敞是地道的山东文士，交游和吟咏都离不开山左色彩。其《忆牟娄杂诗》十二首记述牟山前村地理、古迹、传说、旧事，《伏生故里》《鲁仲连射书台》咏怀山东古迹，《兖州论诗》四首评论乡先贤颜光敏、孔尚任、刘琰、桂馥等，均可视为一种乡邦文献的保存。

《兖州论诗》云：

长城五字势难摇，十子名从陋巷标。吏部传诗齐鲁盛，考功才笔继西樵。曲阜颜考功光敏。

酒场香园写闲愁，才调真堪小杜侔。扇底桃花歌一曲，诗家余事亦风流。曲阜孔户部尚任。

清诗美政两无惭，太守风流艺苑谈。月旦争传老宗伯，文章品概冠江南。阳谷刘太守琰。

书家篆隶旧知名，诗思由来似水清。更借江山灵秀助，东莱游倦赋南征。曲阜桂未谷馥。

此间涉及的孔尚任、桂馥二家尤值得一提。今人视二子，多重其戏曲、文字学成就，而关于他们的诗作，王敞所记或可资研究者注意。另外，家国时事在王敞诗中亦有反映。光绪七年三月，咸丰帝孝贞显皇后慈安驾崩，于是年九月出殡，王有诗《九月九日恭送皇太后�宫敬赋哀辞》记此事。慈安自咸丰十一年至光绪七年，与慈禧共同垂帘听政，是晚清政坛上避不开的人物。又光绪十六年，曾国荃卒，谥忠襄。王敞《挽太傅曾忠襄公》诗两首记曰：“本是湖湘一秀才，感时慷慨请缨来。一门兄弟肩随起，半壁江山手夺回。官领南朝恢复地，人推北阙栋梁材。功成廿载今归去，星陨惊闻夜半雷。”“江涛一夕涌悲风，太息南天屏翰空。帝失重臣隆恤典，民哀慈父感私衷。丰功高指吴山在，遗则清流晋水同。惭愧鲰生颜未识，遥瞻岘山哭羊公。”

王敞及其胞弟王敷均为晚清进士，他们既没有赶上清朝前中期科举考试盛时的机会，也来不及乘清末留洋海外的东风，虽然二人俱有文才，仍不免沉于下僚，蹉跎一生。

新书架

《金瓶梅》版本史

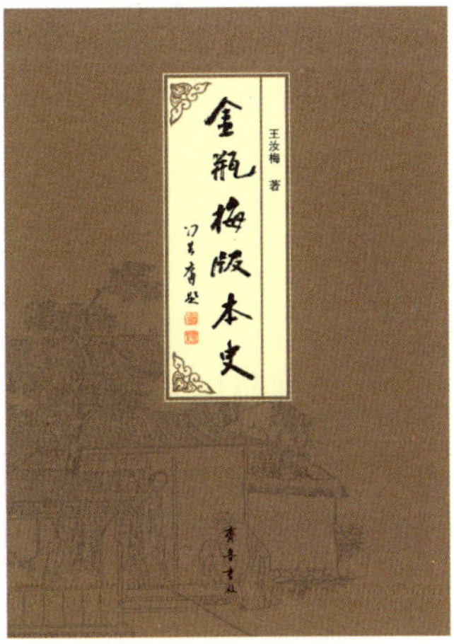

王汝梅 著

ISBN 978-7-5333-3408-6 平装 32开 双色印刷
2015年10月版 69.00元

本书介绍了《金瓶梅》包括从问世抄本到2014年齐鲁书社重印张评本在内近百种版本，涉及《金瓶梅》现存的主要版本系统，论述了各种版本之间的差异及特点，兼及校勘考辩。全书图文并茂，雅俗共赏，是兼具学术性与普及性的金学著作。

漫谈古书中的『废纸』

李开升

晚近以来，考古学发展迅速，地不爱宝，各种新材料纷纷出土，成为学界新宠。以至于以精于使用传统常见史料著称的一代史学大师陈寅恪也将使用“新材料”研究新问题视为参与学术新潮流之基本途径 。可见新材料对于学术研究之重要。近年来，马王堆帛书、郭店楚简、上博简、清华简、北大简等一再掀起学术研究的高潮，也充分说明了这一点。可以说，考古材料已经得到学界的充分重视。相形之下，传统文献不免稍受冷落。古籍作为传统文献之大宗，相比考古材料之热，其开发利用显得有些不足。可以说，“地下考古”有余，“纸上考古”不足。古籍之经史子集四大部类，千门万户，蕴藏着无尽的宝藏，等待着人们的开发。本文打算选择古籍中的一部分“废纸”，谈谈这些废纸的重要文献价值，借此略窥古籍无尽宝藏之万一。

这里所说的“废纸”，主要指的是古书封面中加衬的废弃纸张。古书的封面一般比较厚，这样才比较牢固，才能起到保护正文内容的作用。但一般的纸，哪怕是专门用作封面的纸，也往往达不到理想的厚度和牢固程度。于是古人常常会废物利用，拿当时废弃不用的纸张衬在封面里面，从而达到加固的目的。这些当时人眼中的废纸，在今天看来，很多已经成为珍贵的学术资料。

《金瓶梅》的最早版本

大约1931年的一天，中国几位著名的学者，学界领袖人物、小说研究专家胡适，文物鉴定、版本鉴定大家徐森玉，小说收藏家马廉，收到了日本一个图书馆寄来的八叶不知道是何版本的《金瓶梅》。原来这个图书馆在重新装订他们所藏的中国古籍时，发现古书的衬纸里此八残叶，从内容看是《金瓶梅》，但他们不知道这是什么版本，于是就按照书页的大小用照相机拍下来，邮寄给以上几位中国学者，以请教。他们也很内行，我的这几位学者非常专业。胡适不仅以提倡白话文和研究中国哲学史著名，而且对中国古典小说非常有研究，他不但是新红学的奠基者，而且对《水浒传》《三国演义》《金瓶梅》等古典小说都很有研究。徐森玉曾任故宫博物院院长、北平图书馆采访部主任，是当时著名的文物鉴定专家、版本目录学家，对古籍版本鉴定十分内行。马廉是宁波人，北京大学中文系教授，向以收藏中国古典小说著称，其藏书处名“不登大雅之堂”，因为传统上对小说很轻视，马廉特意给自己起这样一个斋号，表示自己对小说的喜爱。可以说这三位学者已经组成鉴定中国古典小说版本的最强大的团队了。但是，结果让人失望，他们竟然都判断不出这几叶《金瓶梅》是什么版本。原因很简单，因为这个版本跟当时已知的所有的《金瓶梅》版本都不一样。对于一个从未见过的版本，而且只有残存的八叶，再厉害的专家也只能束手无策。

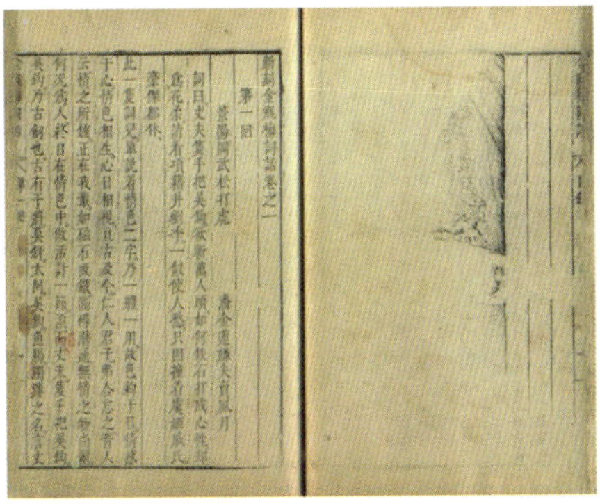

万历本《金瓶梅》

事情也是凑巧，恰在这个时候，北平的书商从山西买了一批古书，其中有一部大字本的古本《金瓶梅词话》。这部书书商买时只花了五六个银元，一转手就卖三百块，再转手到琉璃厂的书店，就是一千元了。胡适他们找了二十个人集资买下了这部书。然后将这部书影印104部出售，所得除掉自己出的钱，剩下的钱为北平图书馆买下这部书（当时的教授们经济头脑还是很不错的）。最关键的是，他们将此书与日本寄来的八叶“废纸”一比对，发现两者正是同一个本子，这也是现存《金瓶梅》的最早版本——万历本《金瓶梅词话》。日本的这几叶“废纸”，成为这部书最早进入中国学者视野的片段。

现存孤本《万历丙辰科进士同年序齿录》

2013年4月，我在整理天一阁所藏古籍的过程中，发现了万历年间北京国子监刻本《十三经注疏》破损的封面中露出了加衬在其中的一种进士题名录古籍残叶。进士题名录是现存科举文献中非常重要的一类基础文献。现存进士名录中包括大量的具有档案性质的单科名录，如各科的进士登科录、会试录、同年录等。其中同年序齿录记载进士资料一般比较详细，史料价值较高，但由于其作用主要是供联谊，故易代之后多不存。明代进士89科，各类同年录仅存30余种。天一阁所藏明代登科录、会试录为海内外各馆之最，占现存总量的大多数。但天一阁所藏只到万历初年为止，也就是到天一阁主人范钦去世时为止。丙辰为万历四十四年，这一科的登科录、会试录天一阁皆未收藏，根据《中国古籍总目》等目录检查，海内外各馆亦均未收藏。因此此书为现存孤本，具有重要文献价值。

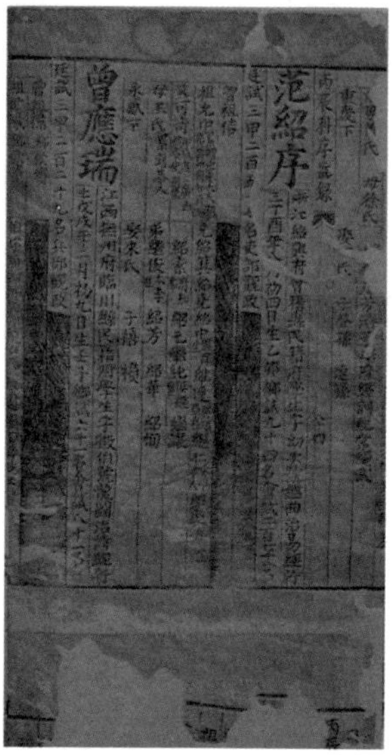

《丙辰科序齿录》残叶

此本版心镌“丙辰科序齿录”，应该是一种简称，现在本书的题名《万历丙辰科进士同年序齿录》是我根据现存同类文献拟题的，更有利于揭示文献内容。此残叶当为万历刻本，内容分为目录和正文两部分。目录半叶12行，每行收录进士3人。正文半叶16行，半叶收录进士2人。目录、正文共残存约6500字。目录所收进士按地域排列，人名下小字双行注明别号及生年。目录尚存约半数，计169人。正文仅存38人（其中16人不见于残存目录），按年龄从大到小排序，姓名下依次为籍贯、生员类别、字、号、治经、行第、出生年月日、乡试、会试、廷试名次、观政衙门、初授官职、三代名讳及官职、母姓、祖父母及父母存亡情况、伯叔兄弟名及官职、妻姓、子侄名及官职。

本科进士共344名，其中知名者有明末四公子之一侯方域的父亲侯恂、宁波著名学者黄宗羲的父亲黄尊素、南明抗清名臣瞿式耜、公安三袁之一袁中道、明末降清的将领洪承畴、明末著名的反面人物阮大铖等。

这种进士题名录文献，性质有些特别，既属于书籍，也可以算作档案，尤其是官方所编刻者。根据编刻者的不同，进士题名录大体可以分为三大类，第一类是官方编纂刊刻者，即会试录、登科录。会试录为举人参加会试考中者的名录，登科录中殿试录取后的名录。严格来讲，只有名字进了登科录才可以成为进士。会试录和登科录都由礼部负责编纂刊刻。刻成后需要进呈皇帝、皇后、皇太后和皇太子等，并颁发给每一位进士。第二类即同年录，大多由本科进士组织编纂，属于私人性质。其目的主要是用于进士之间联谊，相当于现在的同学录。同年录的编排有的根据地区，有的根据年龄。根据年龄大小编排的就叫序齿录。《丙辰科序齿录》即是。第三类是由书坊编纂出版的履历便览，主要目的是卖给社会上对进士信息有需求的人。这一类一般编刻比较差一些，印刷也往往不够精致。字体较小，排版也很拥挤。因为它主要是作为商品来出售的，盈利是最重要的目的，因此需要降低成本，质量自然高不了。

比较有意思的是，不论登科录，还是同年录，都存在“官年”的现象，即进士为了有利于做官而隐瞒年龄的情况。大多数是将真实年龄改小。如《丙辰科序齿录》中，本科状元浙江嘉兴府海盐县人钱士升，序齿录所载生年为丙戌（万历十四年），而其实际生年为乙亥（万历三年），相差达11年。又如本科江西吉安府泰和县人萧士玮，序齿录所载生年为癸巳（万历二十一年），而其实际生年为乙酉（万历十三年），相差达8年。因此序齿录中同样存在官年现象，其可信度不一定比登科录高。

另外值得注意的是在目录有限的版面中，双行夹注了生年和别号，说明这两条信息特别重要。生年表示年龄大小，是“序齿”的本意，自然最为重要。而别号被特别注出，说明了其特殊的重要性，应该是当时同辈士人之间互称主要用别号。可见别号的使用在此时已经达到了人人有别号、人人用别号的程度，由此可窥见当时社会习俗之一斑。

现存最早明代白话小说正德刻本《包待制》

2014年8月8日，我在天一阁库房工作中，从馆藏正德刻本《文献通考》的封面里发现了几片包公小说的残叶，经过拼合，能组成两叶而略有残缺。其基本情况为：版心题名作“制”字。根据书中称包公为“待制”的情况，很可能题名中有“包待制”，因此为行文方便，暂拟其题名作《包待制》。版心卷次题作“上”字，故当为上下两卷或上中下三卷。所存二叶为卷上第七叶（末缺半行）、第八叶（前半叶缺上半、后半叶缺四个半行）。版框高16.8厘米，广11.8厘米。粗黑口，双顺黑鱼尾，四周双边。半叶十一行，行十九字。黄色竹纸。有图两幅，占据第八叶前半叶，上、下各一幅。上幅残缺大半。其刊刻年代当在正德末年。刊刻者当为建阳书坊，很可能为刘氏慎独斋或安正堂。

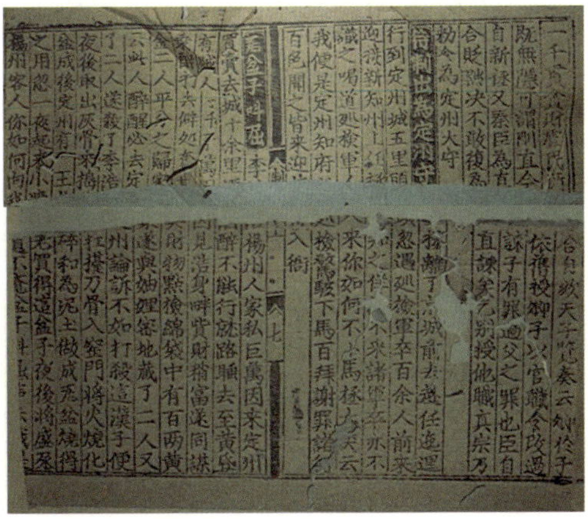
《包待制》残叶一

《包待制》残叶包括四个故事：《勀儿子》《待制出为定州

守》（下简称《守定州》）、《瓦盆子叫屈》（下简称《瓦盆子》）和《老犬变作夫主》（下简称《老犬》）。《勠儿子》存后半部分83字，前半部分缺。《守定州》完整无缺，共104字。《瓦盆子》存前半部分361字，后半部分缺，并残存小部分图。《老犬》文字无存，仅存图一幅，上题“老犬变作夫主”。四个故事前后相连，《勠儿子》讲包公自己儿子的故事。《守定州》讲述包公出任定州太守之事。《瓦盆子》是包公到定州后审理的瓦盆案，《老犬》是包公审理的老犬案。除了《守定州》，另外三个故事在万历年间刊刻的有关包公的公安小说《百家公案》都能找到对应的故事，他们分别与《百家公案》第八十二回《勠儿子为官之虐》、第八十七回《瓦盆子叫屈之异》、第八十八回《老犬变作夫主之怪》和第八十九回《刘婆子诉论猛虎》等四个公案故事对应（《老犬》对应第八十八、八十九两回）。

《包待制》残叶二

从《包待制》和《百家公案》的版本时代、语言文字和故事情节来看，《包待制》显然是《百家公案》的前身。目前学界所知明代公案小说的最早版本即万历本《百家公案》，《包待制》却比《百家公案》早七十余年。学界关于《百家公案》是否有一个相对比较简单的祖本的争论，也可以停止了。《包待制》的存在充分说明了包公小说在明代的发展是一个长时期的历史过程。不仅如此，现在所知明代的白话小说最早的版本早不过嘉靖，《包待制》却是正德刻本，这充分说明在正德以前，明代已经有了白话小说。《包待制》在明代小说史上的地位，不可小觑。

古书中有价值的“废纸”自然不止以上几个例子，只是这几个例子确实比较突出。虽然都是缺文很多的残叶，但其学术价值却很大。近年来全国古籍普查工作正在进行，粗略估计，全国公共图书馆、学校图书馆、博物馆及科研院所图书馆等单位收藏古籍约五千万册，其中隐藏的价值不可估量。一般的古籍正文的内容，大家自然看到了就容易利用。但像这些加衬在书中的“废纸”，却容易被人忽略。我们对古籍的“纸上考古”，也要拿出地下考古的细致态度来，不放过任何一条重要的材料，必然会给学术研究带来更多的突破。

槐影楼阅书记

王菲　福田文彬

槐影楼是杜泽逊师书斋名。杜师故乡滕州望冢乡陈楼村，因家中有老槐，人称“古槐树底下的”。老屋古树年久不复存，然因感想怀念之深，杜师遂名书斋以“槐影楼”。因“好藏弆，遇古籍之稀见者，虽高赀不吝值，节衣食以购之”（刘晓东先生《微湖山堂丛稿序》），遂使经史百部诸书盈柜，均作函套以盛之。倩弟子李振聚制书签，著录书名、版本等条目，以便检阅。在繁重的治学及研究之余，杜师常邀诸生至家中聚餐聊天，或学林掌故，或生活关切，和蔼平易如家长。聚餐完毕，杜师又不顾疲惫，欣然让诸生围聚书斋，将所藏数珍本一一摊开在案，耐心讲解版本鉴定之法，使诸生既得以一睹古籍珍本面貌，又收获了许多在他处不能习得的知识。每读其中杜师所作札记，联想杜师治学之矻矻，深有感焉。现择数种经眼之书详录于此，或为客观陈述，或间以考证阐发，以俾一观焉。

1.《周礼注疏》（存卷四至卷五），一册。汉郑玄注，唐贾公彦疏。明张采刻本。

首页钤有“守先待后”白文长方印，“陶孙”白文圆印。白口，四周单边。版心上方记书名“周礼注疏”，中间记卷数，下方记叶数。半叶九行，行二十五字，小字双行，字数同。无行格。眉批每行三字，或批注，如“仁渐义磨，使自得其性，曰扰”；或校勘，如“稾人，一本作犒人”。经文顶格，凡职官如“教官”“乡老”等，皆围以长框。次皆低两格另起行为“注”“疏”“释”，三字以圆圈标明。

按：《中国古籍善本书目》（稿本）“经部·礼类”第三十七条载：“周

易注疏十八卷首一卷，汉郑玄注，唐贾公彦疏，明末张采刻本。九行二十五字，小字双行，字数同，眉批每行三字，白口，无行格，四周单边。”《书目》又言为中山大学图书馆所藏，遂查《中山大学图书馆古籍善本书目》（1982年），在“经部·礼类”条下有“周礼注疏十八卷首一卷”。与《书目》所不同者为其前有“明张采订。明末张采刻本，十册，张采序题‘周礼合解’”数字。《四库存目标注》一书亦有著录。

是书不同于一般的注疏系统，多有删节增添。如“教官之属”下闽刻《十三经注疏》下注文云：“师，长也。司徒掌六乡，乡师分而治之，二人者共三乡之事，相左右也。”而张采刻本云：“司徒掌六乡，乡师分而三之，二人者共三乡之事，故下大夫四人以相左右，而敷其政教也。”故是书或可作校勘考订之用。

2. 《礼记》二十卷，十册。汉郑玄注，唐陆德明音义，民国二十六年上海来青阁据宋绍熙建安余氏万卷堂校刊本影印。

扉页题大字“礼记郑注”，旁有两竖排小字“宋绍熙建安余氏万卷堂校刊本”“华阳王文焘署”，钤有“君覆”方印（王文焘，字君覆，四川华阳人，民国时期著名金石学家）。扉页背面题“民国二十六年来青阁景印”。目录前载有叶德辉《书林清话》卷二“宋建安余氏刻书”一节，及王文焘识语，言“原书无目，杨君倩余录次，因并及天禄琳琅校记、叶郎园《书林清话》一文于首”。后有王荫嘉、王欣夫昆仲及杨寿祺三家跋文，分别题“丁丑春正月王苍虬书于二十八宿砚斋”，“丁丑仲春补安王大隆跋于学礼斋”，“中华民国二十六年三月十九日吴县杨彭龄寿祺谨书于来青阁”。

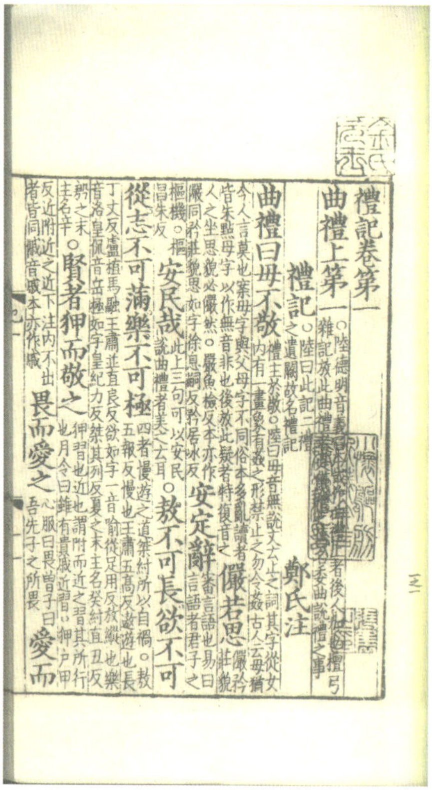
禮記卷第一
曲禮上第一
禮記
鄭氏注
曲禮曰毋不敬儼若思安定辭安民哉敖不可長欲不可從志不可滿樂不可極賢者狎而敬之畏而愛之愛而

是书半叶十一行，行十九字。注文小字双行，行二十七字。白口（原为细黑口，杨氏校记《凡例》中提及），左右双边，双鱼尾。上鱼尾上间有记数字，下记鱼尾下记叶数。每卷书口上皆有用墨笔所写卷题，如“曲礼上”、“檀弓上”等。钤有“金氏元玉”方印、“张雋之印”方印、“桂坡安国赏鉴”长方印、“小怀鸥舫所藏金石书籍印”长方印、“元龢陆氏藏书”白文长方印。可知原书历明代金元玉、安国、张文通等人收藏，后归入江苏元和（今苏州）陆润庠（1841—1915，字凤石，号云洒、固叟）小怀鸥舫。

每卷终记经、注、音义字数及“余氏刊于万卷堂”“余仲仁刊于家塾”“仁仲比校讫”等字样。每卷后附杨寿祺所录《礼记郑注余本岳本对校校记》，前有凡例一叶，云“岳本及局本《经典释文》既已校毕，乃在其异同之处用抚州本（张敦仁刻）、阮本（《十三经注疏》脉望本）、纂图互注本（《四部丛刊》本）摘记之，但未曾首尾对读也，故定名为‘礼记郑注余本岳本对校札记’”。据此可知杨氏校记所参校者有此数种版本。且杨氏作校勘时亦详细说明，不妄改是非。如卷一“曲礼上”叶一行十四：“谓已今安此之安。岳‘己’。按：己巳已三字，余、岳、抚皆参差互用，彭龄摘录异同时恐有遗漏。”亦有对避讳字阙笔之校勘。

杜师题记云：“《礼记郑注》二十卷十册，民国廿六年上海来青阁影印宋余仁仲万卷堂刊本，从网上购得之，门生王晓娟代办，今日寄到。诸君围案，展玩品评之，人生之一乐也。年来校经，善本覆印聚于一堂。比校异同，考订是非，分析流变，每获新解，是则昔贤所不及，吾辈宜珍惜者也。二零一三年十一月一日下午滕州杜泽逊记于山东大学校经处。”

按：杨寿祺，字彭龄，吴县（今江苏苏州）人。清光绪十九年（1894）生于一儒商家庭。其祖父、父亲于同治八年（1869）开始经营来青阁书庄，主要发售学堂用书和收购古书，另外亦收购四书五经及医药书籍旧版片，修补后再印刷成书。杨氏于十七岁时入店学习修补明版书、抄录书目等工作。二十四岁时开始着手经营来青阁，与杨守敬、缪荃孙、况周颐、吴梅、陶湘、郑振铎等人常有往来。1936年，以高价从苏州陆润庠后人陆麟仲处购得宋刻余仲仁本郑注《礼记》，遂用阮本、相岳本、抚州本互校，并撰写校记。《中国古籍善本书目》“经部·礼类”下有条云：“礼记二十卷，汉郑玄注，唐陆德明音义，宋余仁仲万卷堂家塾刻本，十一行，大十九小二十七字，细黑口，左右双边，双鱼尾。存九卷，一至九。”与此影印本版式相符。虽原书版本纸张之精美无由得见，然有此影印本藏于槐影楼，以虎贲中郎之似，与诸十三经覆印本交相辉映，以供研究赏鉴，考订是非，果如杜师所言“宜珍惜者也”。

3.《孝经集注》六卷，一函二册。明赵时雍撰。清钞本。

半叶八行，行二十一字。唯卷四《古文孝经》注文小字双行，亦二十一字。篇名低两格，正文顶格，注文另起行低一格。前有钦差总督河道提督军务工部尚书兼都察院右副都御史周鼎撰《孝经集注叙》。次为《孝经考》一卷，《诸儒孝经总论》一卷。再次为《孝经集注》之凡例、目录、提纲。目录分内篇、外篇。前三卷为内篇，“注辑诸家，间附管见，似颇明备。但经旨难穷，复采群籍以广注之，附注为内篇”（凡例）。此内篇前三卷中，卷一为经注，卷二、卷三为广注。后三卷为外篇，“审问明辨，圣学所重。群籍答问，有与经相发明者，仿《学》《庸》例为或问，附外篇”（凡例）。此外篇三卷，分别为《古文孝经附注》一卷、《或问》二卷。提纲乃赵时雍自撰，末尾题“崇祯己卯九月甲子临清赵时雍序次”。卷一首行顶格题“孝经集注卷之一”，次行低两格题“总督河道工部尚书宜兴周鼎裁定”，第三行再低一格题“工部都水清吏司员外郎仁和丁汝骧参阅”，第四行再低一格题“山东参政前户科给事中南安龚而安删订”，第五行再低一格题“兖州府济宁州儒学训导临清赵时雍注编”。外篇卷四前有《古文孝经总论》一篇。卷六末题有督刊校阅者姓名，皆为济宁州儒学人物，如“曲阜世职知县署济宁州事孔贞堪阅正”等，最后有龚而安跋。文中有朱笔批点，或改订误字，或圈点朝代人名、避讳之字。集中避玄（有时不避）、旻、宁、弘、淳（无缺笔，但有圈出），疑其为咸丰至同治间钞本。

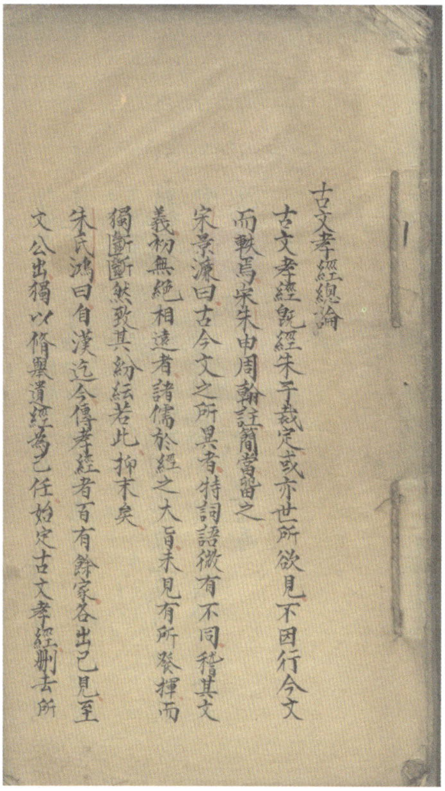
古文孝經總論
古文孝經既經朱子裁定或亦世所欲見不因行今文
而軼焉宋朱申周翰註嘗留之
宋景濂曰古今文之所異者特詞語微有不同稽其文
義初無絕相遠者諸儒於經之大旨未見有所發揮而
獨斷斷然致其紛紜若此抑末矣
朱氏鴻曰自漢迄今傳孝經者百有餘家各出己見至
文公出獨以脩舉遺經爲己任始定古文孝經刪去所

《孝经集注》因“古《孝经》增减字句，离合篇章，曾不若今文之条畅”，故以今文为定本。在古文经每段前以“右今文以为开宗明义章”“右古文为二章，今文为庶人章”等以明今古文之别。其不仅集诸家之说以相发明，如朱熹、程颐、陆九渊、邵宝、方弘静、张栻、朱鸿、刘子翚等人。同时亦不乏个人之见，“如温凊定省，即附事亲传之类，其间诚卓，而犹且谦让而未遑矣”（周鼎《孝经集注叙》）。对于阙者如“闺门章”，“唐人去之。世所行乃唐石台本，故载玄宗序而阙此章，兹特补之”，使“圣经复完”。且不拘泥旧本篇章次序，“旧本事君章列感应章后，似失此第。淳熙本移在前，允当从之”，处处可见赵氏个人之见解。

杜师题记云：“《孝经集注》六卷《孝经考》一卷《诸儒孝经总论》一卷，明临清赵时雍撰，清钞本二册。乡邦文献，地志有载，而未见流传。孤本秘籍，命悬一线，自当珍护也。二零一四年七月二十二日门生李振聚珍重装函，乃题数语于卷耑。滕人杜泽逊。”

按：赵时雍，明末山东临清人。曾任兖州府济宁州儒学训导。《临清县志》卷十五“人物·笃行”条下有云：“赵时雍，父殁，庐墓三年，著有《小学、孝经集注》。”《山东通志》卷百二十九“艺文志”第十“经部”条亦云：“《孝经集注》，赵时雍撰。临清人。父殁，庐墓三年。是书见州志。”《国立“中央图书馆”善本书志》《中国古籍善本书目》《北京大学图书馆善本书目》等均不见载是书，或恐因其为地域之作，故流传未广。

4.《段氏说文解字注》三十卷，一函八册。清金坛段玉裁注。两宜轩石印本。

封皮书签题“段氏说文解字注”，扉页题大字篆书“说文解字注”，左下方分五行小楷“增附六书音韵表、说文部目分韵、说文通检、说文提要”，后有“赵贤”二字，钤“子进书画”白文方印。赵贤，字子进，浙江钱塘人，抉经心室主人。光绪二年（1876）进士，授庶吉士，散馆改刑部主事，又改知县。撰《皇朝五经汇解》二百七十卷。扉页背面有“两宜轩珍藏”长方形隶书牌记，牌记外有“定价洋三圆”五字。前六册为《说文解字注》十五卷（每卷分上下两篇，合三十卷）、部目分韵、说文提要；后二册为《六书音均表》五、番禺黎永春编《说文通检》十五卷（含十四卷及卷末一卷，每卷分上下）。《北京图书馆普通古籍总目》第十卷“文字学门”有著录，云为“两宜轩藏版”。

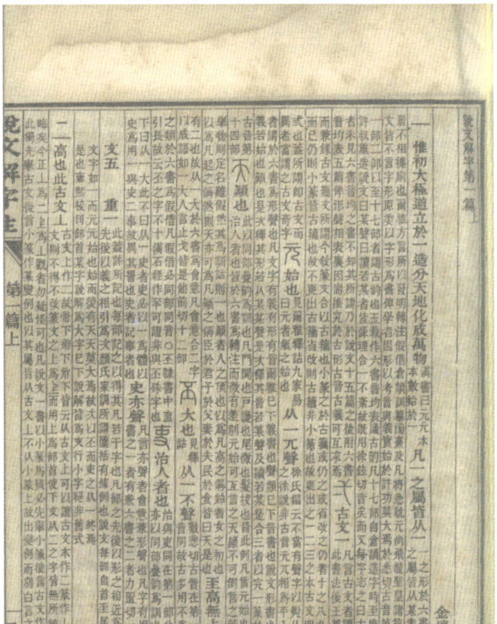

半叶十八行，许氏正文大字单行，段注小字双行，行四十四字。前有嘉庆戊辰五月高邮王念孙序。每篇篇尾有校字署名，如“受业祁门胡文水校字”“元和顾广圻校字”，其他诸人有受业长洲陈焕、嘉兴受业沈涛、江都汪喜孙、山阴李宏信、前塘梁玉绳、山阳汪庭珍、仪征阮长生、吴县钮树玉、受业歙江有诰、桐城章甫、受业长洲徐颋、受业黟县胡积城、仪征阮元、德清许宗彦、受业壻仁和龚丽正，凡十七人。第十五卷下终有“嘉庆二十年岁次乙亥五月刊成”，下题“胞弟玉成、玉章、玉立，男骧、褙，孙男美中、美度、美制、美韫、美瓛，曾孙男义正、义方、义曾同校字”。后有卢文弨《说文解字注后叙》，题“乾隆五十有一年中秋前三日杭东里人卢文弨书于钟山讲舍之须友堂”。

按：两宜轩，未详其年代属地。许惟贤先生在《说文解字注》整理本前言中说：“段注一书，于嘉庆二十年（1815）段氏去世前刻印完成，是为经韵楼初刻本。此后清代有《皇清经解》学海堂本、苏州保息局本、湖北崇文书局本、成都尊经书院本、船山书局本、上海江左书林本等，民国间有扫叶山房石印本、中华书局《四部备要》本，新中国成立后有上海古籍出版社的影印本等。”历数段注各种版本，而无两宜轩本。师门潘素雅同学曾将两宜轩本与许惟贤先生整理本的校勘记做过比对，发现两宜轩本在个别处做有相应校勘，且改正了大部分误字。如第一篇上：“球”字下段注：“铉本‘玉罄也’，非。”许先生附注云：“依段注下文亦当是‘磬’，此作‘罄’误。”两宜轩本即作“磬”。“瑝”字下段注：“《广韵》云：《说文》：‘音皇。’十韵。”许先生附注云：“‘韵’当作‘部’。”两宜轩本即作“部”。因和其他几个石印本、扫叶山房廿二年石印本、江左书林本等改字情况一致，窃疑两宜轩与其他几个本子应属同一版。

5.《前尘梦影录》二卷，一函二册。清徐康撰。清光绪二十三年元和江氏刊本。

半叶十一行，行二十三字。四周单边。黑口，上单鱼尾，黑鱼尾，鱼尾下方记书名简称“影录上”“影录下”，下方记叶数。封面内里有识语云：“此书系栾调甫先生旧藏，下卷有其朱墨笔批数条。丙戌夏识于五里山房。”五里山房为原《藏书家》主编周晶先生堂号。杜师题记曰：“《前尘梦影录》一部二册，元和江氏刊本。周晶先生持赠。内有栾调甫先生签条批注二，周先生识语一，竹纸颇古朴，当珍视之也。二零一三年十一月廿七日，泽逊记。”是书扉页题“徐子晋先生前尘梦影录”，及“丁酉三月据稿本刊元和江氏丛书之一”长方形牌记。次有“光绪二十二年丙申十一月十六日元和江标记于耒阳舟中"叙、"光绪戊子春三月归安杨岘"叙、"光绪十有二年三月十九日裘杆漫叟李芝绶"叙，及徐康自叙，题"光绪乙酉年上巳节窳叟徐康识时年七十二"。每卷卷首题"吴徐康子晋撰"。

按：徐康，字子晋，号窳叟。清嘉庆年间生人，卒年不详。长洲（今江苏苏州）诸生。清代著名藏书家吴翌凤门人。工篆、隶，精于鉴别金石书画，兼通岐黄。《前尘梦影录》一书乃徐康仿周亮工（栎园先生）《书影》，追忆其平生所见文房珍品，兼论各家藏书兴废及宋元椠刻校钞之源流，"一一论说，并著其究竟，诚考古家之指南"（杨岘叙）。叶德辉《书林清话》屡次征引是书。徐氏另著有《神明镜室遗稿》（含《神明镜诗》一卷、《石室秘藏诗》一卷，光绪十九年长洲徐氏刻本），《窳叟墨录》一卷（民国十二年仁和吴氏双照楼刻《十六家墨说》本）。

所附栾调甫先生批注二则：一为下卷叶十一批注："按：顾抱冲重刊宋本《列女传》于清嘉庆元年丙辰，仅刻传文而弗刊其图。至道光五年之阮氏，始摹刻图传，上距顾刻已三十年矣。徐氏所见上截图像下截传文，当即阮刻之本，而归之顾非也。"一为下卷叶十八批注："戊子为清光绪十四年，印已归万印楼矣。"

6.《潜江书征》四卷附录一卷，一函二册。民国甘鹏云纂。民国廿五年甘氏崇雅堂排印本。

前有"丙子秋七月潜江甘氏崇雅堂印行"长形牌记，及甘氏自叙。四周单边，半叶十二行，行十九字，注文小字双行。首顶格题撰者姓名，下有双行小字注文介绍撰者字号、籍贯、科第及生平事略。次行低一格题所撰书名、卷数，下用小字标明其存佚情况，如"存""未见""佚"等。第三行低两格为书目提要，介绍是书内容、方志记载情况等，详略有当。每卷终均记有校字人之名姓，悉乃甘氏亲属。前三卷依次为"次孙永惇校字"，"长孙永思校字"，"次女世珊校字"。卷四及附录终均为"三女世玲校字"。

按：书征，实为地方经籍志之一种，多出自谙熟乡邦文献的大家名家之手，如徐世昌《大清畿辅书征》、金毓黻《辽海书征》等，对于考察地方文化史有相当重要的意义。诚如甘氏在自叙中所说，可以达到"因人以征书，因书以存人"的目的。

甘鹏云（1861—1940），字翼父，号药樵、月樵，别号耐公、耐翁，晚号息园居士。湖北潜江人。近代著名藏书家、学者。富收藏，编有《崇雅堂书录》十五卷，刊有《崇雅堂丛书》三编三十八册。

7.《清代史学书录》，一册。赵万里著。民国大北印书局排印本。

首页钤一长方印，印分上下两栏，上栏为“冼玉清先生遗书”，下栏分两格，分别为“编号”和“01092”，当为冼玉清先生生前捐赠图书，编号为第1092。版心中间著录书名“清代史学书录”，下方记叶数和“辅仁大学大北印书局代印”十一字。其例仿朱彝尊《经义考》，每书首列书名，下系卷数与版本。著者只注姓名，曰某某撰或某某辑，如“朱右曾辑录”。其后则列每种书目在历代典籍中的著述情况，撰述者自序或诸儒论说，赵万里先生按语，最后著录其存佚情况。

按：是书绪言云：“清儒为学，实事求是，于史亦然。整理故书，厥功尤巨，治乙部者所必资也。”《清代史学书录》正是赵万里先生针对清代学者治史之著述而作的目录解题，诚为了解与研究清代史学之门径。在2011年12月国家图书馆出版社出版《芸香阁丛书》中，收入顾廷龙、赵万里、冀淑英、潘天祯四人的文集。其中，《赵万里文集》第一卷中收录有《清代史学书录》。经比对，发现民国排印本多有舛误。如叶三“世本二卷”，下题“嘉庆亦嚣嚣斋刊本”，《文集》作“亦嚣之斋”为是；“汲冢琐语一卷”“楚汉春秋一卷”“春秋土地名一卷”“茂陵书一卷”“汉武故事二卷”“郑玄别传一卷”数条下撰者均为“洪颐孙”，《文集》作“洪颐煊”为是。然是书在《文集》所载末条“晋太康三年地志一卷，经训堂刊本”之后，另有八十七条书录为《文集》所未载。其内容涉及孙星衍、张澍等辑录的《风土记》《会稽记》《荆州记》《孝子传》《汉官仪》《武陵先贤传》等书，或可补《文集》之缺。关于此点，笔者将另撰文加以阐述。

8.《（正字）大宋高文举珍珠记》四卷，一册。民国初期省港五桂堂机板本。

封面题“省港五桂堂，广州第七甫香港文武庙”。封面、扉页及各卷前书名页多载药店广告。卷端序半叶。次为“新出大宋高文举珍珠记目录”。各卷首“第七甫五桂堂机器板”。黑鱼尾，白口。版心上方记书名简称，其中序文，卷一首叶，卷二首叶，卷三第七、八两叶版心上方为“高文举婕”，其他为“高文举”。中间记卷页数，版心下方“五桂堂机板”。卷一内封面阙，其他各卷均有。

按：是书《木鱼书目录》（金文京、稻叶明子、渡边浩司共编，日本东京好文出版社1995年版）著录。《木鱼书目录》第94页共收《珍珠记》九种，其中天理图书馆、松浦恒雄所藏似与槐影楼所藏相近。对于木鱼书封面的药店广告，渡边浩司在《木鱼书の药屋の広告》一文中有详细论述，认为以此可见医学与通俗文学之关系、文化传播的共通性及当时的社会背景。

据《木鱼书目录》可知，木鱼书是以粤语即广东方言演唱，流行于广州一带的民间说唱艺术“木鱼歌”的唱本。刊刻木鱼书的书铺主要有璧经堂、五桂堂、以文堂、醉经堂等。其中，五桂堂成立于清光绪中叶，位于广州西关第七甫，民国初年街道名改为光复中路。创始人是广东花县（今广州市花都区）徐学源及外甥徐学成，还有邻乡的林贵及毕襄四人。民国初年从日本购买两台手动印刷机开始机器印刷，民国四年（1915）在香港文武庙附近的荷里活道开设分局，解放后才以“堂”命名，称“五桂堂”。以文堂和醉经堂乃是五桂堂成立三年后才创办的，抗战中由于经营不力，将版片卖于五桂堂。然而，随着木鱼歌的唱者越来越少，五桂堂亦于1972年7月1日停止营业。因此，五桂堂的活动期限大概是从清光绪中叶年间到二十世纪七十年代。五桂堂的印本最远传播到南洋一带及北美洲华侨居住区，可以说，为通俗文化的传播起到了很大的作用。

—书 讯—

齐国三字刀百拓集

孙永行编著

ISBN 978-7-533-3393-5　线装　一函一册　2015年9月版　1300.00元

《齐国三字刀百拓集》是作者在多年收藏齐国刀币的基础上，精选100幅面文、背文具有代表性的三字刀币原大拓片，请著名钱币学家黄锡全先生题跋，然后编以顺序，附有索引，线装出版，具有极高的收藏价值。

簿录萃英

民国通俗小说过眼录（中）

张元卿

二十五、《情海归帆》

刘云若著，天津京津出版社，民国二十八年出版。

沙大风《序》云："天津桥上，有怪杰焉，刘子云若是也。云若抱不世之才华，聪明绝顶，文章犹其余事。而乃不慕利禄，不求闻达，日处斗室，挥生花笔，写人间世，举凡脂粉地狱可悲可泣之事迹，尽入其腕底毫尖，使魑魅无所循形，有情终成眷属。其文章之绮丽哀感，叙事之婉转曲折，使人雒诵回环，不知个中人之是真是幻，其下笔有如神助。十九年春，余创《天风报》，云若以《春风回梦记》小说投刊'天风'，读者先睹为快，'天风'因'春风'而风行，'春风'因'天风'而益彰。十载以还，吾二人之文字因缘，曾无一日间断。《春风回梦记》既已刊印问世，云若复续著《情海归帆》，刊之吾报，亦已三年于兹，读者咸以《情海归帆》之布局命意，较《春风回梦》尤为发人深省。盖此二种说部，皆为社会人情写照，盖著者少年裘马，风流自赏，为情场中过来人物，前者为著者春风一梦之回忆，后者乃其在情海中一帆归去之余波。余深知云若，盖欲藉此二书，以志警惕猛醒，为跳出情海春梦留一深刻之纪念。"

夏冰《序》云："云若乃花界之董狐，其笔甚直……盖云若之笔，善能曲尽事情，尤详于市井鄙俚之事，如禹鼎燃犀，无微不至，更能写极悲极苦之人，历下级社会之恶境，卒能力自振拔，出水火而升荏席。盖宅心忠厚，雅有风人之旨，非独以小说家自许也。青莲花，生火宅，或可为云若之小说之借照欤？"

元卿按：笔者所读为上册，共五回，写巢在梧和孟小樱的恋爱故事。书中的“忏往忆语”似多自传成分，或可借以了解著者早年的生活情形。

二十六、《爱火心风》

耿郁溪著，版权页缺。目次如下：

第一章　天上飘着些微云　地上吹着些微风

第二章　月光恋爱着海洋　海洋恋爱着日光

第三章　水面落花慢慢流　水底鱼儿慢慢游

第四章　枯树在冷风里摇　野火在暮色中烧

第五章　花香熏染着衣裳　歌啭陶醉了心房

第六章　梦般的不堪回首　醒来时原一样真

元卿按：本书是都市爱情小说，内容主要围绕女职员章丽都而展开。

二十七、《沽上英雄谱》

戴愚庵著，天津益世报馆，民国二十六年五月出版。

吴云心《序》云：“本书是从前天津一部分人为着生存而团结、而反抗的故事。许多英雄为了大众的生存而勇敢地牺牲了自己。他们虽被严刑逼迫，但没有口供、没有屈服，只有死！死，在他们看作平常的事！虽然在智力方面看是‘其愚不可及也’，但他们的精神是可佩的……现在该书出版了，我希望这般英雄的精神依然存在我们这国度里，同时更希望这精神里增加一些新的意识！”

目次如下：

第一回　大刀王五独守葫芦罐　小脚刘老三打美人台

第二回　纳小星吴七达子抢花轿　争老店马五阎王跳油锅

第三回　报叔仇殷氏兄弟双开逛　结妓怨王家父子对站笼

第四回　买文学玉面判官摘顶戴　盗弓鞋穿云燕子挑懒筋

第五回　天后宫看黄会削足报仇　城隍庙开宝局割指作注

第六回　北侠客吃早茶逼杀四命　西霸天赴夜宴剜去双睛

第七回　卖曲访仇人刘宝全投师学艺　成名觅知己林黛玉下卫观光

第八回　争头店十岁儿童杀仇敌　失朝珠九旬老叟闹贼巢

元卿按：小说主要讲述清末民初天津“混混”的传奇故事。笔者所读为该书卷一、卷二，每卷各四回，其中第七回刘宝全投师学艺的部分写得很传神。

二十八、《黄天霸外传》

戴愚庵著，天津诚文信书局，民国二十八年十一月出版。

元卿按：该书是一部侠义公案小说，写黄天霸保施公的故事。笔者所读为下集，共四回，每回写一案件。另，书中插有“说帖”的图样。1998年冬读于天津和平区图书馆。

二十九、《沽上游侠传》

戴愚庵著，天津诚文信书局，民国二十九年一月出版。

著者《自序》云：“沽上渊源于燕赵，多慷慨悲歌之士，故民情英悍，而饶侠烈之风。是以豪杰之流，多见武游侠之习。昔年社会习于宴庆，不值若辈之行为，而轻之曰混混。实则混混者，亦为正大之团体，其宗旨则在种族之竞争，只以食肉分金贱之，是不知混混者也。余生于柝水，对于若之秘史，知之甚详，因著《沽上英雄谱》四卷，都七十万言，刊于《益世报》。既竣，曾出单行本，行销海内外，颇获虚誉。然该说部所载，均属‘袍带混混’事迹，识者以为未尽其事，故又著《沽上游侠传》，专写‘非袍带混混’之轶事。袍带混混者，举动风雅，行侠仗义；非袍带混混者，秉性勇敢，爱群喜事。虽则同为混混，其不同之点在此。《沽上游侠传》继《沽上英雄谱》而作，全集计三十万言，识者以为备前辈之所未备。”

元卿按：该书共八回，主要讲述鞋匠杨洛二的混混史。

三十、《秋雨销魂录》

戴愚庵著，天津文利书局，民国三十年一月初版。

王伯龙《介辞》云：“戴愚庵兄之作说部，人多喜其写英雄，不知写儿女远胜于写英雄也。余读其说部不下三十余种，其间言情者四：曰《秋雨销魂录》，曰《绮陌红楼》，曰《翠□艳劫》，曰《花市春柔》。以第一种为精心结撰之作……哀感顽艳，十倍于《花市春柔记》。信乎，愚庵代表之作也……全书二十六万言，分装三巨册。”

元卿按：小说写的是鼓姬陆小福与柳星五有情人难成眷属的爱情悲剧。小福在星五心中是“琼花作骨，秋水为神”的人物，可惜星五无力娶她。小福在其母逼迫下跟了富贾俊卿后，依旧思念星五，终因相思成病而死。第八回“宇宙两情痴花月春风成永别”写道：死前，她“以口吻住左腕，把头低将下去”，月楼扶起她时，已气绝，“再看吻的地方，有针刺的星五二字”。小说出版时标明是“社会小说”，其实这是一部言情小说。

三十一、《红豆相思记》

李山野著，天津昌明书店，民国二十五年五月出版。

陆泪魂《序》云：“余友李山野君感愤世道之浇薄，人心之乖离，乃成此《红豆相思记》，故一部醒世之作也。”

徐剑胆《序》云：“李君山野，为现代青年有名小说家，其别号取意，即一在野忧时之君子也。近重刊其著作《红豆相思记》一书，全部都数十万言，堪称煌煌大文，荡荡名篇。中间描写现代社会诸般状况，有如燃犀照鼎，巨细无遗，事事物物，皆可资为殷鉴！……殊属有益社会人心之佳作也。”

著者《再序》云：“寓意褒贬，品评善恶，儆戒世态，庶挽颓风！本斯旨而著小说，颇亦煞费苦心。”

卢粹言《序》云：“李子山野，冀南世胄，沽水作家，名噪于词林，声闻乎艺苑，尤以所著之小说更为脍炙人口也。皮里阳秋，发人深省，描写之细腻，取材之精譬，尤其余事。《红豆相思记》初刊《快报》时，一纸风行，万人争诵，迨昌明书店付印单行本，洛阳纸贵，阅者交赞，要求续印二集之函件，纷至沓来。”

元卿按：笔者所读为一、二两集，共十五回，写女学生钟淑芬在护国运动到五四运动期间的生活史。第十四回写到了五四运动的情况，涉及的历史人物均用化名，但读者极易看出原名，如向中章、赖恩周分别指章宗祥、周恩来。

三十二、《秋水天长》

李山野著，天津昌明书店，上集民国二十八年十二月出版，下集民国二十九年一月出版。

徐剑胆《序》云：“举凡李君所著说部，无一不以旧道德伦理信义，作书中之骨干。”

白羽《序》云：“山野先生的《秋水天长》小说出版了，这是他的惬意之作。这部小说虽然也是报章小说，但是描写的对象，却是含着都市与农村的间题，恋爱与家庭的矛盾，这自然相当的是有意义之作了。山野先生是青年作家，青年作家对于人生具有种种的热，这热映射于作品中，也可以唤起读者的热来，这就是共鸣。《秋水天长》是能引起读者共鸣的书，所以是好书。”

王曰叟《序》云：“析津李子山野，执报界笔政几达廿载，素有闻人之誉！复于编纂余暇，逞其犀利之笔，写社会小说，为数甚多……观其褒贬惩劝，实为社会针砭，而大功于名教也。”

《自序》云：“写社会小说，要秉诸道德文化观念，将社会人物用作书中人物，将其生活动态，遭际变迁，风俗人情，社会现象……渲染剪裁，简复并重，且利用他们合理的要求，抓住他们矛盾的焦点，以艺术的方法，于不知不觉里形容于笔底，更于悠悠趣味里，以寓褒贬之意，再以奇巧的穿插，使之得着一种归宿。”

元卿按：小说共十回，写常晓天从一“受过相当教育的青年有为之人”，因失业，放纵于销魂窟，厌弃糟糠之妻，另结新欢，几度沉沦，最终又与妻子重续前缘的故事。另，小说原载天津《天声报》。

三十三、《弦外馀音》

李薰风著，天津庸报社，民国二十二年八月初版。

张恨水《序》云：“吾闻之现代小说家矣，凡云艺术，必以现代的事实，处以作者主观的构造，于是可以不玄虚，不呆板。其为此言，初非指言小说，若以之为指小说而言，固无不合也。前此数年，文艺界辄以小说割取社会事实，近于揭破黑幕，群以为病。作小说者，谨闻命矣。然最近数年，则文艺界受社会主义之熏陶，又辄以小说不写事实，超越社会，为无意思之作。作小说者，又谨闻命矣。虽然，吾人将何从乎？于是，某现代艺术家之言，乃足为吾人借鉴也。李君薰风，少年笃学，下笔千言，年来发表作品于平津沪三地，辄以现代学生社会为题材，绘声绘影，令读者如置身书中，与其所描绘之人物，揖让相对。顾按之事实，恰又未必如此。是既以现代之事实，而处以作者主观之构造也。若《弦外馀音》之说部，其代表作乎？”

陈慎言《序》云：“薰风李君，近著《弦外馀音》，都四十万余言。杀青既竟，属吾序之。暑夜披览，篇中叙述女学生私生活，结局悲惨，哀怨之音，使人惨怛无欢。夫操皮肉生涯，赢来之辱金，用求正当学问，既列学府门墙，复委身觍事卑劣之官僚，此种畸形社会变态，环境不良，迫之使然，抑意志薄弱，有以致此？弦外之音，足资社会学者之研究……全书掀开妇女生活与社会人心之险巇，足为现代摩登女子当头棒喝也。”

著者《关于〈弦外馀音〉出版》一文写道：“这本《弦外馀音》在《庸报》登载时，差不多两日一发稿。作者是住在北平，稿件都是快邮寄递。所以这本小册子，也可以说是由断笺零纸集合连贯起来的……《弦外馀音》完全是向壁虚构，读者看完了，付之一笑最好，不要上了作者的当，一定要求其究竟。小说的笔法，本是真真假假，虚虚实实，无所谓背景。作者的意思，只是想把它贡献到读者面前，当一本消遣品看而已。”

元卿按：小说共十回，写“女子最高学府”——“华夏大学”的何君馥、顾秀兰、黄亚男等女大学生的生活。作者借书中人之口感叹：“女子高等教育，原来是军阀姨太太、政客夫人的养成机关。”第七回以后小说才见精彩。

三十四、《春城歌女》

李薰风著，天津励力出版社，民国二十九年一月出版。

元卿按：本书是社会言情小说，写南方少爷田梦北北上求学，遇到歌女连玉环，情愫渐生，却难结连理。后连玉环嫁给一个处长，田只好依母命和表妹成婚。最后，连病死医院，田黯然南归。小说共十回，笔者所读为下集，从第六回到第十回。

三十五、《大除夕》

徐卓呆译著，上海小说林总编译所，丙午年二月初版。

著者《小引》云：“此书原名*Das Abenteuer Der Neujahpesnacht*，以一园丁兼鸡人者曰吉儿Phiipp与少女花姐Roschen之关系为主眼，配以诙谐洒脱之皇子Julian，写德国宫廷及政府之状态，极奇特而轻快之喜剧也。……即如此书，纯然为一写实小说之好模范也。大除夕仅数小时间，其构思排衬着笔，实奇拔而遒劲。……固有名词，恐甚难记忆，故悉改为我国风，以便妇孺易知。”

元卿按：小说共十五回，原著者为德国人苏虎克。

三十六、《苦儿流浪记》

包公毅译述，上海商务印书馆，民国四年三月十九日初版。

元卿按：小说共三册，原著者为法国人爱克脱麦罗。

三十七、《怪话》

胡寄尘著，上海大达图书供应社，民国二十四年四月再版。

元卿按：该书共分四辑，分别是怪谈、怪事、怪文、怪诗，据著者云“均以出于寻常范围之外，故曰怪话”，其中怪谈是短篇滑稽小说。

三十八、《交易所现形记》

陆守俭著，中华图书集成公司，民国十一年三月十日初版。

元卿按：此书是《假股票》《甘心倒闭》《失败妇女之投缳》《二妾争股》《经纪公会大武剧》《交易所合并之乐观》等六十多篇短篇故事的合集，这些短篇故事在当时被视为实事小说。

三十九、《短篇社会小说大观》

赵苕狂编，大东书局出版。目次如下：

黄金骨肉（周瘦鹃）

近来有一件怪事（景枚玖）

海上花（赵苕狂）

保险箱（张碧梧）

冷暖人生（刘豁公）

报馆记者（胡寄尘）

彩票（骆无涯）

花会（姚民哀）

交合党（王锦南）

可怜的婢女（范君博）

乞儿之梦（胡南涧）

元卿按：笔者所见是上册，无版权页，编者序言作于民国十年十月。

四十、《喜怒哀乐》

上海大众书局，民国二十一年九月初版。

元卿按：该书由四部独立的小说组成，每部小说两册，共八册。《喜》，笔者未见。《怒》，何海鸣著，据何氏称小说又名《一怒缘》，写“豪家怒史”。《哀》，包天笑著，共20回，写尼姑慧因、慧云出家前的故事。《乐》，徐卓呆著，共20回，写乞丐老乐的故事。

四十一、《中国恶讼师》

襟亚总纂，襟霞阁，民国八年仲春初版。

元卿按：该书共收录了六十四篇有关恶讼师小故事，据襟亚《弁言》云：“予撰是书，非授人以计巧，导民以争讼，正欲使人知计巧之愚人以暂而不可久，争讼之虽胜而无所益。”吴绮缘《序》云：“然则若是篇者，名虽杂著，固可作经史文章观。”该年五月终，襟霞阁又印行了《中国恶讼师》（续篇），收录了五十多篇此类的小故事。

四十二、《今古义侠奇观》

陆士谔著，上海世界书局，民国十八年三月五版。

元卿按：该书共十四回，“搜集自隋唐讫逊清历朝之男女义侠汇辑成书，内容亦英雄亦香艳”。其中写到的侠女有红拂女、聂隐娘、十三妹、吕四娘等，侠士有田膨郎、马和尚、甘凤池、张汶祥等。第十三回写“石达开易服遁空门”，第十四回写“张汶祥行刺马新贻”。

四十三、《滑稽世界》

赵苕狂编，上海世界书局，版权页缺。

元卿按：该书是短篇滑稽小说集，共分四编：第一编滑稽之社会，收录小说二十一篇；第二编滑稽之家庭，收录小说十二篇；第三编滑稽之情场，收录小说十六篇；第四编滑稽之寓言，收录小说十六篇。这部小说集的主要作者是程瞻庐、徐卓呆、严独鹤和何海鸣。当日的鸳鸯蝴蝶派作家曾热衷于写滑稽小说和滑稽故事，这部小说集就是这种写作倾向的产物。此外，如李定夷编的《滑稽魂》，除了收录滑稽小说、滑稽故事外，还收录了滑稽诗词、滑稽常识、滑稽新闻等内容。

四十四、《妇女奇案大观》

赵苕狂编，上海大东书局，民国十五年六月四版。

元卿按：该书收录了一百三十二个短篇故事，其内容的关键词有二，即妇女、奇案。

四十五、《北京黑幕大观》

不幸我生喋喋著，版权页缺。

元卿按：该书共六卷三十回，主要写袁世凯称帝前后北京的黑幕故事。小说用第一人称叙事，可视为宦游已倦的“我”的回忆录。该书与清末以来流行的黑幕小说属同一类型，初心虽在揭黑，结果却限于示黑。该书由漱石生作序，梦花馆主荫香作眉批。据该书残页上写的作序时间“戊午首夏”推算，序言当作于1918年，该书也当出版于这一年。

四十六、《新儿女英雄传》

楚伧著，上海亚华书局，民国十七年八月出版。

元卿按：该书是一部言情小说，共二卷十二回，主要写上海青年教师冒无疆与甄洛神、蝶云间的感情故事。

四十七、《孤掌惊鸣记》

范烟桥编译，周瘦鹃校阅，上海大东书局，民国十二年四月出版。

元卿按：小说共十四回，写甘凤池弟子吴江同里人袁一掌的传奇故事。

四十八、《大战缩影录》

董荫狐著，天津益世印字馆，民国十五年十一月初版。

元卿按：小说共八章，以李太公和乡亲们在战争中的遭际来反映战争对乡村的影响。据著者云，他作此书是感“战祸之烈，殆未甚于近日者也”，乃“命笔拂笺”，一吐胸中之所蕴。

四十九、《黄金劫》

胡寄尘译，上海文明书局，民国四年十二月初版。

著者《序》云：“是书所叙为美国一律师螟蛉女曰白珠，于律师身后得遗产百万镑。律师有书记名莱门者，险人也。与荡妇宝玲相识，遂设种种奸计，欲置白珠于死地而没其产。卒赖律师之子曰哈兰者，随地救护，入险境而复出。厥后，白珠与哈兰相得伉俪。书中每一章各叙一事，若不相连，属至最后一章，终束前幅，乃是画龙点睛处。他如写飞艇堕落，海船被焚及餐馆失火等处，有绘声绘影之能，‘情敌’‘结缡’两章，复能体贴女子心理，尤佳。”

目次如下：

第一章　绪言

第二章　律师麦闻之家庭

第三章　飞艇之堕落

第四章　不速之客

第五章　海船之自焚

第六章　情场之敌

第七章　依和柴勃司餐馆之火

第八章　气球之失败

第九章　落克完尔途中之强暴

第十章　红人之凶残

第十一章　哈兰白珠之结缡

五十、《血滴子大侠甘凤池》

还珠楼主著，大同图书公司出版，版权页缺。

元卿按：该书分上下集，共三十回，写吕四娘为父报仇的故事。

五十一、《钗头凤》

顾明道著，上海春明书店出版，版权页缺。

范烟桥《题诗》云：“几破江山几破家，沈园方佛旧风华。无能为役钗头凤，何以情堪陌上花。一曲留香倾海箧，万言说部走荒遐。但期北定中原日，移影银屏笼碧纱。”

元卿按：此书又名《哀鹣记》，共二十二回，书前标明是“历史写实哀情小说”，主要写陆游与卖花女红珠及表妹唐蕙仙的情史。

五十二、《怪侠》

顾明道著，无封面、版权页。

郑逸梅《序》云：“顾子明道怀奇才，不得志于时，且病一足，殆亦司马之流亚欤。”

程瞻庐《题词》云：“侠！侠！侠！莽乾坤中说不尽有许多怪，却寻不出个侠。”

元卿按：该书共二十八回，十余万言，写太平天国大将李晟之子李虎儿的传奇故事。李虎儿幼时受猛虎哺养，成一野人，日与猿猴为伍。一日，猛虎为猎人所伤，李杀猎人以祭虎，被当地人视为怪物。后，李入清虚观，随清虚道人读书，智识大开。其后，又习武，济困扶危，诛恶除暴，人称怪侠。后来，怪侠参加忠义军与官军作战，迨进攻厦门不利，遂去非洲探险。在非洲，他同黑人争斗，最终作了金鸡国王，威名远播。

五十三、《江湖豪侠传》

姚民哀著，上海世界书局，民国十八年六月出版。

《自序》云：“我年九岁，即随先君子旅食离乡，往返于江浙乡壤间。时巢湖客民，出没于太湖流域，所至，以聚赌、贩盐为事，声势甚张！余尚童孩，尝出入此辈秘窟中，对于个中之特殊术语及风俗，是时已习见熟闻，因见彼辈之见义勇为，同党共同患难，志坚金石，心窃慕焉！故余少长，亦投身此中，并加盟于陶焕卿先生之光复会、陈其美先生之中华革命党等为会员，而与个中巨擘伏龙相友善，要旨肇基于斯。民九以还，入某外商公司充华文文牍。旋邀华总理之眷顾，知余性好遨游，遂委兼各省视察之职。车马虽老，见闻则广，对于各种秘密会党之蹊径顺逆益渐多明瞭，而亡友伏龙之言，亦强半证实。曾有感于临城劫车巨案之发生，牵涉外交，丧权辱国，因有《山东响马传》之作。吾友茗狂，读而好之，属沈君知方为之梓行，并谓余曰：‘后此关于斯类说部，不妨多所作布，不仅可供人谈助，且可为导世明灯，冥冥中与世道人心，至有关系也’……矧秘密会党中之人物素行，多有为士夫所不及，礼失而求之野，其遗规隐事，可传者至夥乎？噫！伤时念乱，为感百端，以之为周颉新亭之泪可，以之为步兵空山之哭也可！其于后之来者，或不无小补，亦可谓言者无罪焉已！兹乘是书刊行单行本之初，略述余之所以娴熟会党故事之渊源，并以揭明著撰主旨，庶略别于向壁虚构，完全拾之道途者，藉留他年之鸿爪耳。戊辰立夏后一日，常熟姚民哀自序于海上筝声琴韵楼。”

元卿按：小说共五十回，述江湖会党之传奇故事，最后以恩仇了、善恶昭结束全书。

五十四、《最近社会秘密史》

陆士谔著，上海新新小说社印行，出版时间待查。

元卿按：该书分上下两编，每编两卷，共二十八回，主要讲述宣统二年时上海的种种秘密怪状。陆在《新上海》中是通过书中主人“沈一帆”的视角来叙事，这次他又把沈搬作小说主人，由他充当亲历者的角色来讲述故事；这样做，除了叙事结构的因素外，无非是想强调“秘密史”的真实性。第二十八回，书中人“子玖”认为这部小说是稗官体例，“虽属章回，实同札记，系小说里头的变格，可断可续，可短可长”。这正道出了该小说的特色。“实同札记”，是指每一回的写法类似札记，这里的札记，用今天的术语说，就是笔记小说。二十八回的小说，实际是由二十八篇相对独立的笔记小说连缀而成的，而完成连缀任务的就是著者安排的亲历者“沈一帆”。有了他，形似散珠的二十八则笔记小说，才串成了“章回”的样子，所以宏观上看，“虽属章回”，微观考察，“实同札记”。至于小说“可断可续，可短可长”，则因为著者安排了一个“沈一帆”，他可以通过控制沈的讲述来决定小说篇幅的变化。这种小说体例，在晚清人士眼中尚属“变格”，可到了民国，很快便成了普通套路。

浙江大学的古籍藏书

陈东辉

浙江大学图书馆源远流长，其前身可以追溯到始建于1897年的求是书院藏书楼，堪称我国历史最悠久的大学图书馆之一。浙大图书馆藏书甚富，截至2014年底，全馆实体馆藏总量已达574.3万册。线装古籍乃浙大藏书之重要组成部分，目前全校的线装古籍总藏量达18.7万册，其中约16.3万册藏于校图书馆，约2.4万册收藏在中文系资料室。在浙大图书馆所藏的约16.3万册线装古籍（内含善本1700余部，合计2万余册）中，西溪校区图书馆（原杭州大学图书馆）藏有13.6万余册，玉泉校区图书馆（原浙江大学图书馆）藏有1.6万余册，紫金港校区农医分馆（原浙江农业大学图书馆和原浙江医科大学图书馆）藏有1万余册。西溪校区图书馆乃浙大全校线装古籍收藏之主体。西溪校区图书馆之线装古籍的最重要来源是原国立浙江大学的藏书。国立浙江大学于1928年成立后，即开始陆续收藏线装古籍，经过多年的悉心搜访和接受捐赠，其古籍藏书缥缃盈架，灿然大备，既有名闻中外的瑞安孙氏玉海楼和南浔刘氏嘉业堂的部分旧藏，又有章用、刘大白、张荫麟、潘国纲、马叙伦、邵裴子、任铭善诸先生捐赠之书。新中国成立后原英士大学并入浙江大学，其图书中有日伪时期“泽存图书馆”的旧藏，内含若干较为珍贵的古籍善本。国立浙江大学的古籍藏书后来大部分归杭州大学图书馆所有，目前完好地保存于西溪校区图书馆，乃浙大古籍藏书的精华所在。原之江大学的古籍图书目前也全部在西溪校区图书馆，但其中善本佳椠较少。1952年院系调整后，杭州大学图书馆（1952至1958年名称为浙江师范学院图书馆）又陆续购入古籍数万册，包括孙世伟、屈强、薛声震及高氏梅王阁的藏书，另有许多是从杭州、上海、北京、扬州、芜湖、合肥、成都、广东等地的古籍书店采购而来，其中不乏善本珍籍。“文革”以后，该馆又接受本校中文系已故胡士莹教授馈赠之书，内容多为小说、戏曲，正是原有馆藏中较为缺乏的门类。

浙江大学古籍藏书的数量和质量在浙江省位居前列，在全国也具有较大影响，《中国丛书综录》《中国地方志联合目录》《中国古籍善本书目》等均予收录。尤其值得一提的是，在国务院2008年、2009年、2010年、2013年公布的第一至四批《国家珍贵古籍名录》中，全校先后有173部珍贵典籍入选（全部为西溪校区图书馆所藏，均系一、二级古籍），入选数量在全国高校中仅次于北京大学而位居第二，十分引人注目。由此可见，浙江大学所藏的古籍中珍本率较高。就古籍收藏总量而言，由于历史的原因，浙江大学与北京大学、复旦大学、清华大学、北京师范大学等高校相比相对较少。而就被收入《中国古籍善本书目》的古籍而言，名列前十位的高校依次是北京大学、复旦大学、清华大学、北京师范大学、华东师范大学、中山大学、吉林大学、南开大学、浙江大学、中国人民大学，浙江大学位居第九。而其他九所高校的古籍总藏量，都比浙江大学高出许多。列入《国家珍贵古籍名录》之书，堪称善本中之善本，浙江大学能够有173部（约占馆藏善本部数的百分之十）入选并在高校中名列第二，非常不容易。这除了说明浙江大学古籍藏书总体质量较高之外，也与图书馆同人在申报过程中积极发掘馆藏精品，认真填写各种材料具有直接关系。线装古籍作为不可再生资源，既有实用意义，也有文物价值，日益受到各大高校的重视。

浙江大学西溪校区图书馆古籍阅览室一角

浙江大学所藏古籍中有大量善本佳椠，其中包括宋刻本1部，元刻本5部（不含玉泉校区图书馆所藏的元中统刻《史记》），明刻本700余部。根据《中国古籍善本书目》统计，其中有近百种善本乃全国独家收藏。宋刻本是《资治通鉴纲目》残本（存第四十五卷）。5部元刻本如下：元大德九年（1305）建康路儒学刻明成化弘治嘉靖南京国子监递修本《唐书》二百二十五卷（宋欧阳修、宋祁等撰）《释音》二十五卷（宋董冲撰）、元刻本《新编方舆胜览》七十卷（宋祝穆辑）、元后至元六年（1340）庆元路儒学刻本《玉海》二百卷《辞学指南》四卷《诗考》一卷《诗地理考》六卷《汉艺文志考证》十卷《通鉴地理通释》十四卷《汉制考》四卷《践阼篇集解》一卷《周易郑康成注》一卷《姓氏急就篇》二卷《急就篇补注》四卷《周书王会补注》一卷《小学绀珠》十卷《六经天文篇》二卷《通鉴答问》五卷（宋王应麟撰，存《辞学指南》等六十一卷）、元至正元年（1341）集庆路儒学刻明修本《乐府诗集》一百卷（宋郭茂倩辑，存第十一至第一百卷）、元至元至正间西湖书院刻明修本《国朝文类》七十卷《目录》三卷（元苏天爵辑），均已入选《国家珍贵古籍名录》。明刻本中较为珍贵者如：明永乐十三年（1415）内府刻本《性理大全书》七十卷（明胡广等撰）、明景泰四年（1453）内府刻本《历代君鉴》五十卷（明景帝朱祁钰撰）、明成化十九年（1483）刻本《畏庵集》十卷（明周旋撰）、明嘉靖十一年（1532）建宁府刻本《礼记集说》三十卷（元陈澔撰）、明正德九年（1514）司礼监刻本《资治通鉴节要续编》三十卷（明张光启撰）、明成化十二年（1476）崇府刻本《贞观政要》十卷（唐吴兢撰，元戈直集论）、明刻朱墨套印本《欧阳文忠公五代史抄》二十卷（明茅坤辑）、明凌濛初刻朱墨套印本《孟浩然诗集》二卷（唐孟浩然撰，宋刘辰翁、明李梦阳评）、明弘治六年（1493）吴雷亨刻蓝印本《竹洲文集》二十卷（宋吴儆撰）《附录》一卷，均已入选《国家珍贵古籍名录》。

浙江大学所藏的稿本、写本、抄本及名家批校题跋本亦较多，堪称该校古籍藏书之重要特色。其中尤足珍视者如清乾隆间文澜阁原写本《钦定四库全书》残本，存三种九卷，即《武经总要后集》（宋曾公亮撰，存第十三、十四卷）、《网山集》（宋林亦之撰，存第一至第四卷）、《矩山存稿》（宋徐经孙撰，存第一至第三卷）。同时，除了清乾隆内府写本《武经总要前集》二十卷《后集》二十卷（宋曾公亮等撰）、清稿本《雁山志稿》二十五卷（清

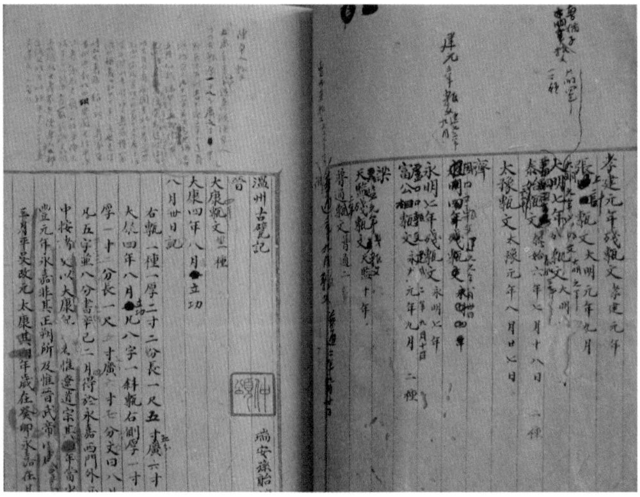

孙诒让稿本《温州古甓记》

李象坤撰）、清乾隆间鲍氏知不足斋抄本《周此山先生诗集》四卷（元周权撰，鲍士恭、张煜跋）、清知不足斋抄本《龙洲道人集》十卷（宋刘过撰，鲍廷博校并跋，罗振常跋）、清小玲珑山馆抄本《白石道人歌曲》六卷《别集》一卷（宋姜夔撰，厉鹗、袁克文、罗振常跋）等业已入选《国家珍贵古籍名录》的稿抄本及名家批校题跋本之外，它如清道光咸丰间稿本《读易管窥》四卷（清朱金卿撰，马一浮、张宗祥题识）、清稿本《歌麻古韵考》不分卷（清吴树声撰，姜亮夫题识）、清孔氏岳雪楼传抄本《周礼集说》十一卷（元陈友仁撰）《复古编》一卷（元俞庭椿撰）、清乾隆三十二年（1767）精抄本《金国南迁录》不分卷（宋张师颜撰，萧颙公用微波榭抄本朱校）等，亦值得重视。

日本和朝鲜版古籍较多，也是浙江大学古籍藏书的一个重要特色，据统计共有200余种，是国内收藏此类古籍较为丰富的图书馆之一，其珍贵者如：日本庆安五年即清顺治九年（1652）日本刻本《周易传义大全》二十四卷首一卷（明胡广等奉敕撰，有日本人□□批校）、日本元文二年即清乾隆二年（1737）日本雒东狮谷白莲社刻本《一切经音义》一百卷《续》十卷（唐释慧琳撰）、朝鲜光武九年铜活字本《大东历史》五卷（朝鲜崔景焕撰）、朝鲜精刻本《唐宋八子百选》六卷（朝鲜□□辑）。

在浙江大学的古籍藏书中，孙诒让稿本21种系独家庋藏，弥足珍贵，乃镇馆之宝，其具体书目如下：《周易乾凿度殷术》一卷、《大戴礼记斠补》三卷、《古籀馀论》一卷、《古籀拾遗》三卷、《契文举例》二卷、《商周金识拾遗》三卷、《温州古甓记》不分卷、《六历甄微》五卷、《籀庼述林》不分卷（刘恭冕、孙延钊校）、《籀庼述林》十卷、《辑周礼马融郑玄叙》不分卷、《山海经错简》不分卷、《商子境内篇》不分卷、《唐代碑志目》不分卷、《经迻》（节本）不分卷、《广韵姓氏刊误》不分卷（第三稿）、《广韵姓氏刊误》二卷（第四稿）、《汉晋经籍录目》不分卷、《四部别录》、《商周彝器释文》不分卷、《汉石记目录》二十三卷，其中前9种已入选《国家珍贵古籍名录》。在上述稿本中，《唐代碑志目》《经迻》（节本）和《商周彝器释文》全部系孙诒让手迹（这几种书字数均不多），堪称真正的孙诒让手稿本。其余各种则是孙诒让在别人专门为他誊抄的稿本上作校补，校补字数多少不一，其中《古籀拾遗稿》和《温州古甓记》校补较多，另外16种仅有少量校补。

此外，在馆藏原玉海楼旧藏内的110余种书籍中，留有不少孙诒让与其父孙衣言手书的题识、校记，蝇头工楷，墨色如新，亦是不可多得之珍品。其中明嘉靖十年（1531）安正堂刻本《止斋先生文集》二十八卷（宋陈傅良撰，孙诒让校并跋）、明崇祯毛氏汲古阁刻本《孔子家语》十卷（题魏王肃注，孙诒让校并跋）、清同治十三年（1874）淮南书局刻本《大戴礼记补注》十三卷《序录》一卷（清孔广森撰，孙诒让校跋并录王念孙、王引之、丁杰、严元照、赵钺等校）、清乾隆五十一年（1786）卢文弨刻《抱经堂丛书》本《逸周书》十卷（晋孔晁注，清孙诒让批校）、清光绪三年（1877）崇文书局刻本《逸周书集训校释》十卷《逸文》一卷（清朱右曾撰，孙诒让校）、明刻本《越绝书》十五卷（汉袁康撰，孙诒让校）、明成化八年（1472）南丰县刻递修本《南丰先生元丰类稿》五十一卷（宋曾巩撰，孙衣言校并跋）已入选《国家珍贵古籍名录》。上述馆藏，乃研究孙诒让学术思想、成就及生平经历之重要文献，具有极高的史料价值。

需要说明的是，不少论著中提到，玉海楼旧藏后来大部分归杭州大学图书馆（现西溪校区图书馆）收藏。其实这种提法并不符合事实。1951年，孙延钊将玉海楼旧藏约2.2万册捐赠给温州市图书馆，其中包括明刻本和名家批校本近200种。目前，无论就数量还是质量而言，温州市图书馆的线装古籍藏书在浙江省地市级图书馆（天一阁除外）中均首屈一指，应该说玉海楼之旧藏立下了汗马功劳。瑞安县人民政府于1956年将玉海楼辟为文物陈列馆，并积极征集和收购原玉海楼散出的藏书、文物、字画等入楼庋藏，现藏书已逾3万册，包括部分玉海楼旧藏，内中有孙诒让《墨子间诂》稿本卷十和孙诒让批校本《周礼郑氏注》《墨子》《墨子经校注》《墨子斠录》《淮南鸿烈解》和《黄文简公介庵集》等。玉海楼现有孙诒让纪念馆、民俗文物陈列室和临时展览室等，已于1996年被列为全国重点文物保护单位。此外，国家图书馆、浙江图书馆、上海图书馆、南京图书馆和北京大学图书馆等也有少量玉海楼旧藏，其中上海图书馆藏有孙诒让稿本《墨子间诂》十五卷（缺卷十四）。比较确切地说，玉海楼旧藏中较为珍贵的善本目前大部分保存在浙江大学西溪校区图书馆，尤其是孙诒让的稿本和批校本较为集中。而玉海楼原先收藏甚富的温州地方文献则以温州市图书馆庋藏最多，同时温图还藏有十分珍贵的孙诒让的《周礼正义》《温州经籍志》《讽籀馀录》《补艺宧检书小记》《论语正义补谊遗稿》和《永嘉瑞安石刻文字》等著述之稿本，以及孙诒让批校本《周礼总义》《周礼学》《周礼汉读考》《礼笺》《群经宫室图》《春秋公羊传义疏》《鲜虞中山国事表中山疆域图说》《叶文定公年谱》《（隆庆）乐清县志》《（乾隆）温州府志》《雁山志》《东瓯掌录》《泉志》《东瓯金石志》《鹖冠子》《齐民要术》《补修宋金六家术》《后村居士集》《安雅堂集》《不系舟渔集》《瓯滨文录》等。

还有一个问题笔者始终在关注，就是西溪校区图书馆的玉海楼旧藏是孙诒让之子孙延钊于1947年捐赠给国立浙江大学文学院的（先寄存，后捐赠）。当时编有《浙江大学文学院收藏瑞安孙氏玉海楼寄存图书文物简目》1册（现存温州市图书馆）。所赠图书计465部，凡2003册，另有麦鼎、要君盂、汉五凤砖、至万世砖、元官印、四尺铜尺、“汲古堂志”四字款识端砚、石章等文物38件，商子孙父乙角、周王伯鼎、周金、秦权、汉镜等拓片202幅，《永嘉丛书》版片2460片，孙诒让墨迹21件，《籀庼手札》《曲园手札》各1册。所赠图书，绝大部分是善本，包括宋刻本1种，元刻本7种，明刻本155种，影宋抄本8种，孙衣言手稿本1种、批校本26种，孙诒让稿本4种、批校本77种，别家手稿本3种、批校本20种，其中许多书为《玉海楼善本书目》（收书533种）所未载。（参见张宪文《瑞安孙氏玉海楼书藏考》，《文献》1988年第3期，第202页。）有多种论著提到这批图书文物后来归杭州大学图书馆（现西溪校区图书馆）作为特藏。笔者曾专门仔细查找过这批图书文物，但除了浙江大学图书馆所编的《玉海楼专目》中收录的384种图书之外，并未见到文物、拓片、版片、墨迹和手札。即使就图书而言，亦出入颇大。这是我在撰写本文时感到的一大遗憾！

综观浙江大学的线装古籍藏书，其门类广泛，几乎涉及中国传统文化的所有领域，四部之中以经、史居多，集部之属则别集类和总集类较全，同时方志、丛书的收藏亦颇具规模，在海内外享有较高声誉。此外，由于该馆地处浙江，故其藏书颇具地方特色，有关浙江以及附近的江苏、上海等省市的地方志书、乡贤著述以及其他当地文献收藏较全，在全国各图书馆中名列前茅。

为了使馆藏古籍更好地为教学、科研服务，并增进馆际交流，上个世纪六十年代中期编印了《杭州大学图书馆善本书目》（附编《玉海楼专目》《嘉业堂专目》）和《杭州大学图书馆线装书总目》，总体质量颇高，受到学术界和图书馆界的充分肯定和好评。

近年来，全国各地为了认真贯彻国务院颁发的《关于进一步加强古籍保护工作的意见》（国办发[2007]6号），正在大规模开展古籍普查，在中国国家图书馆、中国国家古籍保护中心所编的《第一批国家珍贵古籍名录图录》《第二批国家珍贵古籍名录图录》《第三批国家珍贵古籍名录图录》《第四批国家珍贵古籍名录图录》陆续出版的同时，不少省市、收藏单位也在积极编印珍贵古籍图录。这些图录大体上可以分为两大类，一类是各地、各单位仿照《国家珍贵古籍名录图录》之体例，将入选《国家珍贵古籍名录》之典籍的书影及相关说明文字汇编成册，如《江苏首批国家珍贵古籍名录图录》《江苏第二批国家珍贵古籍名录图录》《江苏第三批国家珍贵古籍名录图录》《湖北省国家珍贵古籍名录图录》《辽宁省入选国家珍贵古籍名录古籍图录》《天津地区馆藏珍贵古籍图录》《苏州市国家珍贵古籍名录图录》《雪域宝典：西藏自治区入选第一、二、三批国家珍贵古籍名录古籍图录》《首都图书馆藏国家珍贵古籍图录》《天一阁国家珍贵古籍名录图录》等；另一类则是有关省市或单位将所藏珍贵古籍之书影及相关说明文字汇编出版，所收之书并不仅仅限于入选《国家珍贵古籍名录》者，如《广东省第一批珍贵古籍名录图录》《第一批四川省珍贵古籍名录》（附有书影和提要）、《第一批山西省珍贵古籍名录图录》《第二批山西省珍贵古籍名录图录》《江西省图书馆馆藏珍本古籍图录》《烟台市珍贵古籍名录图录》《山西大学珍藏古籍图录》《中国书店藏珍贵古籍图录》等。浙江大学出版社2014年出版的《浙江大学国家珍贵古籍名录图录》属于前一类，根据笔者所掌握的资料，尚属首家编印出版此类图录之高校馆。该书中的173部珍本之书影均经过重新扫描，清晰度高于《国家珍贵古籍名录图录》所收的相关书影。

同时，近年来浙江大学图书馆古籍特藏部还做了不少富有意义的工作。如经过大规模装修后于2012年3月新落成的古色古香的古籍阅览室，与我到过的海内外众多古籍阅览室相比，无论是总体环境，还是相关设施，应该说都居于一流水平，堪称浙大独特之一景。《钱江晚报》曾以《这不是会所，这是浙大图书馆古籍阅览室》为题作专门报道。

浙江大学图书馆还于2012年仿真影印了上文提及的宋刻本《资治通鉴纲目》（第四十五卷），分为上、下两册，行款版式、开本大小均依原书。该书堪称宋刻本中之上品，刻印精良，纸墨考究，字大行疏，赏心悦目。该书乃浙江著名实业家和古籍收藏家袁涤庵先生三子袁绍文及其兄弟姐妹，于1986年底捐赠给原浙江大学图书馆（今玉泉校区图书馆）的，袁氏家族珍藏的“文革”中被抄没而后发还的部分珍贵古籍22部（合计229册）之一。这批古籍目前仍然收藏在玉泉校区图书馆，除了该书之外，还有元中统刻《史记》。校图书馆曾专程将宋刻本《资治通鉴纲目》（第四十五卷）和元中统刻《史记》这两部珍本送到上海，请版本目录学大师顾廷龙先生进行鉴定。顾老对二书甚为赞赏，并于1987年3月欣然写下了约500字的《袁氏赠书记》一文。由于种种原因，上述二书尚未申报并列入《国家珍贵古籍名录》。

此外，校图书馆近年来在学校的大力支持下，花费巨额资金购置了《中国方志丛书》《续修四库全书》《四库提要著录丛书》《晚清四部丛刊》《清代诗文集汇编》《清代稿抄本》等多种大型影印古籍丛书，既补充了线装古籍中所缺乏的品种，使馆藏结构更为合理，又在一定程度上减少了线装古籍的使用频率，便于其得到更好的保护。

『书中自有颜如玉』
——说女子抄书

沈津

历来都是“物以稀为贵”，古籍版本中之抄本亦然。好的抄本定然是字体秀丽、纸墨莹洁，开卷即有悦目之感，至于精校影写，名家手笔，那更是不言而喻，故抄书中之风流文采，亦照映一时，后之学人，或未可及也。

明清两代，古人为学，多有以抄书为功者，顾炎武即自述其先祖之教云：“著书不如抄书，凡今人之学，必不及古人也，今人所见之书之博，必不及古人也。小子勉之唯读书而已。”在现存的各种抄本中，似乎抄书者多都是藏书家本人、藏家家中所雇抄手或文人学者等，至于抄书故事，指不胜屈，而家贫力学，平生好古书，手钞数百卷藏于家者又多得去了。昔毛氏汲古阁有僮仆抄书，黄丕烈家门仆张泰善抄书，有“入门僮仆尽抄书”一印，大约是重要藏家之童奴青衣，亦能抄录。近人王欣夫先生为保文献不使湮灭，还身体力行，出资请人或自己动手抄录。如《水经注疏证》四十卷条下曰：“斥巨金录副，多传一本，庶几免于刀兵水火之厄。”

但要说女子抄书，那就比较新鲜，甚而变得稀奇起来。传世最早且最重要的女子抄书，当推唐女仙吴彩鸾了，据叶德辉《书林清话》“女子钞书”一节引各种图书，知彩鸾尝抄有《唐韵》《玉篇钞》《龙鳞楷韵》《佛本行经》六十卷、《法苑珠林》一百二十轴。彩鸾抄书乃为生活所迫，《宣和书谱》云，“其书《唐韵》一部市五千钱，为糊口计。然不出一日间，能了十数万字，由是彩鸾《唐韵》世多得之”。所云每日能写十数万字，也为“神手”之夸大之词。

前人于吴氏书法多有溢美之词，元虞集尝见吴书《唐韵》三四本，有云“皆硬黄书之，纸素芳洁，界划整齐，结字遒丽，神气清朗，要皆人间之奇玩也”。又梁清标《蕉林诗集》七言绝四有“舟中观吴彩鸾书唐韵”，云：“蚕笺丹印彩鸾书，曾驾文狸上碧虚。谁向人间收拾得，琅函重出劫烧馀。”

吴彩鸾写本当年或有不少流传，但千年之后，仅存《切韵》一卷，那可是“国宝”级的藏品。20世纪之1980年，津在北京参与编辑《中国古籍善本书目》时，曾随主编顾师廷龙先生、副主编冀淑英先生，又沈燮元先生在故宫博物院见过。前几天，沈燮元先生电话中告诉我，说他还记得看《切韵》时的情景，那是用红细绳定住，只能看不能翻动。我印象中则是楷书端庄，出于自然。

对于唐代吴彩鸾所抄《切韵》，实在是很难得见其庐山真面，不仅如此，津以为即使是清代红袖所抄之书也不多见。前读《郑振铎日记全编》，1943年5月26日记有清沈彩书事，云：“予前岁尝从罗子经许，得沈彩手写《春雨楼集》一本，为杂文及词，即蟫隐庐影印之底本也。后子经又以残本《春雨楼诗》一本归予，亦彩手写。今获此集，乃得见全本面目矣。彩字虹屏，本吴兴故家女。年十三，归陆煊。煊妻彭玉嵌，授以唐诗，教以女诫，稍知文义。浏览书史，过目不忘。学右军书，终日凝坐，常至夜分。故书与诗，皆能入格，小文亦有佳致。予所见彩书，于手写集外，有《斜川集》（今在平湖葛氏）及煊撰《尚书□□》（今在朱某许）。《尚书□□》凡□钜册，皆出彩手书，一笔不苟。”“又得《春雨楼集》二本，乾隆四十七年刊本，尤罕见，卷一为赋，卷二至七为诗，卷八至九为采香词，卷十至十一为文，卷十二至十四为题跋，都为彩手书上板者。彩诗词多闺房戏谑语，盖以身既为绮罗香泽之人，故不能脱绮罗香泽之习。诗根乎性情，彩固不欲故作苍老高古之调，以为怪诞也。”（《郑振铎日记全编》120页）

按日记中“《尚书□□》”□□者，非二字，当是一“义”字，书名应为《尚书义》。又“朱某”者，即朱嘉宾。“凡□钜册”，应为十二册也。陆煊，应为陆烜。是书旧为刘氏嘉业堂所藏，后归朱嘉宾，再转入香港大学冯平山图书馆。

据《香港大学冯平山图书馆藏善本书录》，冯馆藏有《尚书义》五十八篇，为清陆烜撰，清乾隆五十二年（1787）沈彩抄本，十二册。陆序末署“大清乾隆五十一年平湖陆烜制、侍史沈彩书”。卷末题“平湖陆烜子章学”“女史沈彩手书”。彩乾隆五十二年腊月跋云：“彩受主人命，校誊《尚书义》，一日，玉嵌夫人谓曰：妇人之事，精五饭、幕酒浆、缝衣裳而已，今尔乃如此，虽属难得，终为废业。且煌煌大典，出簪裾膏沐手，毋乃近亵乎？彩因告主人，主人即呼夫人，谓曰：《关雎》化本，始于房中，尧舜大典，亦先厘降，道本夫妇与能也。天象紫微垣北极帝星后，即为尚书五星，其星主天下，道明则见，道不明则晦。《尚书》之名，圣人盖取义于此，非先有《书》而后有星也。至后代以“尚书”命官，则又在其后，皆以星为朔也。其尚书星左即为女史星，故今文二十八篇，亦以伏胜女传，若无今文，则古文亦无由考而传也。今誊校之役以授虹屏，是亦天道也。夫人诺之，因命彩书于后。时乾隆五十二年腊月廿四日，女史沈彩识。”下钤“沈彩”“虹屏”二印。

据《书录》，知其为未刻稿，小楷娟秀，分篇不分卷，尧典后有题识云：“主君作《书义》，皆命彩手抄，故尝赠彩诗有‘传经可有粲花舌，诘屈聱牙记伏生’，又‘妙笔簪花非玩物，藉传皇极答苍生’之句。此三易稿也，始写于乾隆丙午十二月十七日，为立春日，时连朝雨雪，江梅初包，天寒手颤，仅免呵冻云。胥山蚕妾沈彩识。”又每卷之末，彩皆有诗词系之，其《咸有一德》末为《望江南词》，有云：“晨妆罢，端坐展瑶函，红日半帘风旖旎，紫藤一架燕呢喃，天色正蔚蓝。”“书写毕，细校不辞三，笔误已知无一字，镌时应附我同参。聊识《望江南》。”丙午为乾隆五十一年，也即此书十二册抄了一年之久。

再每篇末多题“侍史沈彩书”“沈彩缮写”“沈彩书”“女史沈彩虹屏钞”“女史沈彩写”“沈彩手书”等。彩于所书后皆有印，若“沈彩”“沈采”“虹屏”“某谷掌书画史”“虹屏翰墨”“希卫”“绣窗馀暇”。又是书有“飘香手装”一印，“飘香”者，疑彩之侍女。彩有“跋未央宫瓦残字”，内有“暇日偶用扑墨法拓成此纸，小妹飘香即取装成册”句。又《春雨楼书画目》末彩跋云：“壬子之秋，主人以病疟瘳后，余与飘君日侍奇晋斋，进茗添香之次，日展法书名画为消遣。”

沈彩，字虹屏，号青要山人、胥山蚕妾、梅谷侍史、庆云侍史、芷汀散人，浙江长兴人。读书处曰春雨楼，盖乾隆三十一年，彩始笄，拜夫人彭贞隐（字玉嵌），夫人以释智永书春雨帖真迹为还贽者，彩遂易楼名为“春雨”。

沈彩的《春雨楼集》稿本，存世尚有二种，一为《春雨楼集》三卷，清罗庄辑诗附录并跋；一为《春雨楼诗集》五卷，存三卷，为卷三至五，有民国罗振常跋，二种俱藏中国国家图书馆。《春雨楼集》的刻本并附题词一卷，为乾隆间所刻十四卷本，国图、上海图书馆、复旦大学图书馆、华东师大图书馆、山西省文物局、江苏盐城市图书馆、泰州市图书馆等七馆入藏。此外，国图又藏另一部清乾隆刻本中有郑振铎跋，当为郑氏捐赠者。以上均见《中国古籍善本书目》著录。

2012年由黄山书社出版的《江南女性别集》三编的第一种即为沈彩的《春

雨楼集》，据整理者彭国忠云："民国十三年（1924）罗振常辑《蟫隐庐丛书》，内有《春雨楼稿》抄本，据罗氏所言，乃据沈氏手稿影印，恐不可信。"惜彭先生未能说出"恐不可信"之依据。

历史上女史抄书之记载鲜有得见，津孤陋寡闻，只知袁寒云妻刘梅真也有抄书，不过她所抄乃为影写，这就更为难得，刘之影写本为南唐李建勋撰《李丞相诗集》二卷，一册，底本为宋临安陈宅书籍铺刻本（末页刊"临安府洪桥子南河西岸陈宅书籍铺印"一行），旧藏常熟瞿氏铁琴铜剑楼。寒云跋有"假得原本，属内子影写一过，苍茫斋王人摹钩诸印"。卷末有"己未二月梅真影写宋本"一行，并钤"刘""梅真景写宋本小印""裁衣不值缎子价"。寒云另有题识云："甲子浴佛日，与无隅师拜读一过。克文。"刘梅真，即刘姌，梅真为其字，安徽贵池人，父原为盐商，因经销长芦盐有方而发，又花巨金捐班直隶候补道。梅真能诗善文，书法尤为时人所称道。无隅，即方尔谦，字地山，一字无隅，别号大方，寒云拜之为师。此本书品宽大，纸洁如玉，字划精细，几下原本一等，原为周叔弢先生珍藏，后赠于天津图书馆。该馆善本书目原著录为"清影抄宋临安陈宅书籍铺本"，不确。盖因"己未"为民国八年（1919），"甲子"为民国十三年（1924），影抄者为刘梅真，似应作"民国间刘梅真据宋临安陈宅书籍铺本影抄本"。津图于2007年为节庆事曾据之影印，以为赠品云。

如今，除了《尚书义》和藏在国图的《春雨楼集》稿本外，我们无法再能看到沈彩的手迹了，然而经沈氏手书上版的本子还有流传，津所见沈彩主君陆烜《梅谷集十种》（清乾隆刻本），中有《梦影词》三卷，即为彩手书上版者。卷三末有"乾隆丁亥浴佛前后日庆云诗史手写于春雨楼，重付剞劂，计增十阕，校正十一字"。彩工书，尝临写右军《乐毅论》《黄庭经》、钟繇书、虞世南《破邪论序》等。其尝有诗作《呵冻作书因题书后》，云："冻笔临书十指僵，熏炉暖手更添香。不成小字簪花格，淡墨欹斜有数行。"其楷书古雅娟秀，圆熟妍美，气静神闲，书名远播，曾有日本人湛如闻彩能书，因踵门请书，彩"为书戴《记》明堂位、《周书》王会篇"。并作《有日本人索余书者戏作》，云："簪花妙格几曾悭，万里鲸波到海山。不似唐宫一片叶，只随沟水向人间。"又其主君陆烜藏书画处奇晋斋之额名，也出自彩笔。

明清时，闺阁名媛中之书画家不乏其人，晋之卫夫人、唐之薛涛、宋之王英英、元之管道升、明之叶小鸾、清之曹贞秀，皆以书名，然并无手抄之本传世。然而彩尽管有书名，但其非书法家，《书林藻鉴》及《书林纪事》里无彩一席之地，盖作者亦不知彩其人也。而沈彩工书擅画，亦闺襜之雅流也。又知临桂况桂珊，字月芬，况周颐（夔笙）之仲姐，能诗且工小楷，仿欧阳率更，秀劲娟洁。曾手书《尔雅直音》全部，授夔笙读。后嫁同邑刑部主事黄俊熙，可惜天不怜美，桂珊年二十四即卒。

缪荃孙的《云自在龛随笔》在述几位收藏家雇有西席为之抄书后，又有“友人叶鞠裳尝兴叹曰：安得沈虹屏、张秋月耶？荃窃笑，我辈寒儒，焉得有此艳福，但想得一张泰耳”。张秋月者，为清代学者并藏书家严元照之妾。元照，字修能，号久能，又号晦庵、蕙枕，浙江归安湖州人。秋月，安徽祁门人，年十九归于严。严以《十六观经》“戒香熏修”之义，字之曰香修。并为镌小印一，长笺短札、帖尾书头，往往用之。仁和宋茗香有一诗云：“头衔合署校书郎，小印红钤助古香。从此流传增爱惜，美人亲手为评量。”张秋月虽为才女，却非抄书之女史。

还是罗振常对沈彩的评价最为中的，他说：文人而得才媛为之偶，则倡随之乐，逾于常人。在昔如德甫、易安，尚矣。至近代藏书之家，每夫妇同攻铅椠，并钤印章，遗籍留传，资为佳话。且有以侍姬而司典籍者，则沈虹屏、张秋月，皆其伦也。虹屏以媵婢待陆梅谷，身世与秋月同。然秋月无才名，虹屏则能文能诗能词。……文多游戏小品，而用笔犀利，词亦解用意，语复清新，与寻常闺秀纤弱肤浅之作不同，然后知其受宠于主君，见怜于大妇者，非偶然也。”

沈氏是闺秀，又与津同姓，盖“五百年前是一家”。女史抄书极罕见，或亦可视为版本学上的“书中自有颜如玉”之另一种诠释吧。

—书 讯—

朱有燉集

（明）朱有燉 撰　赵晓红 整理

ISBN 978-7-5333-3124-5　精装　32开　一册　2014年3月版　98.00元

本书是对明代著名戏曲家朱有燉作品的整理，内含其杂剧、散曲、诗词文等。其中，最重要的杂剧部分，为展示原貌，仍沿用原书中衬字的表现方法。本书是对朱有燉作品的第一次整理，极具学术意义。

新发现的《永乐大典》述略

杨 琳

新华网2014年11月27日报道了一则新闻《亨廷顿图书馆将展出新近发现的〈永乐大典〉》，全文如下：

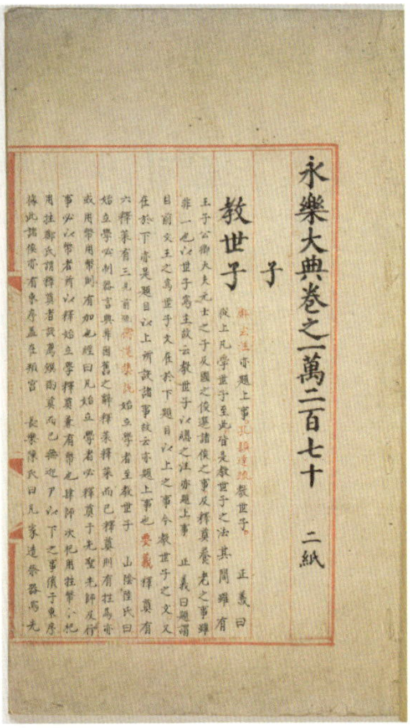
永樂大典卷之一萬二百七十 二紙
子
教世子

《教世子》

近日，位于洛杉矶的亨廷顿图书馆在馆藏书籍中偶然发现一册《永乐大典》嘉靖手抄本。这册《永乐大典》包括两卷：第10270卷《教世子》及10271卷《文王世子篇》，主要讲述了皇室家族应当怎样教育皇子，其中大量引用了《礼记》等12部文献，包括4部现已完全失传的文献。该卷由曾经在中国传教的怀挺传教士于1900年带回美国，并传给子女，他的女儿在1968年将它赠与亨廷顿图书馆。亨廷顿图书馆将于12月13日起为《永乐大典》举行特别展出，将这部封尘已久的古书呈现给参观者。

这一发现对中国来说是无疑是一则重要新闻，因此众多媒体纷纷转载。遗憾的是，报道过于简略，有关情况不得其详。我到亨廷顿图书馆的网站查寻，上面有一篇题为*Huntington Curators Uncover Unique Volume Comprising Two Sections of a 16th-Century Chinese Encyclopedia*（《亨廷顿的馆长们发现一册共计两卷的中国十六世纪的百科全书》）的文章，介绍较为详细，并提供全书电子彩图版的下载。看了网站介绍，翻阅了下载的彩图，算是对该册《永乐大典》有了具体的了解，现简述如下，以飨读者。

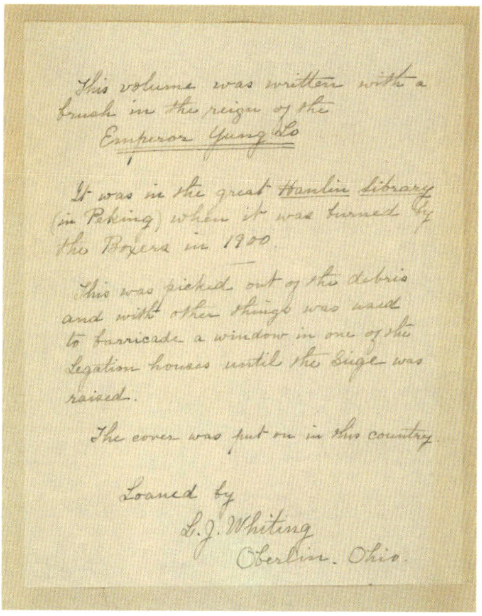
This volume was written with a brush in the reign of the Emperor Yung Lo

It was in the great Hanlin library (in Peking) when it was burned by the Boxers in 1900.

This was picked out of the debris and with other things was used to barricade a window in one of the Legation houses until the siege was raised.

The cover was put on in this country.

Loaned by
L. J. Whiting
Oberlin. Ohio.

借条

这册《大典》是来华传教士约瑟夫·怀挺（Joseph Whiting）带回美国的。封底前的空白衬页上粘贴有一张借条，是美国克里夫兰市奥伯林学院（Oberlin College）的L.J.Whiting写的。内容是说，这册《大典》原藏北京翰林图书馆（按应为翰林院），1900年，义和团放火焚烧翰林图书馆，该书被人从乱堆中拣出，用来封堵使馆房屋的窗户，直到义和团的围攻被解除。

借条是L.J.Whiting写给怀挺的，大约L.J.Whiting将书归还后怀挺就把借条粘到了书后。上面的内容应该是怀挺在跟L.J.Whiting的交谈中说的，因为只有他清楚该书的来历。

1900年6月20日，清军和义和团围攻东交民巷的外国使馆，在放火焚烧使馆的过程中也烧着了紧邻的翰林院，存放在翰林院里的大量古籍被焚毁，其中就包括《永乐大典》。当时被围在英国使馆的朴笛南姆·威尔（B.L.Putnam Weale，1877—1930）用日记的形式比较详细地记下了每一天的情况，这本书叫*Indiscreet Letters from Peking*（London：Hurst and Blackett，1906），汉译本取名《庚子使馆被围记》（陈冷汰、陈诒先译述，上海中华书局1917版，后来有多种翻印本及新译本）。威尔在6月24日的日记中写道：“昨日有一放火者，伏行如猫，用其灵巧之手术，将火种抛入翰林院，只一钟间，众公使居住之英使馆顿陷于危险之域。”关于翰林院里的藏书，威尔是这样记述的：“院中排积成行，皆前人苦心之文字，均手钞本，凡数千万卷，所有著作为累代之传贻，不悉其年。又有未上漆之木架，一望无尽，皆堆置刻字之木板。置身于院中之翰林，虽未梦见西方之学术，而在此国中，则自矜博涉，处于读书人最高之位。上自王公下至乞丐，无不尊敬者。如谓此地可以放火，吾欧人闻之，度未有不笑其妄者。然今竟何如？在枪声极猛之中，以火具抛入，人尚未知，而此神圣之地已烟焰上腾矣。”“数百年之梁柱，爆裂作巨响，似欲倾于相连之使馆中，无价之文字亦多被焚，龙式之池及井中均书函狼藉，为人所抛弃。无论如何牺牲，此火必须扑灭。又有数十人从英使馆而来，受有严令，逼其作事，此辈今亦舍其和平之董事会及军需局而来此矣。人数既加，二千年之文字遂得救护。有绸面华丽之书，皆手订者。又有善书人所书之字，皆被人随意搬移。其在使馆中研究中国文学者，见宝贵之书如此之多，皆在平时所决不能见者，心不能忍，皆欲拣选抱归，自火光中觅一路，抱之而奔。但路已为水手所阻，奉有严令，不许劫掠书籍。盖此等书籍有与黄金等价者。然有数人仍阴窃之，将来中国遗失之文字或在欧洲出现，亦一异事也。"8月13日晚上，八国联军攻入北京城，外国使馆才被解围。

怀挺的这册《大典》就是在这种情形下拣得的，估计他当时就在美国使馆。不清楚他是何时回国的，报道中说他1900年将《大典》带回美国，不知有何依据。

这册《大典》包括第10270卷及10271卷两卷，是"纸"韵"子"字头的一部分，共98页，完好无损。内容是《礼记·文王世子》"凡三王教世子必以礼乐"至"终之以仁也"部分，以及历代对这部分内容的注疏。《教世子》是《文王世子篇》内的一个小标题，并非是《礼记》的一个篇名。两卷征引的文献除了大家熟知的郑玄注、陆德明音义（即《经典释文》）、孔颖达疏外，还有宋卫湜《礼记集说》、宋黄震《日抄》（又称《黄氏日抄》）、宋黎靖德编《朱子语类》、元陈栎《礼记集义详解》、元陈澔《礼记集说》、宋朱申《礼记句解》、宋吕伯恭《音点旁注》、元彭氏《纂图注义》、史骃孙《经义》及未署名《要义》共10种。其中前5种书常见易得，此不赘述；后5种则罕见，需略加考辨。

1. 朱申（字周翰）《礼记句解》。现存四个版本。其一为日本国立公文书馆藏《校正详增音训礼记句解》，十六卷，七册，南宋末年刊本。现有杨忠、稻畑耕一郎等编《日本国立公文书馆藏宋元本汉籍选刊》（凤凰出版社2013版）影印本。其二为日本内阁文库藏《校正详增音训礼记句解》，十六卷，七册，元刊巾箱本。其三为台北"中央图书馆"藏《音点礼记详节句解》，十六卷，元初建阳刻本。其四为戴震从《永乐大典》辑出之稿本，十二卷，原稿被日本羽田亨购去，今不知收藏何处。国家图书馆藏有该本1936年的摄影本。《中国古籍总目·经部》（中华书局、上海古籍出版社2012版，第478页）仅著录了国图所藏摄影本，且将编辑者误作"戴容"。明朱睦㮮《授经图》（文渊阁《四库全书》本）卷二十有朱周幹《礼记详解》十卷，清黄虞稷《千顷堂书目》卷二有朱申《礼记详解》十卷，应为一书，幹应为翰之讹误。清朱彝尊《经义考》卷一百四十二载："朱子（申）《礼记详解》十八卷，佚。”明杨士奇《文渊阁书目》卷一：“《礼记朱周翰详节》一部三册。”《礼记详解》《礼记详节》及《礼记句解》当是一书之异称，《经义考》著录的“十八卷”应为“十六卷”之误，因为存世三种均为十六卷。

2. 吕伯恭《音点旁注》。吕伯恭即吕祖谦（1137—1181），伯恭为其字，世称东莱先生。其《音点旁注》除了《永乐大典》称引外，别无所见。《授经图》卷二十：“《礼记详节》（阙）卷，吕祖谦。”《经义考》卷一百四十二：“吕氏（祖谦）《礼记详节》，佚。”清钱谦益《绛云楼书目》卷一：“元板吕东莱《礼记详节》四册。”从朱申《礼记详节》或称《音点礼记详节句解》来看，《音点旁注》当即吕氏《礼记详节》之异称。书商为吸引买者而在书名上显示注解全面详细字样，故题名往往冗长，而称引者则多用简称，不同称引者又自定简称，造成一书有多种异名。吕书今已亡佚。

3. 彭氏《纂图注义》。中国科学院图书馆整理《续修四库全书总目提要·经部》（中华书局1993版，第548页）：“《礼记纂图注义》十三卷（钞本），元彭廉夫撰，见乾隆《钦定礼记义疏》、杭世骏《续礼记集说》。是书系辑自《永乐大典》，为《四库全书》纂修官戴震等所编。”检索国家图书馆书目，国图藏有戴震辑本之国立北平图书馆1936年摄影本。原稿下落不明。此书《中国古籍总目》失收。明焦竑《国史经籍志》卷二载“《礼记纂图》十四卷”，无著者。《经义考》卷一百四十四：“《礼记纂图》，未见。右见叶氏《菉竹堂书目》，不书撰人姓氏，未详何人。”不知此书与彭氏书是否一书。

4. 史驷孙《经义》。元王元恭《（至正）四明续志》（明抄本）卷二《进士》载：“史驷孙，字车父，鄞县人，弥巩曾孙，授承事郎国子助教。”著《经义》者当即此人。其字清徐氏烟屿楼刻本作“东父”。按：名驷字车，意义相关，东则无涉，应为形误。元袁桷《清容居士集》（《四部丛刊》景元本）卷四十三有《祭史车父助教》文，云：“呜呼车父，色苍而貌淳，规矩不逾于常人。其考经也，守儒先之说，罔敢越逾。”可为佐证。清陈元龙《历代赋汇》卷五十收录其《阳燧赋》一文。《经义》未见记载。

5. 《要义》。《大典》征引文献，凡著者明确，皆举姓名，唯此书不举，未明其故。观其所引文句，如：“释奠有六，释菜有三。”“天子内外朝及诸侯之朝，五牲属五行，马属火。”均见宋魏了翁《礼记要义》卷八，则其为魏了翁《礼记要义》无疑。《礼记要义》三十三卷，国图藏有宋淳祐十二年魏克愚刻本(缺卷一、卷二)，并有多种影印本及重刻本。

新闻报道中说这册《大典》“包括4部现已完全失传的文献”，由上可知，完全失传者仅吕伯恭《音点旁注》与史驷孙《经义》两种。

关于《思适斋书跋》辑本的公案

林振岳

顾广圻为清代校雠名家，叶昌炽《藏书纪事诗》云“误书细勘原无误，安得陈编尽属君”，说的就是他“以不校校之”的校勘理念。顾校顾跋的书，在藏书家和学者之中很受追捧。然而顾氏题跋于其遗集收录不全，民国时始有学者从原书中辑录，有过王欣夫、陈乃乾、蒋祖诒三个《思适斋书跋》辑本。而三个辑本几乎在同一年中出现，引起一时艺林物议。

民国的三个《思适斋书跋》辑本，先是密韵楼后人蒋祖诒会辑、书商邹百耐增补的《思适斋集外书跋》，1935年由邹百耐百拥楼铅印发行。不久王欣夫先生所辑《思适斋书跋》（王氏学礼斋刻本）也刊版印行。与此同时，陈乃乾则声称曾辑录顾跋，并已具成书，而在前两种辑本出版后，陈辑本放弃了出版。三本同现，且陈乃乾自称辑录在先，免不得引起外人的些臆测。

民国二十四年蒋辑本刊行时，王欣夫先生辑本雕版已竣但尚未刷印，而坊间已有传闻，知有二家同辑顾跋。1936年1月30日《大公报》图书副刊载圻君《顾千里书跋之辑刊》一文，质疑“王、邹二氏系姻娅至戚，向多往还，今同拜挹涧蕡，同为涧蕡功臣，何若未相知者”。不久，《逸经》杂志第一期又登出白蕉《关于顾千里书跋之辑刊》一文，声称王、蒋辑本皆出自陈乃乾辑本。白蕉文中称陈氏从事于十五年前，后副本被蒋祖诒借去，久索未归。继而宗子戴刊小丛书，欲将陈辑本刻入，而不久子戴弃世，书未及印行。子戴之子宗礼白将此稿转赠王欣夫，欣夫木刻工尚未毕，而苏州百拥楼主人邹百耐铅印书先出云云。

圻君的文章登出后，周叔弢、顾廷龙先后将此文寄给王欣夫。欣夫先生作了《辑刊顾千里先生书跋、集外文之经过》一文，拟在《大公报》发表。当时尚未有跟陈乃乾辑本之纠纷，故仅述己本与蒋本之情由。欣夫先生文中称，民国二十二年（1923）同邹百耐同至松江韩氏读有用书斋观书，摘抄其藏书中黄跋数十种。其后韩家藏书出售，由邹百耐经纪，欣夫先生又请邹氏代为补钞黄跋、顾跋，邹氏允之，但未有只字寄来，随后邹百耐即同蒋祖诒合出《思适斋集外书跋》。然而欣夫先生此稿尚未刊出，而白蕉之文又揭载，宣称两种刊行的顾跋皆袭自陈辑本，王乃将前文改为《书〈关于顾千里书跋之辑刊〉后》，作为对白蕉一文之回应，刊登在同年7月《逸经》杂志第十期上。

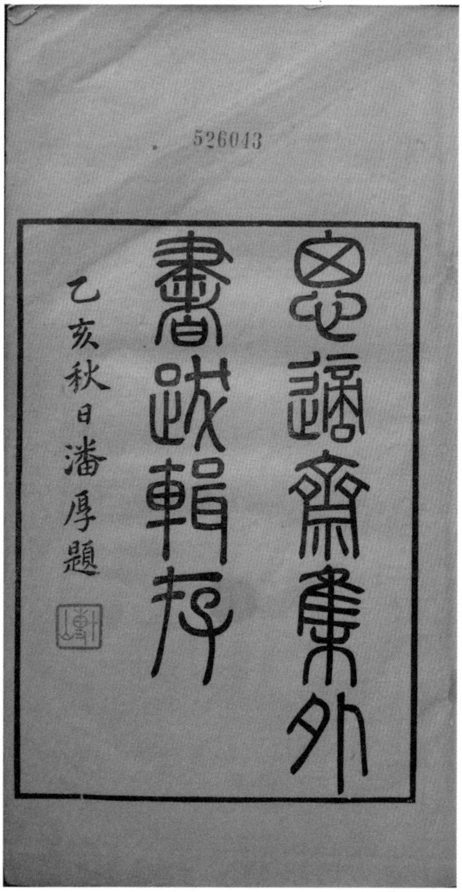

蒋祖诒、邹百耐辑《思适斋集外书跋辑存》内封

白蕉所述，大概闻自当事者陈乃乾。陈乃乾在蒋、邹辑本印出后，曾致函欣夫先生，质问其事。欣夫先生《书〈关于顾千里书跋之辑刊〉后》附录有陈氏两函，颇能见当时之实情，今摘录如下：

（上略）宗君礼白云，拙辑顾跋，已归郇架（案此言陈君有误，已详前）。方冀大著刻成一读，不料百拥楼先有印本，而署名者乃为蒋榖孙，真非意料所及也。弟辑顾跋，已历十余年，孙星如、傅沅叔、丁芝孙诸先生，皆尝助弟采辑，而邓孝先[先]生为署签，亦几十年矣，手稿尺牍，一一俱在。此类捃摭旧文，本不足言著述，署名与否，无关得失，惟以十余年心力所聚，乃使□□□安坐而居其名，斯亦奇矣。兄辑此书，自与弟不谋而同，且亦非彼此抄袭者，惟他日出书时，势必大部与百拥楼雷同，则后人或转以兄为抄袭矣。故弟意兄书刻成后，宜作序直言得弟稿于宗君而加以校补，则真相可白矣。（下略）

案此函为欣夫先生节录，“上略”“下略”皆原文如此，括号内为欣夫先生案语。陈乃乾的辑本，本欲由宗子戴刊入丛书。宗子戴辑刊《咫园丛书》，仅刊完三种而弃世，其子礼白继绍父志，但亦仅仅续刊两种即止，陈乃乾所辑顾千里题跋未能刊出。陈乃乾以为自己的辑本由宗礼白转赠给了王欣夫，而欣夫以之为底本，加以增补，故生此问。陈氏以世间所行二本皆出己辑，而己辑本反而泯没不闻，不免心中怅怅。

欣夫先生有一函覆陈乃乾：

乃乾先生足下：

昨奉手书，谨悉一切。拙辑顾跋，亦从事于十余年前，共得六卷，较蒋本两倍之，剞劂已成，以求减少差误，故暂迟印行。尊辑本前在礼白兄处确曾见过，但并未见归。当时因尊辑本完全为弟所已有者，仅校本《易林》一种所尚缺，偶为抄存。后见千里原本，则尚有题识三则，为尊辑所未及。至蒋、邹辑本，弟并未前知，至出版后始见之，然方以世有同好，俾千里之业，光垂不朽为幸。盖辑录之学，势不能不雷同，不妨闭门造车，出而合辙，而被以抄袭之名，亦不足为病。尊辑何不亦付印行，则千里文字多一刊本，即可多一本流传于后世。弟意刻书当为古人计，区区附骥之名，本不足轻重也。质诸高明，以为然否。

欣夫先生回信，自述已辑顾跋亦有十余年之久，并非是窃取其辑本而增补。陈辑本确见过，系宗礼白告知，而介瞿凤起借得一观。见有同道，自免不了比较异同，取长补短。与陈辑本对比，只有《易林》一种未收。而后又见到顾千里批《易林》原本，发觉陈辑也失收三条（此三条蒋辑本已补收）。观后即奉还，并无将此稿转赠之事。

陈乃乾了解实情后，即回一函，文字之间，颇有歉意：

（上略）顾跋之刻，早愿让人，近五年来，不再留意于此，故近年发见者，均未抄存。且所辑皆易见之书，其为足下已备，当无疑义。……至于署名问题，弟本早以让之宗公（案此谓宗子戴先生），不愿自承，今乃为他人不劳而获，是弟愧对宗公于地下，未免怏怏，而杞人之忧，或恐累及盛名，故函告如前。（下略）

由此可见，王、陈两种辑本，都是从事于十多年前，不谋而合，但是各自单独完成。由于未通声气，所事雷同，本亦无妨。如欣夫先生信所言，“盖辑录之学，势不能不雷同，不妨闭门造车，出而合辙”，可并行于世，读者取长补短即是。而蒋祖诒的辑本则不同，此君不劳而获，窃取陈乃乾的辑本冠以己名行世，参照陈巨来《安持人物琐记》记密韵楼后人一文所云种种不齿行当，信乎确有其事。

至于已刊之顾跋二本，欣夫先生文中谓：“蒋、邹之辑刊，予绝未前知。及出版后，取与拙辑核对，则只有《丁鹤年集》跋一种，为拙辑所无，因雕版已竣，不再补入，以各存真面，但尚俟校勘，故至今未能印行。白蕉君既未见拙刻，何从断其原出陈本，如因既见蒋、邹本与陈本雷同，而遂一概抹煞及于尚未出版者，则似非通论。”今对比王、蒋二本之目，王本所辑条目，倍于蒋本。即所录题识文字，亦较蒋本详尽。如元刻本《诗外传》十卷顾跋“字句多寡，与诸子书每相出入”，蒋本无“多寡”二字。景宋钞本《仪礼要义》，蒋本仅收卷三十四和卷三十七后题识两条，而王本多收题识六条。

思適齋書跋卷一
元和顧千里撰　吳縣原籍秀水王大隆輯
經部
尙書譜不分卷明鈔本
嘉慶壬申十月讀於江寧寓中顧廣圻記
此旌德梅氏鷟之尙書譜也鷟明正德閒人驗鈔本字蹟尙屬出於明代之手宜其校尋常鈔本獨勝矣廣圻又記
惟人心惟危一條脫去後半當用別本補又次序亦宜更正念茲在茲一條亦係重出未删餘皆迴出新本上
思適齋書跋卷一　一

王欣夫辑《思适斋书跋》首页

欣夫先生辑录黄跋、顾跋同时，皆在十余年前已着手。及黄跋付刻，又附刻征求顾跋小启，海内藏书家络绎抄寄，搜罗最为赅备。“予辑顾跋，与补辑黄荛圃跋同时，其先得章式之先生之怂恿（见《燕京大学图书馆馆刊》所载章氏《题词》），至丁芝孙先生，固于十年前已将所藏抄示。他若傅沅叔、张菊生、邓孝先诸先生，均将所藏所见抄与，傅先生并为撰序（刊载《国闻周报》中之《藏园群书题记》），张先生为署签，皆可证也。”（《书〈关于顾千里书跋之辑刊〉后》）故欣夫先生辑本印行之后，世人言《思适斋书跋》只知有此本。而未刊行的陈乃乾辑本，窃名的蒋祖诒、邹百耐辑本，不为学界所重，此段公案也渐渐不为人知。今述其原委如此，以为书林之谈助。

周叔弢早期译作《人心能力论》

张磊

周叔弢先生是著名藏书家，他的自庄严堪收藏在近代北方与李盛铎的木犀轩和傅增湘的双鉴楼齐名。周叔弢先生晚年将毕生收藏全部捐献给国家，这种化私为公的高尚品德一直为后世颂扬。从周叔弢先生对古籍的鉴赏和撰写的题跋中，可以看出其深厚的国学功底，但是《人心能力论》这部译作却为我们展示了周叔弢先生学识修养上融汇中西的另一面。

《人心能力论：论意力能制病情》为“哲学丛书之一”，康德著，1914年上海商务印书馆铅印本。

康德（Immanuel Kant，1724—1804）德国思想家、哲学家、天文学家，是德国古典哲学的创始人。主张理性应以人为中心，他对情感、意志等方面的理性探讨，对潜意识领域的初步思考，直接导致了现代西方哲学对人的非理性精神活动的多层次、多方面研究。梁启超在《近世第一大哲康德之学说》中，把康德称为近代西方第一位伟大的哲学家，称康德是“百世之师”，是“黑暗时代之救世主”。

本书由周叔弢先生与德国牧师尉礼贤（1873—1930，又称卫礼贤或魏礼贤）合译。

尉礼贤原名理查德·威廉（Richard Wilhelm），是德国新教传教组织同善会派往中国的传教士，自1899至1920年期间一直旅居中国，潜心研究中国传统文化，对中国文化有独特而深刻的认识，成为“伟大的德意志中国人”（杨武能《卫礼贤——伟大的德意志中国人》，《人民日报》1990年2月22日），是二十世纪初叶蜚声欧美学术界的著名汉学家。尉礼贤翻译了许多中国古代代表性学术典籍，如《易经》《论语》《孟子》《道德经》《庄子》等，著述涉及中国文化的许多层面，这些著译受到西方学术思想界的高度重视，对西方整个社会思潮产生了深远的影响。

此书最初是康德答复胡斐兰的书札。胡斐兰（Christoph Wilhelm Hufeland，1762—1836，或译作胡费兰）为德国著名医生，柏林大学医学教授。他曾经就医生的医德修养问题写过一篇座右铭，共十二条，后人称之为“胡氏医师十二箴”。

1797年，胡斐兰以自己的著作《长生术》赠康德，康德回文答复。整篇文章虽然仅七千余字，但篇章明晰，如同一部完整的专著。胡氏认为这是康德的晚年著述，文章中的主张与他在《长生术》中的观点相得益彰，可以使人达到心神与形体统一的境界，因此公开发表行世。

《人心能力论：论意力能制病情》正文前有张士珩序文，次为原作胡斐兰序文，末附劳乃宣跋文。正文包括：导言；一、卫生之宗旨；二、论幻想之病；三、论眠睡；四、论饮食；五、论防思想不时之病情；六、论调息可以防病治病；七、论闭口呼吸之后果；八、论用心之事与老年。共九部分。

书中大字为康德原文，小字为注释。注释分为三种：康德自注，胡斐兰注释和译者注释。注释内容各有侧重，康德自注主要是对原文内容的进一步阐释，胡斐兰注释侧重用医学原理予以说明。译者注释涉及的层面比较多，包括将康德理论与中国传统文化理论对照融合，方便中国读者的阅读理解。如在论心能自主其乐时解释说“此即孔子‘发愤忘食，乐以忘忧，不知老之将至’（《论语·述而》——笔者注）之意”。在“论眠睡”一章中注解康德对梦的阐述时说“此论与庄子至人无梦之说似相反而实相通”。康德“论饮食”中谈到老年人喜食厚味，注者言“此与孟子七十非肉不饱之义相发明”。也有运用民间土方说明的，如康德在谈老年性咳嗽时说可以通过闭口用鼻呼吸和转移注意力克服，而无需服药。译者言“中国有思忘事可以止呃之说，与此相近”。其他还包括康德逸事等，既提高读者的阅读兴趣，也增加了对康德的了解。

本书论述的重点是人的意志力对身体的影响，康德认为，客观积极的面对身体中的某些不适，完全可以用意力克服，这种方法是是适用于大众的。

据胡斐兰序文言，此文撰于1797年，当时康德已经七十四岁高龄。他像对待哲学那样，总结自己的生活经验，通过自己的经验来阐述心灵控制病体感觉的能力。心灵的能力是康德哲学思想的核心所在，这篇文章从不同方面论述了心灵对身体的影响。康德晚年曾经期望能够总结出一套“饮食起居学”，然而并未如愿完成，但是通过这部译作，我们可以看到，他以自己独特的生活体验，运用哲学的思维方式，帮助人们审视自己的身体，并提出了一系列他认为可能的医学观点。在文章的最后，康德对自己的养生经验进行总结：

以克己之法，延以衰弱之身，至于耄耋，以错人寿册之算也（人寿册，以中寿大概之年数为平均。康德自注）。胡为乎以我之定意，加乎人所崇信之命运；胡为乎立理性治病之论，而人则不能率行，仍依医药之方也，此则余之过也。

1911年辛亥革命以后，周叔弢先生随祖父住在青岛，结识了正在青岛传教的尉礼贤。尉礼贤的工作原本是到中国来传播基督教，但却被中国的传统思想学说所征服，转而翻译、研究了大量的中国典籍，成为著名的汉学家。当时周叔弢先生向尉礼贤学习德语，在尉的指导下，接触到康德的著作。二人各取所长，合作翻译了这部著作。

周叔弢先生早年曾罹患肺病，身体条件并不好，一生经营实业，操劳辛苦自不待言，却能寿享93高龄。许多人曾问他的长寿秘诀，周先生的答复是“心胸开朗，不钻牛角尖，有节制，不过分”。心胸开朗自然不钻牛角尖，这是长寿者普遍具有的共性，“有节制，不过分”则可以看做是周叔弢先生独特的养生之道，这一点与康德的“以克己之法，延以衰弱之身”颇为相同。

康德著作以文字晦涩难懂而著称，但这部译作不受原语束缚，语言流畅，平实易懂，充分体现了周叔弢先生扎实的语言功底和广博的知识积累，特别是注释中以中国传统的儒、释、道思想进行解释，使西方学说与中国文化有机融合。

该书1914年由上海商务印书馆首次铅印出版后，1915年再次印刷，1916年第三次印刷，至1925年已经印刷六次（第四、五版时间未详）。据国家图书馆数据显示，1987年建德周氏以1916年第三次印刷版为底本再次影印出版。

周叔弢先生与尉礼贤本来还计划共同翻译《康德传》和康德的《纯粹理性批判》二书，但是因为世界大战爆发，尉礼贤离开青岛回国而作罢。这部译作不仅向我们展示了周叔弢先生积极接受新事物、新知识，海纳百川的品格，也使周叔弢先生成为最早用中文翻译康德著作的人。

王同愈藏书印考述

曹鑫

王同愈（1856—1941），字文若，一字栩缘，号胜之，别署栩园、栩缘老人、栩栩盦主人。原籍江苏元和（今江苏苏州），民国十五年（1926）迁上海南翔，卜居槎南草堂。光绪十五年（1889）进士，改庶吉士，散馆授翰林院编修。光绪二十三年（1897）至二十六年（1900）官湖北学政。光绪三十二年（1906）任苏省铁路公司协理，与张謇、张元济、盛宣怀、顾鹤逸等多有来往，并作为江苏代表赴京谈判，为苏浙保路运动贡献颇多。宣统二年（1910）正月官江西提学使。精算学，工书画。著有《说文检疑》《栩缘日记》《校士算存》《选砚刍言》《栩缘随笔》等。

王同愈多年游历仕宦，搜访精善，兼之友朋相赠，藏书凡百箧，计七万余卷，名其藏书处曰栩栩盦。其中宋元本、名人稿本、精抄本、批校本、和刻本均有不少，如南宋绍兴三十一年（1161）建阳陈八郎刻本五臣注《文选》三十卷、惠栋遗稿《汉事会最人物志》二卷等。后因时局动荡，其藏书开始大量流散。王謇《续补藏书纪事诗》“王同愈”条云：“抗战以还，国中不靖，迭经忧患，遗书之存其外孙顾氏辟疆园者，闻亦论秤而尽矣。”《邓之诚文史札记》载录有王同愈卖书单，“（民国二十九年）十一月二十二日，田洪都来，以王同愈所卖书目见示，南宋刻《柳集》、元刻《刘评杜诗》皆索价三千，无从赞一词。平心论之，其价并不贵也”。

今王同愈藏书流散海内外，以复旦大学图书馆所藏为最，至少六十一部，上海图书馆次之，至少二十部。又无锡市图书馆藏有明万历刻本《周易旁注会通》十四卷及明万历刻本《见罗先生书》二十卷，中国国家图书馆藏元刻本《集千家注分类杜工部诗》二十五卷，北京大学图书馆藏明万历刻本《易学管见》四卷，台北“中央图书馆”藏有南宋陈八郎本《文选》三十卷及明汲古阁影钞宋本《盘洲乐章》三卷等。另外，私人藏书家亦有收藏。拍卖市场曾现《春秋经传集解》三十卷、《尔雅翼》三十二卷、《字鉴》五卷、《佩觿》三卷、《古文释义新编》卷五、《语石》十卷、《钦定四库全书简明目录》二十卷、《庄子集释》三册、《緦园烟墨著录》一册、《端溪砚史》三卷、影宋刻《梅花喜神谱》二册、《皇明世说新语》八卷、《南宋文范》七十卷、《分类补注李太白诗》二十五卷、《存复斋文集》四卷、《杜工部集》二十卷、《敬业堂诗集》五十卷、《渔洋山人感旧集》十六卷、《唐文粹补遗》二十六卷、《棣华馆小集》一卷、《洪龟父集》二卷、《宋人小集补》三册等王同愈旧藏。

王同愈所藏善本秘籍朱印灿然，《陈巨来治印墨稿》《安持精舍印冣》等收录陈巨来为王同愈所刻印鉴之印蜕，《黄牧甫印存》《黄牧甫流派印风》等收录黄牧甫为王同愈所刻印鉴及边款。《中国藏书家印鉴》《中国书画家印鉴款识》《近百年书画名人印鉴》《近现代书画家款印综汇》《中国鉴藏家印鉴大全》《二十世纪中国书画家印款小辞典》等印鉴汇编收录“元和王同愈”“王同/愈”“王/同愈”“同愈所作”“己丑翰林”诸印，《中国藏书楼》等藏书史论著收录“小人有母”“精本”诸印，“真微印库”“中国历代人物印鉴数据库”等网络印库收录“胜之手拓”“王季孺”诸印。然因以上图书或数据惜均为选编，故所阙甚多。而且王同愈所作书画、拓片亦有钤印，如《栩缘画集》收录其画作十幅，均钤印累累。

同时，王同愈所藏善本秘籍多有前人守藏之印，如徐乾学、王芑孙、汪阆源、叶雨邨等印鉴，可上溯藏书源流；亦有后人递藏之印，如吴湖帆、蒋祖诒等印鉴，可下及藏书归宿。今汇辑王同愈藏书印45方，谨述如下：

一、形制

（一）长形印，如“精本”“小人有母”“王氏书库”“栩栩厂收藏印”“元和王氏图书记”诸印。

（二）方形印，如“胜之长年”“槎南草堂”“我思古人”诸印。

二、版式

（一）凸版阳文印，如“精本”“小人有母”“王氏书库”诸印。

（二）凹版阴文印，如“栩缘印信”“我思古人”“王同愈印”“多见名山大川”诸印。

（三）凹凸相间阴阳文印，如陈巨来所刻“王同愈”“王胜之”诸印。

三、边格

（一）朱文类边格

1. 朱文粗边边栏，如“胜之一字栩缘”“栩缘”“胜之”“精本”诸印。

2. 朱文细边边栏，如“王同愈印”“王氏书库”“栩缘所藏”“栩栩厂收藏印”“槎南草堂”诸印。

3. 朱文长方形边栏，如“元和王氏图书记”。

4. 朱文栅栏式格边栏，如“栩缘”“栩栩盦”诸印。

5. 朱文双边日字格边栏，如“王氏书库”。

6. 朱文借边边栏，如“小人有母”。

（二）白文类边格

1. 白文留红边栏，如“王同愈印”“我思古人”诸印。

2. 白文逼边式边栏，如“王同愈印”“栩缘印信”“元和王同愈”诸印。

3. 白文口字形边栏，如“胜之”“栩栩盦”“王胜之”“多见名山大川”诸印。

4. 白文栅栏式格边栏，如“胜之”“王同愈”诸印。

（三）混合类边格

仅见朱白混合式格边栏，如陈巨来所刻“王同愈”“王胜之”诸印。

四、字体

（一）小篆，王同愈印鉴多为黄牧甫、陈巨来所刻元朱文，故多以小篆入印。

（二）殳文，仅见“王胜之印”白文方印。

（三）金文，仅见“多见名山大川”白文方印。

五、印文

（一）以姓名字号为印文，“同愈”“王同愈”“王同愈印”“王同愈印信”“胜之”“王胜之”“王胜之印”“胜之一字栩缘”“栩缘”“栩缘印信”。

（二）以籍贯里居为印文，“元和王同愈”“槎南草堂”。

（三）以科第际遇为印文，“己丑翰林”“小人有母”。

按：王同愈为光绪十五年（1889）己丑科殿试二甲二十二名进士，授翰林院庶吉士，故有“己丑翰林”印。

王同愈十六岁亡父，其母于光绪二十八年七月廿九（1902年9月1日）过世，《栩缘日记》卷二云：“壬寅七月廿九，延至巳刻，竟弃不孝而去矣。”“小人有母”当为1902年9月之前所用之印。

（四）以收藏鉴定为印文，“栩栩盦”“栩栩厂收藏印”“王氏书库”“王氏秘匧”“栩缘所藏”“栩栩盦长物”“元和王氏图书记”“精本”。

（五）以志趣为印文，“我思古人”“多见名山大川”。

（六）以吉语为印文，“胜之长年”。

另有“同愈所作”“胜之手拓”“吴县王同愈书画文字记”三印，为王同愈所作书画、拓片印记。其中，“胜之手拓”为黄牧甫所刻朱文方印，与“吴氏吉金”朱文方印为二面印，边款题“胜之手拓吴氏吉金，属作印记之，陵”。

六、用印特点及实践

（一）并非藏书必有印记。王同愈藏书百箧，多于善本书上钤印，且多有“王氏秘匧”“王氏书库”“栩缘所藏”“元和王氏图书记”四印，并于藏书签条上钤“王氏书库”或“栩缘印信”，部分稿本、抄本钤有“精本”。普通典籍多无钤印，仅夹有“栩栩盦臧”长形藏书签条或“栩栩厂藏”方形藏书签条，现存部分普通典籍连藏书签条亦无，盖佚失，抑或本无。

（二）丁忧时用墨印、青印。宋元以降，居丧期间钤盖私印不得用朱红色，须以墨印代替，称之为“丁忧印”。而且，明清时期凡遇国丧，百日之内官印改用青色（石蓝色），民间居丧期间亦有用青印（一说闲章亦有用青印者）。王同愈“栩缘印信”“栩栩盦”“栩缘印信”“王同愈印”“胜之”“栩缘”诸印皆有青印用例。

（三）因景仰一人而专刻一印。复旦大学图书馆藏清嘉庆八年簳山草堂刻本《陈忠裕公集》三十卷，一函十册，内封题“蕉雨轩藏本”。书中钤有“我思古人”“多见名山大川”“王同愈印”“栩缘印信”“栩缘”“胜之”“王同愈”诸印，藏书签题“《陈忠裕公全集》三十卷附首末二、年谱三，明陈子龙，簳山草堂本，十二册，栩栩盦臧”，且钤“栩缘印信”青印。是书每册卷端均钤“我思古文”印，且书内陈子龙像等处亦多有“我思古人”印，强烈表现了王同愈的志趣和情感。

（四）同一印文而风格多样。王同愈藏书印印文多样，即使是同一印文，亦有不同风格之印鉴，如“王同愈”“胜之”“栩缘”“王胜之”“王同愈印”“王氏书库”“栩栩盦”“己丑翰林”诸印文均有多样印风，其中印文为“王同愈印”“胜之”者皆有六方。

七、印鉴来源

王同愈的印鉴来源多为皖派黄牧甫、浙派陈巨来所刻，且黄牧甫、陈巨来等印谱留存有为王同愈所刻印蜕及边款。

（一）黄牧甫治印

“王同愈印”朱文方印为黄牧甫四十岁时为时年三十四岁的王同愈所刻，边款署“胜之仁兄书篆，属黄士陵奏刀”。

“王同愈”白文栅栏式格边栏方印亦为黄牧甫四十岁时所刻，边款署“粤抚吴公迁官河道总督，幕府胜之孝廉将与谐行。古人临别赠言，《老子》曰：‘仁人报人以言，富人报人以财。’陵以雕虫小技奔走于贵官之门，何敢言仁。亦视己所有者以送君行，即以就教，幸无借金玉。士陵记。时光绪十四年七月，同客羊石。”

“胜之长年”朱文方印为黄牧甫四十岁时所刻，边款署“戊子春三月，穆父作于羊石”。

“胜之”白文栅栏式格边栏系黄牧甫所刻，边款署“儗玉古鉨意，牧甫”。

“元和王同愈”白文方印系黄牧甫四十二岁时所刻，边款署“庚寅正月，牧甫”。

“胜之一字栩缘”朱文方印系黄牧甫四十二岁时所刻，边款署“胜之先生入翰林，黄士陵作此致贺”。

（二）陈巨来治印

“王同愈”“王胜之”两朱白文方印系陈巨来约十七岁时为王同愈所刻。

“王同愈印信”白文方印为陈巨来所篆。

“胜之”白文口字形边栏方印、“王同愈印”白文方印亦系陈巨来所刻。

八、印鉴风格

王同愈引见风格多为元朱文，亦有古鉨、汉印风格。

（一）古鉨，如“胜之”“王胜之印”“多见名山大川”诸印。

（二）汉印，如“胜之”“王同愈”诸印。

（三）元朱文，如“栩缘所藏”诸印。因为王同愈治印者如黄牧甫、陈巨来皆为元朱文大家，故其印鉴多为元朱文。

综上所述，王同愈藏书印风格多样，不仅可以根据印章查考其藏书史实，还可以根据印章边款考察其生平、交游等情况，是研究王同愈的重要印记。

文献拍卖应价技法举要

鲍国强

文献竞买也是一项系统工程。从拍品查重、考察原件、确定限价、应价竞买、验收标的等一系列环节来看，应价操作是决定竞买成败、拍品花落谁家的关键环节，轻视不得。文献竞买又是瞬息万变、制约众多、具有法律效力的商业竞争过程。所谓“瞬息万变、制约众多、具有法律效力”的特点，最终就体现在应价操作这一环节上，竞买者压力沉重是可想而知的。笔者试就“应价技法”这一问题谈谈自己的体会，并请同道教正。

从实际操作来看，应价技法是为适应特殊的竞买要求归纳出来的。因为在资金能够保证的情况下竞买，你的应价牌一直举着就是了，等到拍卖师落槌再放下也不晚。这种情况并非不可能，因为国内文献总体购买力相对较低，其市场行情与国际市场相较也是低了不少。甚至是国内的珠宝或书画竞买资金有一两家转向某场文献拍卖会，就可把全部拍品席卷一空。而在有限价但成交意向不强烈的情况下竞买应价，买得着就买，买不着拉倒，这也省事，能举就举，超过限价也就罢了。这两种竞买文献的做法，均不太需要考虑应价技法问题，差不多是个人就会干。如果购书经费不能随意使用，竞买应价须受限价控制，绝对不能逾越，还要求尽量多地买回拍品；如果有把握低于限价成交，则要求尽可能地节约购书经费。这些都是拍卖会文献竞买者的特殊需求。笔者所说的应价技法，就是与这种特殊需求相对应的。

1. 步步为营法

或一开始就参与竞价，或中途加入竞价行列，总之是一举一个阶梯，逐阶提升价位，稳扎稳打，决不冒进。此即步步为营法。使用此法有可能在最低的价位成交，可尽量多地节约购书资金。此法可用于估计成交价不会太高的拍品，但比较费神，有时需要耐心地打持久战。笔者在竞买《张伯驹先生往来信札》（现代写本，一册，无底价）时采用了此法。起拍价是50元，竞争者不多，笔者随之应价，以后100元、150元、200元地举牌，对手举了120元、180元等，最后在620元成交。此时离限价尚有1380元差距。

2．零打碎敲法

以小于一个阶梯的金额应价。此时除了举牌，须加上口头说明加价金额，让拍卖师明白是小于一个阶梯应价并确认有效。此即零打碎敲法。此法可为购书者省钱，然要想好了再说，否则容易口误出错。实际操作中，别人怎么用此法都没问题，自己只可偶尔为之或间隔出手，尽量避免频繁或连续使用，否则会引起拍卖师和其他竞价者反感，有损自己的品位和形象，甚至遭到拍卖师拒绝。一般是等到对手到了强弩之末、价位上扬势头渐弱而自己尚有余力时采用此法。此时极易落槌成交。不过使用此法也要看具体场合。假如拍卖会档次较高，阶梯金额大，使用此法的加价金额也不宜过小，反之则无所谓。笔者在竞买林语堂撰《锦秀集》（民国三十年朔风书店初版，一册，英汉对照）时采用了此法的小额加价。起拍价是100元，至应报200元时许久无人应价，待笔者欲举牌时，有人出手应此价，估计此价已接近对手上限，距成交价不会太远，故举牌时言明只加10元，果然在210元价位槌声响起，为购书者节约了290元。

3．半路出价法

伺机在竞价途中开始举牌，切入竞价行列。此即半路出价法。此法适用于竞价激烈、举牌过程较长的拍品。自己大可不作无谓竞争，在竞价前期休息一下，养精蓄锐，不过不能忘记要盯住竞价进程。等到大部分竞价者被淘汰，自己尚有余地，此时应寻找切入时机，果断举牌入局。这样有限的精力就可用于有效的竞争上。此时出价，极有可能对幸存竞价者产生威慑力，打乱他们的举牌步骤，以便乱中取胜。但入局时机一定要与轮空的间隔设计统一，若不一致，必须马上调整过来。此是常用之法。

4．敲山震虎法

每举不顾阶梯，申明出价提高一大步。此即敲山震虎法。此法可以每举必“敲”，或间歇性“敲”一下。然既要敲山震虎，其出价必是震慑性价位，目的是表明自己强大的资金实力，让对手知难而退，即不苦战而屈人之兵。使用此法的前提是自己的限价颇具实力，不想与对手多耗时间和精力，不过一定要记住自己是在限价前大步提价，不能一时激动跨过了限价，误了大事。其次是估计拍品价值点和落槌点尚远情况下使用此法，否则容易浪费购书资金。倘若已收奇效则罢，假如"敲"了几次而对手不为所动，仍在死缠烂打，应及时改用其他技法，避免越过应有的落槌点太多。笔者在竞买清郑大谟撰《青墅诗钞初刻》（清刻本，二册）时采用了此法。200元起拍，均几十几十地加，至500元的价位后，笔者连"敲"三次，每次加100元，对手起初不为所动，还是每次加20元，至800元对手不再举牌，笔者离限价还有100元。

5. 追身紧逼法

应价牌一直高举，每次随阶梯出价，不为应价形势变化所动。此即追身紧逼法。此法须有强大的资金实力作后盾。应用此法的目的只有一个，就是在无言地向对手示威："我是志在必得，你趁早歇了罢！"具体做法有二：一是始终举牌，直至落槌。这是全场紧逼。二是实际上有限价，无非是比较高，一旦竞价等于限价，他也就不再举了。这是尽量紧逼。不过，此法效果很好。谁若知道有人一直与他对着举牌，从未放下，后脊梁骨一定有冷飕飕的感觉，往往提前偃旗息鼓，使用此法者就能省一些购书资金了。笔者见境外竞价者常用此法。

6. 悬崖勒马法

先前任凭人家应价牌此起彼伏，自己坐山观虎斗，待竞价硝烟渐散，在拍卖师说完"最后一遍"落槌前巡视全场时再举牌出击。此即悬崖勒马法。此法是半路出价法的进一步发展。实行此法须把握两点：一是手握较高的限价或是有权无限制地使用资金，方能潇洒一回，不劳而获；二是要紧盯竞价进程，选好切入时机，给人以致命一击，捞人囊中之物据为己有，倘若因瞬间愣神而漏举，一旦槌响，只能徒生懊悔了。若限价没有足够高而实行此法，结果依然是竞买失利，但也能坐收节省精力之效。笔者在竞买《白喉治法忌表抉微》（清光绪近思斋刻本，一册，无底价）时采用了此法。开始静观周围竞相举牌，上扬至180元价位时，只有一人尚在应价，拍卖师在说完"最后一遍"后举槌前巡视场上，笔者即以200元应价，全场无人再应，遂收事半功倍之效，时距限价尚余400元。

7. 起死回牛法

开始时对手少，已参与竞价，对手忽然多了，则可暂息，待至竞价尾声时再次出击。此即起死回生法。此法与半路出价法和悬崖勒马法有些相仿，只是先争后暂息，以求节省精力和给人弃拍假相之效。使用此法要注意选择再次入局的战机。另外，除非别人的竞价超过己方限价，否则绝对不能错过二度举牌的最佳时机。笔者在竞买鲁迅著《中国小说史略》（1932年上海北新书局第八版，一册，毛装本）时曾用此法。起拍价100元曾举牌应价，后见对手甚多，竞买激烈，遂暂时歇息，待价位升至380元时，举牌之手已稀，便决定再次入局：400元。对手又应420元，笔者毫不犹豫地举牌：450元，对手偃旗退下，遂收柳暗花明之效。

8. 反客为主法

将价位提升轨迹纳入事先设计好的最后能够占据限价高地的轮空应价轨道。此即反客为主法。拍卖会上，拍卖师占据中心位置，主导拍品竞价走向，竞买者往往处于客位的劣势。面对众多买家和颇具实力的竞争对手，自己也会情不自禁地滋生单枪匹马和身处劣势之感，当己方限价和资金不太硬气时尤其是这样。然寻求主动出战，占据主导地位，让对手和拍卖师循着自己事先设计的价位提升路线走向限价高地，是竞买应价者改变自己境遇的有效途径，也是反客为主法的精髓。这是一种值得追求的理想化竞买方式。使用此法可能出现两种情况：一是己方一直占据原先设计的竞价提升轨道；二是有对手应价偏离应有轨道，需当即调整出价策略，再次抢占原有轨道。实行此法的前提是在拍品开拍前，设计好最后能够占据限价高地的轮空应价轨道。笔者在竞买徐沅青撰《敬乡笔述》（清宣统刻本，四册）时曾用此法，只是因限价问题最后未能拿下。此书起价为300元，事先设计的轮空应价轨道为600元、620元轮空、650元、680元轮空、700元、720元轮空、750元、780元轮空、800元（限价位）。此中没有使用敲山震虎法的原因是估计600元以上随时可能落槌，不宜大幅度提价，以免浪费购书资金。对手和拍卖师倒是循着自己事先设计的价位提升路线走了，笔者已顺利占据800元这个限价高地，拍卖师也说了“最后一遍”，笔者在全场煎熬中静等了数秒钟，偏偏对手的应价牌再次举起，并言明加价至860元。这就使笔者无能为力了。

9. 当头棒喝法

大步踏进，一步到位，抢先占据限价高地。此即当头棒喝法。此法是在敲山震虎法基础上前进一步，一举占领限价高地，与对手在悬崖陡壁上边作最后的搏杀，意图是逼迫对手顿生惧意退下。当头棒喝法是改变以前参拍时让对手在己方限价价位上抢走拍品状况的有效良方。其实施方式有二：一是在自己应价过程中，突然根据需要抢先占领限价高地；二是看准时机，首次出价即抢占限价高地。此中所谓需要就是估计落槌点与自己的限价接近，否则会过早暴露实力，或多花购书资金。它的作用也有二个：一是把限价当作震慑价位，在抢占限价制高点同时显示自己还有实力，给人以极大的威慑感，使对手知难而退；二是当估计对手的限价与自己相近或恰巧相同时，此法是战而胜之的唯一手段。实际上，使用此法时，自己也就只剩下这一口气了，心已经提到了嗓子眼里。这一下不成功就只好成仁了。笔者在竞买清李江撰《乡塾正误》（清同治十二年津门重刻本，一册）时曾用此法的第一种方式。此拍品己方限价是600元，叫至520元时，对方应价550元，笔者没举限价前一价位：580元，而是抢先举出600元的限价价位。此时对手弃拍（据现场观察，其助手小声言“再举”，负责应价者则摇手作罢），说明对手原定限价与己方大致一样。

10．欲擒故纵法

遇拍卖会上有哄抬竞价者，在明确是谁哄抬的情况下提前弃拍，会后设法再购之。此即欲擒故纵法。拍卖会出现哄抬竞价的现象，前提是缺少哄抬者认可的竞价者，目的是追求非法利润，也是拍卖会不规范、与会者法制意识淡薄的结果。拍品所有者有可能安排“托儿”进行哄抬，假应价，运作不够规范、自律不严的拍卖公司或公司业务人员也可能这么干。面对哄抬竞价的现象，己方首先要有清醒的头脑，慎重应对，严守限价规定，照章办事，防止出错；其次是瞧准时机实行反哄抬措施，即欲擒故纵法。若能确定是谁在哄抬竞价，且只有己方和哄抬者两家在应价，若原限价已经稍高，可以提前弃拍，让拍品窝在哄抬者手里，藉此打击哄抬者的高成交价信心，待日后再买回。此法若没有很大把握，不可为之。它也是10种应价技法中难度最大的一种，需助手配合确定哄抬者，因应价者眼睛紧盯着拍卖师，是无暇去顾及这一点的，会后买回拍品的过程中不可测因素也很多。不管是提前弃拍，还是在限价价位上弃拍，只要拍品还在哄抬者手里，事后都可以尽早直接找拍品所有者或拍卖公司洽谈所弃拍品的购买事宜，很有可能低于原限价成交。

以上十种应价技法是笔者从具体竞价操作实践中概括、归纳的，也有待于在今后的应价工作中进一步验证和改进。

—书 讯—

中共山东省委党校图书馆馆藏文献珍本图录

中共山东省委党校图书馆 编

ISBN 978-7-5333-3179-5　精装　16开　一册　2014年12月版　260.00元

本书精选中共山东省委党校图书馆馆藏珍贵古籍300种，其中以清代刻本为主，稿本、抄本为辅，不乏稀见之本与海内孤本，按照经、史、子、集的分类方法，以图录的形式结集出版。为便于读者检索使用，书后附有书名索引和著者索引。

新发现的王献唐藏书及题跋

王晓兵

新近整理中共山东省委党校图书馆馆藏古籍，发现了数种不为学界所知的王献唐藏书及题跋。

王献唐（1896—1960），中国现代杰出的历史学家、金石考古学家、文献学家。原名凤琯，后改名琯，字献唐，号凤笙。自称“嗜书如命”，每得善本，就“欣然忘食，喜不成寐，爱不忍释”。王献唐先生为搜集图书，付出了巨大的财力，“薪俸所入几尽耗于是”，有时甚至“典衣购书”。他只要见到珍、善本书，必“倾囊得之”而后快。王献唐先生不但喜欢藏书，还能终生不懈地为国家收藏，并以献身精神保护国家和民族的文化遗产，尤其对抢救山东地方文献不遗余力。

王献唐一生经见之书无以计数，并撰写了大量题跋，齐鲁书社曾出版《双行精舍书跋辑存》正、续两编，正编收书跋258篇，400余则；续编收题跋144篇，书序5篇，凡149篇。这两编主要辑自山东省博物馆、山东省图书馆以及北京图书馆、青岛图书馆、山东大学图书馆、山东师范大学图书馆与私人所藏书籍的题跋，而藏在中共山东省委党校图书馆的藏书题跋当时尚未被发现和整理。

王献唐的藏书之所以在中共山东省委党校图书馆藏有数种，恐怕与中国史学会济南分会有关。1953年6月，山东中国历史学会改组为中国史学会济南分会，当年参与济南分会的学者有王林肯、王献唐、栾调甫、李景春、李季华、路大荒等，王献唐任理事。后来，山东省中国历史研究会所藏的文献资料，并入了中共山东省委党校图书馆。现今，中共山东省委党校图书馆藏有一批钤有“山东省中国历史研究会”藏书章的典籍，另外还藏有中国历史学会济南分会的大量的文献与档案。大概当时王献唐的部分藏书捐给了山东省中国历史研究会，随着山东省中国历史研究会的其他文献一起并入了中共山东省委党校图书馆。

现将藏在中共山东省委党校图书馆的王献唐藏书及题跋数则辑录出来，供大家参考。

1. 《易释文》一卷，唐陆德明撰，清乾隆二十一年（1756）雅雨堂刻本。一册。

正文首行上题“经典释文”，下题“周易音义”。半叶十行，行二十一字，小字双行同，白口，四周单边，单黑鱼尾，鱼尾上题“易释文”。版心下镌“雅雨堂”。封面中题“易释文”，右上题“乾隆丙子镌”，左下题“雅雨堂藏板”。正文页首行下端钤吴吝白藏书印：“吴林伯藏”白文长方印和“吴保琳印”朱文方印。封面页钤有高密王林肯的藏书印“郑公乡人”。

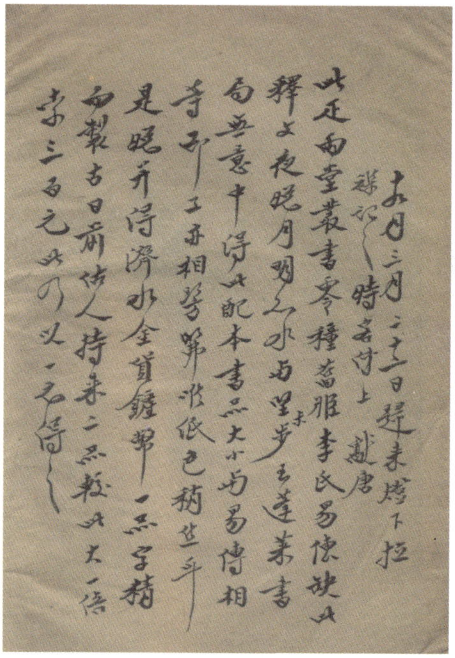
此还雨堂叢書零種，舊藏李氏易傳缺此釋文。夜晚月明如水，与坚赤步至蓬萊書局，無意中得此配本。書品大小与易傳相等，即工亦相彷彿，唯紙色稍焦耳。是晚并得濟水金貨鏟幣一品，字精而製古。日前估人持來二品，較此大一倍，索三百元，此乃以一元得之。十九年三月二十二日歸來燈下拉雜記之，時客沛上，獻唐

《易释文》王献唐题跋

封面王献唐题云：“易释文一卷，雅雨堂刻本。”封面内衬页有王献唐跋云：“雅雨堂丛书零种，旧藏李氏易传，缺此释文。夜晚月明如水，与坚赤步至蓬莱书局，无意中得此配本。书品大小与易传相等，即工亦相仿佛，唯纸色稍焦耳。是晚并得济水金货铲币一品，字精而制古。日前估人持来二品，较此大一倍，索三百元，此乃以一元得之。十九年三月二十二日归来灯下拉杂记之，时客沛上，献唐。”

2. 《十经文字通正书》十四卷，清嘉定钱坫编，民国十七年（1928）上海中国书店影印清嘉庆二年（1797）文章大吉楼刻本。四册。

正文首行题“十经文字通正书卷第一”，半页七行，行十二字，小字双行二十四字，四周单边，双黑鱼尾。前有乾隆四十一年宿迁东关钱坫叙。封面大字题“十经文字通正书”，封面左下小字题“嘉庆丁巳岁六月，文章大吉楼开雕”，内封面题“中国书店影印书之一”。书衣处钤杨光弼印鉴：“梦赉杨光

弼藏书之印”朱文方印，钤中共山东省委党校图书馆的前身中共中央第四中级党校图书馆的藏书印：“中共中央第四中级党校图书馆藏书章”。

在钱坫的叙文首页下端钤有“双行精舍校藏经籍印”朱文方印，为王献唐的一方鉴藏题跋印。

3.《补三史艺文志》一卷，清江都金门诏撰，清光绪十七年（1891）广雅书局刻本。一册。

正文首行题“补三史艺文志”，次行题“江都金门诏”撰。半叶十一行，行二十四字，黑口，四周单边，单黑鱼尾，版心下镌“广雅书局刊”。内封面有牌记为“光绪辛卯十一月广雅书局刻”。序文页下端钤“吴林伯藏”白文长方印，为歙县吴保琳（字吝白）之印。

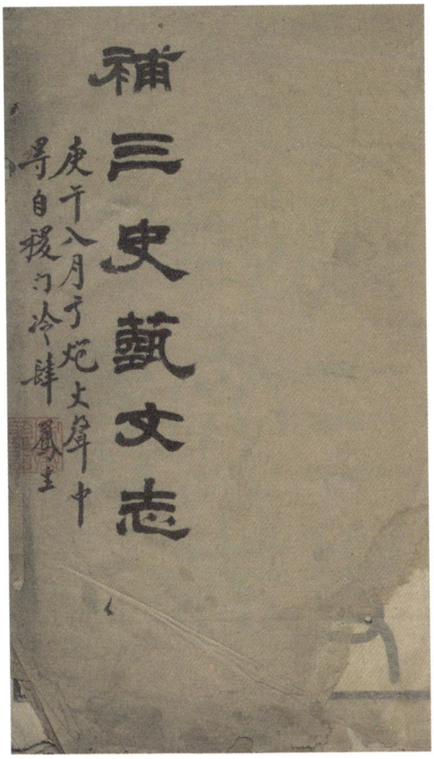

《补三史艺文志》封面

封面页王献唐题云：“补三史艺文志，庚午八月于炮火声中寻自稷门冷肆。凤生。”“凤生”二字上钤“献唐题记”朱文方印。

4.《国朝经学名儒记》一卷，清张星鉴编，清光绪刻本。一册。

正文首行题“顾炎武”，半叶十行，行二十字，白口，左右双边，单黑鱼尾，鱼尾上题“国朝经学名儒记”。前有光绪元年（1875）吴江费廷厘《小引》，《小引》后附《凡例》。

在《小引》页下端钤有王献唐的“凤笙吟馆”白文长方印。张书学在《王献唐先生藏书印鉴辑考》一文中共考证了118方印鉴，李勇慧在博士论文《王献唐研究》的“王献唐藏书印鉴一览表”中共整理了王献唐122方藏书印鉴，但皆未收此印。可见王献唐的“凤笙吟馆”白文长方印应是比较少见。

5.《殷墟卜辞讲话》不分卷，金且同撰，民国石印本。一册。

叙言页首行上题“殷墟卜辞讲话”，正文首行上题“世系的探讨”，下题“且同著”。半叶十行，行二十二字，四周双边，单黑鱼尾。前有民国二十二年三月八日金且同自叙。叙文前页有金且同民国二十四年二月二十五日的题词：“这书为纪念我的侄儿培之而印的。”

在内封页有金且同题赠王献唐墨笔题字“献唐先生指正，晚金且同”。

6.《种玉山房诗草》一卷，清章丘李廷棨撰，清刻本。一册。

正文首行上题“种玉山房诗草”，下题“秀江李廷棨蓴村著”，半叶九行，行二十五字，四周双边，单黑鱼尾，鱼尾上题“种玉山房诗草”。正文首页首行下端钤“吴保琳印”朱文方印，有被涂擦的痕迹。

封面有王献唐墨笔题签“种玉山房诗草，章丘李廷棨”。

7.《岩泉山人麝尘集词钞》一卷，清宜良严廷中撰，稿本。一册。

正文首行原题“秋槎词钞卷一”，后严廷中亲笔改为“岩泉山人麝尘集词钞”，并在首行下端添加“宜良严廷中秋槎稿”。半叶六行，行二十字，无直格。前有丰润赵国华同治七年（1868）于济南亲笔所题《金缕曲》，并钤“菁衫”朱文方印。卷后有同治十三年（1874）赵国华跋：“甲戌五月菁衫赵国华重读，选十五阙刊入《明湖四客词钞》。十一日灯下识。”正文页眉处有赵国华标注的“赵刊”，即为赵国华所选的刊入《明湖四客词钞》的词作。正文之前有“本朝词人严秋槎小传”。封面左上题“秋楂词钞”，左下题“甲子新秋倩荇衫录于霞山官廨”，并钤“栖霞吏隐”白文方印。封面右题“同治三年七夕后十日竹眠校读一次”，并钤“管子”白文方印。在正文下端钤安丘王讷“曾在安丘王讷案头”的白文长方印。在赵国华所题写的《金缕曲》页右下端钤“广陵郑宝慈收藏书画金石文字之印”。

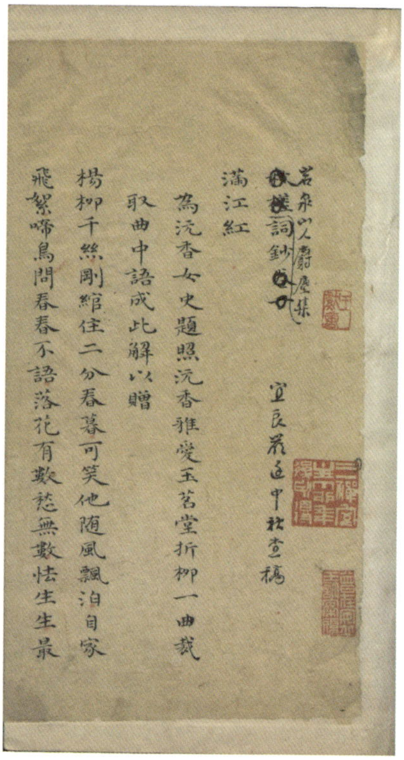

《岩泉山人麝尘集词钞》首页

在正文卷端页钤有王献唐的两方印记：“王献唐”和“三禅室主人丁卯年后所得”。在赵国华所题写的《金缕曲》页钤有王献唐的“双行精舍善本图书印”朱文方印。在“本朝词人严秋槎小传”页有王献唐的“献唐长物”白文方印。

此稿本为严廷中亲笔修改的《岩泉山人词钞》稿本，先后被丰润赵国华、安丘王讷、广陵郑宝慈、日照王献唐收藏。根据藏书章所钤印的位置，此稿本应是广陵郑宝慈重新装裱，之后又辗转到王献唐处收藏。

周子美先生书信考释

姜庆刚

周子美（1896—1998），名延年，字君实，号子美，浙江湖州人，著名图书馆学家。他浙江法政大学毕业后，任嘉业堂藏书楼编目部主任，主编《嘉业堂藏书目录》等，其后任教于上海圣约翰大学、华东师范大学，著有《文献学要略》《天一阁藏书经眼录》等。

南京大学图书馆收藏有周子美与友人之间书信数封，其中周子美致李小缘2封，致万国鼎1封，李小缘致周子美2封（底稿），这些书信作于1931至1933年之间，对于研究几位先生之间学术交往及当时藏书界的情况均有帮助。

李小缘（1897—1959），图书馆学家，名国栋，字小缘，江苏南京人。金陵大学毕业后赴美留学，获纽约州立图书馆学校学士、哥伦比亚大学教育学硕士。回国后曾任金陵大学中国文化研究所所长、图书馆馆长等职。1952年后任南京大学图书馆副馆长，去世后，其藏书籍、手稿等捐献给南京大学图书馆。

子美先生道席：

前辱赐书，以事羁身，尚未及作覆，请祈谅之是幸。敝所现因有人研究薛氏《旧五代史》考证与考异问题，世间并无足本，闻仅以嘉业堂所刊本为最足，请即寄下一部，应值若干请开列发单，写明金陵大学中国文化研究所，当即照付不误。又闻翰怡先生藏有万季野《明史列传稿》一书，不识确否？如果属实，共有若干卷，若干册，请不吝示知为祷。琐渎之处，容后再谢。专此敬请校安。李小缘。（1931年）十二月卅日。

据现有资料来看，周子美与李小缘应该相识于1929年在南京召开的中华图书馆协会第一次年会，周子美是中华图书馆协会会员，在这次会议上当选为善本委员会委员，李小缘是会议筹备者之一。此后不久，李小缘任金陵大学中国文化研究所研究员，负责中文图书采购事务，向周子美探询嘉业堂书籍出版情况。“薛氏”指宋代史学家薛居正（912—981），嘉业堂本《旧五代史》出版于1925年。“翰怡先生”即刘承幹（1881—1963），藏书家，字翰怡，号贞一，浙江湖州人。1920年创办嘉业堂藏书楼，中华人民共和国成立后将嘉业堂捐赠给浙江图书馆。“万季野”即万斯同（1638—1702），历史学家，字季野，浙江鄞州人。曾参与编修《明史》，著有《儒林宗派》《石园诗文集》等。

小缘先生有道：

久未通候，至念，近维起居多吉，著作日宏为颂无量。兹有启者，屡承惠赐《天一阁藏书考》《词源疏证》《古今伪书考补证》《邵二云年谱》及《学报》二卷二期等，珍籍纷至，感谢莫名。弟今岁在申任教，是以稽于作答，歉仄奚似。顷读《天一阁考》，记得一事，足资参订，敢为先生陈之。弟于十年之前作客宁波，曾晤鄞县知事陶君在东名镛，为言天一阁所藏御赐《图书集成》，当时（民国初年）由某巨公介绍售予日本东京帝大图书馆，地方人士欲请扣留，后以范氏子孙七房，皆愿善价而沽，而筹款议赎亦无端倪，遂无法扣止，是则阁藏此种早已就去。又闻东京大地震时，此书已付之一炬云云。此段掌故似可照有闻必录之例，备为后续。又蟫隐庐前有《范氏家谱》出售，未知尊处已购得否？浔上藏书楼亦藏有范钦《天一阁集》一种，又范氏二十种奇书之板片，闻尚藏在阁中，久未付印云云。弟近拟购《图书馆学季刊》全份，未识金大尚有存书否？便乞代为一询，至为拜托。衡如、孟周两先生亦代候为荷。此颂著安。弟周子美顿首，（1933年）五月廿六日。复示乞寄约大国文学系。

《天一阁藏书考》《词源疏证》《古今伪书考补证》《邵二云年谱》及《学报》均由金陵大学中国文化研究所出版。《天一阁藏书考》作者陈登原（1900—1975），历史学家，字伯瀛，浙江余姚人，时任金陵大学教授。他任浙江鄞县女子中学教师期间搜集资料，撰成此书。周子美深谙藏书界掌故，将有关天一阁的轶事告知李小缘。信中提到的“陶镛”，浙江会稽人，字在东，民国时期曾任浙江鄞县、定海、杭州知事。“蟫隐庐”是民国时期上海著名书店，店主为学者罗振常（周子美先生之岳父）。

周子美拟购《图书馆学季刊》，估计与其文章《慈云楼藏书志考》发表在此杂志第6卷第4期有关。《图书馆学季刊》创刊于1926年，是中华图书馆学会会刊，在北京、南京同时发行，南京地区事务由金陵大学负责，故周子美询问金陵大学是否存有复本。“衡如”即刘国钧（1899—1980），图书馆学家，字衡如，江苏南京人。金陵大学毕业后留学美国，获威斯康星大学博士，时任金陵大学文学院院长。“孟周”即万国鼎（1897—1963），农业史学家，号孟周，江苏武进人。毕业于金陵大学，曾任金陵大学农业图书研究部主任。

孟周先生有道：

久疏笺候，甚殷思企，比维文祺茂鬯，动定清佳，至为遥颂。启者弟近经友人之介，在此间任教职，忽忽亦已半载矣。南浔藏书楼缺少《图书馆学季刊》第二卷三、四期，五卷第一期，未识贵校图书馆尚有存书否？如有，乞即赐示，以便令浔上补购。专此拜恳，即颂著安。弟周子美顿首，（1933年）六月七日。再小缘先生是否主持研究所，衡如先生现在金陵否？均之道候。

子美先生道席：

惠书敬悉，承示天一阁掌故，已转告著者陈君，俟有再版机会，必可录入。欣闻先生掌教鞭于约大，不知约大近日有无刊物。先生嘱配《图书馆学季刊》，以一时未得实信，无以报命，故迟迟未覆。读孟周兄转来先生一函，方知先生已疑缘他往，故特先为函复，何日配得季刊，当即寄奉。孟周兄以事冗繁，嘱代为致意。草此专覆，敬颂撰祺。李小缘。（1933年）六月十三日。

小缘先生足下：

前得惠复，敬悉种切。《图书馆学季刊》承荷代为物色，感谢之至。敝校出版物极少，即有亦多英文，现正拟豫备文化研究事业，然亦非能立即实现也。弟因为友挽教暑校，故需迟一月返浔，尊函仍乞寄此。附奉《四部寓眼录》一册，乞惠存。此颂著安。弟周子美顿首，（1933年）六月廿九日。

《四部寓眼录》（蟫隐庐印行本），作者周广业（1703—1798），清代藏书家，字勤圃，号耕厓，浙江海宁人，曾参与《四库全书》校对工作。

嘉业堂是近代著名藏书机构，蜚声海内外，不仅在于其丰富藏书，更在于它发挥了服务社会的公共职能。嘉业堂曾为柳诒徵、袁同礼、徐行可，甚至日本学者查阅资料提供便利，还以雕版印书声名远播，刻印《嘉业堂丛书》《吴兴丛书》《求恕斋丛书》《留馀草堂丛书》《希古楼金石丛书》《影宋四史》《旧五代史注》《晋史注》等，为学界所重。据周子美回忆，嘉业堂“起初印的书都是赠送性质，还要贴出邮费。后来讨书的人越来越多，才把版片收回到书楼里，自己设法印刷若干，刊出了出售定价，略收些工本费，但有交情的仍旧可以赠送”（《周子美学述》，浙江人民出版社1999年版，第14页）。此外，嘉业堂“不仅允许抄书，而且还同意别人借去翻印，如商务印书馆通过张元济借《旧五代史》刻入《百衲本二十四史》，便是一例”（《周子美学述》，第15～16页）。刻印图书有利于保护古籍，扩大了嘉业堂的社会影响，而负责校书、刻书事务的周子美先生，在这一过程中孜孜不倦，成为一代图书馆学大家。

来燕榭与松江韩氏藏书的因缘

李　军

在黄裳先生的各种著作中，《前尘梦影新录》无疑是最特别的一种。相较于《劫馀古艳》《惊鸿集》，在撰写此书时，不仅藏书不在手边，甚至连题跋亦不及检阅。据其自述称，当时纯“就回忆所得，陆续编写亡书目录，仿徐子晋的旧题，命之为《前尘梦影新录》”，同时他也坦承“记忆是不可靠的，内容也记不真切了，所以这只能是一种挂一漏万的回忆录，随手记下一些得书经过，书坊故事，近于随笔”。因此，从记录的准确性看，《前尘梦影新录》似难与《来燕榭书跋》《来燕榭读书记》《劫馀古艳》《惊鸿集》等相颉颃，但由于是离乱后的记忆，故所载无疑是最为深刻和生动的心得。

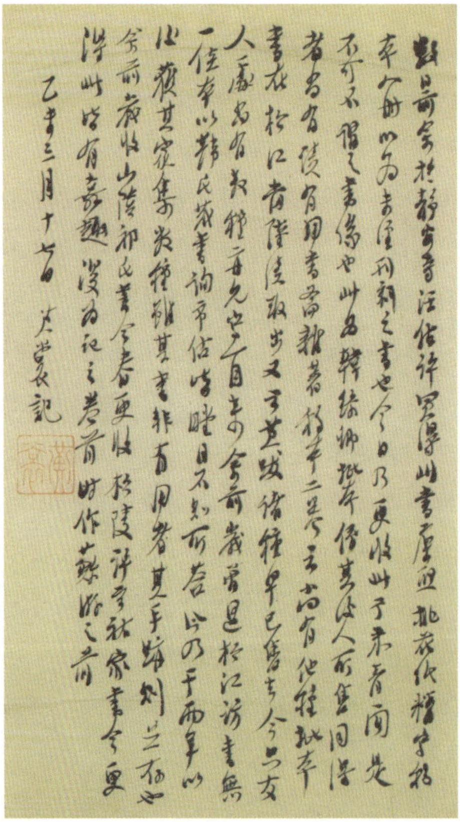

《前尘梦影新录》黄裳题记

来燕榭藏书发还后，在整理书跋、读书记之前，书就已经开始逐渐流散。《前尘梦影新录》中所记各书，有《来燕榭书跋》《来燕榭读书记》等未录者，若论可贵之处，此即一端。如《前尘梦影新录》卷五记《松江韩氏书目提要》一书，云：

稿本五册，得之来青阁。不知出谁何手，所著极详，并序跋都写入之。韩氏书目行世凡二本：一石印本，最简，只条列书名、板刻，后附书影；一封文权本，较详于前本，惟非每书皆记序跋。三本之中，以此为最备。余曾移写一本，别加校定，欲付刊目，未果。韩氏为黄荛圃姻戚，多得士礼居中善本。荛翁身后，奇零之册，扫数归之，秘册不少。

余于壬辰冬日，曾旅茸城三日，访书于市，无人知韩氏姓名者，为之意沮。殊不意其余芬散馥，尚可见于数年之后也。同得者尚有雍正刻《韩笔酌蠡》、钞本《章子留书》，皆有应陛加墨及藏印。又《读有用书斋杂著》稿本，皆出自其家。

由此可知，恰好在六十年前——1952年的冬天，黄裳先生曾赴松江访书，欲访韩氏藏书，却一无所得，失望而归。不过，他数年后获得韩氏读有用书斋最后的几种藏书，成就了来燕榭与松江韩氏藏书的一段因缘。

来燕榭所获松江韩氏藏书四种，均是1933年韩氏售书时自留未售者。《松江韩氏书目提要》《读有用书斋杂著》两种是稿本，一为自藏书目底簿，一为先人手稿（虽然已有刻本，但手稿价值不可轻视）。雍正刻本《韩笔酌蠡》有韩应陛跋，抄本《章子留书》前有民国三十三年甲申（1944）韩绳夫手录黄丕烈“岁逋未了典琴书”一诗。其中，后三种现藏上海图书馆。《韩笔酌蠡》一书黄裳先生所作跋抽出自存，收入《惊鸿集》中，其文云：

数日前，余于静安寺汪估许买得此书，康熙桃花纸写稿本八册，以为未经刊刻之书也。今日乃更收此于来青阁，是不可不谓之书缘也。此为韩绿卿批本，系其后人所售，同得者尚有《读有用书斋杂著》稿本二卷。云尚有他种批本书在松江，当陆续取出。又云黄跋诸种，早已售去，今只友人处尚有数种，亦允写一目来。余前岁曾过松江访书，无一佳本，以韩氏藏书询书估，皆瞠目不知所答。今乃于两年以后获其家集数种，虽其书非有用者，其手迹则足存也。余前岁收山阴祁氏书，今春更收松陵许玄祐家书，今更得此，皆有嘉趣。漫为记之卷首，时作苏游之前。乙未三月十七日，黄裳记。

乙未是1955年，距茸城访书已两年有余，此条所述，无疑可与《前尘梦影新录》那条两相印证。

《松江韩氏书目提要》稿本今藏南京图书馆，题作《读有用书斋藏书志》，不分卷，无编者姓名及序跋。全书五册，写于无格黄竹纸上。书中有“韩绳夫一名熙字价藩读书印”白文长方印、“百耐读过”白文方印及“来燕榭珍藏书籍印记”朱文方印等。前有黄裳先生题记二条，不见于《来燕榭读书记》等书中，兹移录如下，其一云：

此《读有用书斋藏书志》原稿本五册，有韩绳夫印记，当写成于光宣之际，不知出谁何之手。所记殊详尽，而韩氏数刊书目，皆未以此为底本，则大不可能事也。卷中有朱笔校改，“韩绿卿”均改为“先大父”，是出绳夫手无疑。更有“百耐读过”印，则当时挟韩氏书入市之邹百耐也。韩氏后人挟来海上，余辗转得之来青阁中，遂重装藏之。韩氏书目凡三刻，石印之附书影者最常见，校印粗疏，最不足观。嘉靖许宗鲁刻《国语》，则以之充宋元之际所刻本，可笑类此。又有石印小册，写颇精，亦较备。又松江封氏所刊，往往附黄荛翁、曹君直跋，实最备本，然较此仍不及也。绿卿于荛圃为姻娅，滂喜园劫余所得最富。书散于数十年前，适园张氏得其强半，今皆归域外，不可见矣。余收书晚，所藏韩氏书仅数种，今乃得此底簿，亦可喜事也。

所谓有人将稿本中之“韩绿卿”均改为“先大父”者，乃读有书斋第三代主人韩德均。如稿本中，宋刻《诸儒校正西汉详节》《东汉详节》两种上有“德均审定”白文方印，殆此二条书目重出，韩德均作记号拟删去。其二云：

松江韩氏书目行世凡三本，余皆有之，详略各异。取校此本，漏略甚多，盖此为当日书目提要底册也。朱墨杂下，移录藏记跋文甚详，足资考证。此本出韩绳夫手，绿卿孙也。其后人挟来沪上，售之来青阁，余先后得绿卿手校本二种于此肆，云尚有他书。今果得此，亦大可喜。颇冀黄跋数种，更继此而出也。此目所藏诸种散归各处，在潘氏宝礼堂者如宋本《三国志》，余曾见之。其归适园诸种，后归中央图书馆，为蒋贼挟去台湾，今且转赴异域。留此目在，犹能见原书面貌，亦大可庆幸矣。跋此不禁慨然。乙未四月初十灯下记于来燕榭中，小燕书。

从时间上看，此稿本五册距获《韩笔酌蠡》仅二十余日，可视为同一时段所得。不过，需要注意的是，黄裳先生以韩绳夫为应陛之孙，又以《藏书志》出绳夫手，似并不准确。考韩氏世系，韩绳夫为韩德均长子，韩德均系韩应陛嗣孙，则韩绳夫应是韩应陛曾孙，详见笔者撰《松江读有用书斋韩氏世系考》。黄裳先生的第二条跋语，对第一条中“书散于数十年前，适园张氏得其强半，今皆归域外”作了解释。1933年底韩氏售书时，张乃熊、张葱玉叔侄曾分别购得数十种。1940年以后，二张所藏善本，由郑振铎等为中央图书馆收购，1949年央图迁台，书俱渡海而去，因此也就有了跋中“为蒋贼挟去台湾，今且转赴异域”一说。

黄裳先生在对《读有用斋藏书志》稿本作介绍的同时，牵涉到韩氏已刊书目版本，称“书目凡三刻”，但就笔者所见，似不止三种：

一、《云间韩氏藏书目》，石印本。每半叶十行，每行字数不等。四周双边，单鱼尾。收书凡四百八十一种，后并附宋元本书影三十一种。此目收书次序、附注内容与王欣夫传抄所据之本略同，字迹不甚工，似为坊间印本。又有仅以此本书目部分行世者，名称不一，其书影亦有以《云间韩氏书影》等名单行者。

二、《读有用书斋古籍目录》（附藏书记十一篇），石印本，开本较小。每半叶十三行，行十九字，有界阑。左右双边，线口，无鱼尾。书目凡三十一叶，收书四百七十七种。后“附吴县曹君直先生（元忠）所著藏书记得十一篇（书已见前）”，始自宋刊本《后汉书》，止于旧抄本《淮海居士长短句》。字迹工整，一丝不苟。

三、《松江韩氏珍藏古书目录》，石印本。行款同前书，无界阑，写印颇精，收书四百七十七种，仅有书目三十一叶，末不附藏书记。

四、《读有用书斋古籍目》，石印本。每半叶十三行，行十九字，无界阑。凡三十一叶，收书四百七十七种，与《松江韩氏珍藏书目》绝似，惟首叶首行空白，无“经部”二字，字迹与前者亦略异。

此外，尚有封文权编订《韩氏读有用书斋书目》一卷，民国二十三年（1934）瑞安陈氏裒殷堂铅印本。每半叶十行，行二十字。左右双边，白口，单鱼尾。前有民国二十一年（1932）封文权序云：

甲寅、乙卯间，吴门曹君直阁读元忠馆其家，曾为之董理而未竟也。旧存目录一册，讹脱凌杂，钞胥所为，阁读校语，仅于遗集中录出数则，爰重加编订。原书不获见，遗漏尚多，前贤题识亦付阙如，以待续补。

此目收书凡四百七十七种，除详记各书行款、批校人姓名外，并附录黄丕烈、曹元忠等人题跋。又，上海图书馆收藏石印本《读有用书斋古籍目录》一种，曾经封氏以朱墨二色笔涂改，首页阑外有“读有用书斋书目”朱笔一行及“华亭封文权编次”墨笔一行，书前副页有朱笔开列四部类名。铅印本韩氏书目仅分四部，至封文权重加编次，始见条理，铅印本仅有四部之名，隐藏其类属名。兹录封氏所列部类名如下：

经部分易、书、诗、周礼、仪礼、礼记、乐、春秋、左传、公羊传、谷梁传、胡传、孝经、论语、孟子、四书、尔雅、小学、诸经总义。

史部分正史、编年、纪事本末、别史、杂史、诏令、奏议、传记、载记、史钞、地理、职官、政书、谱谍、目录、史评。

子部分儒家、兵家、法家、名家、墨家、纵横家、杂家、小说家、农家、医家、天文历算、术数、艺术、谱录、时令、类书、释家、道家。

集部分别集、总集、诗文评。

以上各类顺序，大抵参照《四库总目》，而视藏书的实际情况略作变化。每类之中，又以时代先后为序，其前后参差不齐者，封文权以朱墨二色笔标其部类于天头，列其时代、作者于地脚，铅印底本即据此录出也。书目正文、附注颇多以朱笔勾乙增删处，如《李氏易传》一条下“雅雨堂”前加“卢见曾”三字，将“注”字改“註”等，皆与铅印本所著录文字同。书中收书附题记者凡十九种，始于《大易粹言》。惟《读有用书斋古籍目录》中十一种皆见于此本，且原跋文中之“□”，铅印本皆仍之，殆此石印本即封文权重编所用之底本。铅印本《韩氏读有用书斋书目》与石印本《读有用书斋古籍目录》《松江韩氏珍藏古书目录》《读有用书斋古籍目》应是同一书目之不同印本，各目次序各项虽偶有不同，但其收书总数都是477种。

从黄裳先生所作《读有用书斋藏书志》《韩笔酌蠡》题记可知，他在收获山阴祁氏藏书之后，曾一度赴松江搜访韩氏读有用书斋藏书，虽然1952年冬未有所得，扫兴而归，但1955年在来青阁连续购得四种韩氏旧藏，尤其遇到记录韩氏藏书菁华的《读有用书斋藏书志》，此前的郁闷随之一扫而空。

虽然上海图书馆藏有《云间韩氏藏书题识汇录》稿本四册，乃经理韩氏售书事宜的苏州书估邹百耐所辑，但是其收书数量仍少于《读有用书斋藏书志》，部分内容从《读有用书斋藏书志》直接抄录而未加注明，所以《读有用书斋藏书志》稿本的价值并未因此而贬损。对《读有用书斋藏书志》归藏南京图书馆经过，笔者曾咨询当时的经手人沈燮元先生，据称此系从来燕榭收购。当时所收一批明清本子中，除《读有用书斋藏书志》稿本外，尚有黄丕烈家的族谱稿本。这也就不难解释，黄裳先生在《前尘梦影新录》和《读有用书斋藏书志》题跋中，都提及韩应陛与黄丕烈有姻亲关系。

来燕榭中所藏松江韩氏书四种均于黄裳先生生前散出，分别归入南图、上图，家中所余仅题跋一页而已，如无《前尘梦影新录》相关记录，恐很难追根溯源，还原这一段往事。

书人已逝 墨香永馨

——记先师时永乐教授

许超杰

时间过得真快，业师时永乐教授离开我们已将近一年了。老师真的走了，但老师留下了几十架的藏书，以及藏书上无数的批校，数种已完成、将完成和已设计出的规模宏大的著作，这都是我们追寻老师影踪的遗迹。

一

老师自幼喜好读书，在《留在记忆中的书》一文中曾说，《吕梁英雄传》，“大概在小学二年级时读。当时字还认不全”，“但记忆力好，在全班故事课上多次讲过”。我想能讲出来，就不单单是记忆力好，实在是爱书，将此书吃到肚子里，融化到自己的心灵中了。“文革时，学校都停课闹革命了，书都封资修了。母亲怕耽误我的前程，找出家藏的《毛泽东选集》让我读。凭小学三四年级的水平，对伟大领袖的伟大思想，全然不能深刻理解。最大的收获是基本上过了繁体字这一关，以后看到繁体竖排的书感到格外亲。”“文革”中读《毛选》无可厚非，但对于一个只有小学三四年级水平的小孩子来说，能读到“以后看到繁体竖排的书感到格外亲”，这也可见老师对书的热爱。而高中时，老师用业余时间读了《语法·逻辑·修辞》一书，他说：“这类书籍，今日之年轻人一定觉得枯燥无味，但我至今尚记得当日读得趣味盎然。也许正是读进去了，自己以后对语法规范更留意一些，尽量少出病句。”在我们看来枯燥无味的书籍中，老师却找到了种种美妙的滋味。

如果说这还是读书种子自然的生发，读大学后及留校任教伊始，老师更多地开始从专业的角度读书。

老师写过学者要严谨治学的文章，这绝不仅是要求别人，更是严于律己。老师早年教过一段时间《古代汉语》，据网友"闲谈论非"《我的老师——时永乐先生》一文记述："时先生讲课的第二点不同，就是大到一句话，小到一个词、一个字、一个标点，他都会进行严密的分析、仔细地考证。《论语》《庄子》《诗经》……都有他仔细分析的字、词、句。如果需要对课本改正，对于有把握的，他会说：'书上的注释欠妥。'对于把握不大的，他会说：'一家之言，仅供参考。'有时，对于一个字、词的意思，他会综合列出几家的说法，让我们自己思考哪种更好。可以说，通过学习，时先生教会我们的不仅仅是知识，更多的是治学的方法。的确，大学已经不同于中学，学生不仅要学会知识，还应学会如何做学问。"

我不知道这位未曾谋面的师兄，是否了解老师之所以能如此教学背后付出的努力。我或许可以自诩为"入室弟子"，曾随老师进到他的卧室，床正对面是一个大书架，上面整整齐齐放着一架子与古代汉语有关的教材和参考书。不知道是不是看出我对买这么多教材的不理解，之后一同吃饭时，老师给我讲了他教古代汉语的事。大体是，老师教古代汉语是临时受命，暑假前接到通知，开学后就开始教这门课。老师向来严谨，绝不愿意在自己尚未弄懂的情况下教学生，所以申请了一个空置的教室（其时老师的住房十分逼仄，无法放太多书），将当时能买到的所有古代汉语教材搜罗殆尽，加上各种工具书，两月间完全在这些教材、资料中打磨教案。开学后也是边上课边准备教案，真正备完这门课足足花去了两三年时间。如老师在《严谨治学》文中说："准备古代汉语时，我把相关单元文选的各种注本、选本以及可以参考的各种工具书尽最大努力找来，能借的借，能买的买，如准备《左传》部分，杜预、孔颖达的《春秋左传正义》，洪亮吉《春秋左传诂》，刘文淇《春秋左氏传旧注疏证》，杨伯峻《春秋左传注》《春秋左传词典》，沈玉成《左传译文》等，还有现有的古代汉语教材和文学作品选，都找来作参考。"这样的准备，已完全不像是在备课，而是深入的学术研究了。即便是专门的《左传》研究，似乎也少有用到那么多旧注，尤其是《春秋左氏传旧注疏证》这样的大书。如此勤勉，老师的古代汉语课自能见出功力。所以，老师多能在前人成说之外提出自己的观点，纠正了前贤的许多讹误。

即便是这样系统、深入地备课，老师也并不以一本教案打天下，会随时补充内容，所以每年的课程都会有不小的更新。老师每一门课都这样准备，这从写得密密麻麻的教案本、数以千计的签条，都可以看出来。

2004年，老师开始带硕士生，之后又带博士生，学生毕业论文涉及的书籍成了老师阅读的另一个重点。时老师不像现在有些老师，对学生的论文全做甩手掌柜，而是对每位学生写的论文都要求自己先有较为深入的了解，对论文涉及的核心史料，都要亲自看一遍，以期作到心中有数。我们这届学生中，我写《翁方纲纂四库提要稿》，陆倩倩写《郎园读书志》，吴超楠写《郑堂读书记》，王瀚写王叔岷的校勘学。在我们毕业的这一年，老师书桌上常放着《翁方纲纂四库提要稿》《郎园读书志》《郑堂读书记》《斠雠学》《庄子校诠》等与我们论文相关的书籍。2014年老师去世后我们整理其书桌，发现放了好几本关于吕留良的书籍。这自然是因为这届毕业的游帅同学写关于吕留良著述的论文，老师要先有所了解。

学生写论文会涉及各个不同的领域，老师不可能对每一方面都有深入的研究。为了能更好地指导学生，老师花费了太多时间在这些他平时较少研究的领域上，这多少影响了他自己研究的展开。但我想老师并不会因为自己的时间被学生论文占用而感到厌烦，因为老师是“师者，传道授业解惑”这句话的真正践行者。

正是因为对自己这样严格要求，才使老师能够敏锐而准确地指出学生论文中存在的问题。记得2011年第一次参加文献学硕士预答辩时，看到老师从内容到体例各个方面，一条条有理有据地指出学生论文中存在的问题。在为自己论文答辩捏一把汗的同时，也对老师学问充满了钦佩之情。正是在老师这样严格的指导下，学生才有可能取得进步。虽然见过不少学生被老师“骂”哭，但从来没有见过学生因此而责怪老师，因为我们都知道，老师是为了我们好，老师对学术的严苛是一以贯之、由己及人的。

二

读书种子少有不买书的。老师购书之多，是所有认识老师的人都共知的。据老师自言，其插架最早的书籍之一是《短篇小说创作谈》，上海师范大学中文系文艺评论组编，上海人民出版社1974年3月出版，定价0.62元。据老师《购书琐忆》言：“大概是1974年下半年高中毕业前夕，我们几个班干部去县城办事，事后在新华书店发现了这部《短篇小说创作谈》。……我一看便爱不释手，将衣兜摸索了多遍，也只掏出了两角多钱。爱书之人不难体会，面对所爱之书，弃之而不忍，购之而无力，心中该是多么矛盾，多么失落！……那时，在我们生产队，强壮男子，在农村被称作整劳力，一天挣10个工分，生产队年终决算，折合成钱，不足两角。像我们这些正上学的半大小子，一天只能挣6个工分，合一角钱。……这两角多钱，是我一个月的‘午餐费’。六角二分，今天看来实在微不足道，但那时是我多半个学期的菜汤钱啊。我不知当时脸上是怎样的表情，但无钱而又想买书的矛盾之态，一定表露无疑。班长甄君，年稍长，善于体察人心，人亦善良，大概看出了我迫切想得到此书而无钱购买的窘态，立即倡议：‘这本书好，我们大家凑钱买，回去大家轮流看。’这方满足了我的心愿。由于我对书的贪恋，直到高中毕业，我并未将书给其他同学，也未有一个同学向我提起过书和钱。我自小受到家教是‘与人交往，吃亏是福’，这也成为我与友朋交往的基本准则。在我的记忆中，这是我一生中所做的唯一一件有意识的‘损人利己’之事。”从此文中不难想见老师自年轻时即嗜书如命的性格。老师生性敦厚，凡是与老师接触过的人，都能知道确如文中所说，老师实在是一个“与人交往，吃亏是福”的人。

毕业留校之后，老师购书的热情就一发而不可收拾了。据老师回忆，早年间最常去买书的地方是古城书店和古物市场，之后河北大学周边的华文书社、非凡书店也是老师最常光顾的地方。我2010年刚入学时，见老师骑着一辆上世纪八十年代的老旧自行车，现在想来这辆破自行车不知道为老师驮回了多少图书与欢乐。

老师基本没有出去旅游过。有时跟老师开玩笑，说应该带师母门凤超老师出去转转。老师总是说好，却总也没见行动。想来就算真出去旅游，也绝非常人想象的游程，估计又变为一条访书之路。这绝非虚语。即便是去年7月中旬老师到北京301医院住院，入院前几日还去潘家园淘书，只是因时间太晚书店关门而全无收获。

别人出去开会多少都会到处逛逛，游览名山大川，而老师出去开会必将闲暇时间用来访书、购书。2003年《海外新发现永乐大典》出版，定价480元。大概在之后二三年，老师去复旦大学开会，趁着会后闲暇，在学校周边旧书店访书。老师看到这本书，折扣似乎较低，只有一百多元，于是毫不犹豫地将书买下，从上海一路背到保定。之后不久，老师在保定古物市场又见到此书，且要价更低。老师不禁有些懊恼，不仅是空背这一路，而且还多花了几十块钱，能再买两本书了。某次上课，老师提到了这个插曲，并说现在华文书社还有此书，如此低价，不妨购置一本，也算是见识过《永乐大典》长什么样了。课后我就跑到华文书社，问老板是否还有此书。老板立马就说，你是时老师的学生吧？想来老师没少介绍学生过来买。

这只是老师购书的一个小插曲，我想即使贵了点，能让老师一路兴冲冲地背回来，也值了。但购书也不能总是如愿，老师也有不少懊恼的时候。2003年10月2日，保定军校广场举办古城书市，师母陪老师一起去买书。师母怕老师饿着，要老师一块去吃了驴肉火烧。就因为这，吉林文史出版社出版的一套《四库全书荟要》（100册）让人以1100元捷足先登，老师与此失之交臂。此后老师从孔夫子旧书网上以2400元的价格买了一套，并将此事称为“价格不菲的驴肉火烧”。

对于读书人来说，为了买书什么都好说，就是一分钱难倒英雄汉，没钱实在没辙。记得师母跟我说过，上世纪九十年代，有一次老师兴冲冲地回来告诉师母说某某书（具体我已记不清）出版了，但要价颇昂。师母说家里实在没钱了，要是买了这书，就只剩十几块钱，离发工资还有一个礼拜，真就揭不开锅了，还是等等吧。读书人面对好书的急迫心情，我想同道中人都能理解，尤其怕心爱之书再也买不到。老师大概也是这么想的，故坚持要买。师母说要买的话，剩下的一周都你买菜过日子。老师一口答应，结果师母和时硕师兄跟着老师吃了一周白菜。相比于精神上的收获，物质上的贫乏倒也不算什么了。当然，这也要感谢师母门老师和时硕师兄，正是他们的包容和体谅，才能使老师可以悠游于书的海洋之中。

为了买书日子过得磕磕巴巴是没办法的事，有时候还不免借钱买书。1997年，黄永年、贾二强先生编撰的《清代版本图录》由浙江人民出版社出版，定价500元。当时老师的工资也就是几百元一个月，因此500元钱绝非小数。但对文献学尤其是版本学来说，此书却是难得的资料。老师家中本就没多少钱，可面对这样的好书，老师又不愿就此错过，故而只能借钱购置。据老师说，家中实在缺钱，这500块钱过了一二年才还清。这也是读书人的心酸。

对于老师买书花钱之多，不妨讲一则玩笑话。2011年下半年某天，我们班的同学去老师家，闲聊间老师家的小狗斑斑叼了一根草进来，在老师脚边上乖乖地吃着。回来后我们戏言，老师的钱全买书了，斑斑只能吃草。这当然是戏谑，但也可见老师买书之景象。

吾生也晚，未能与老师一块访书、淘书，但新时期网络购书的快乐，却是可与老师分享的。我2010年入学跟随老师读书。从2011年的“6.18”开始，网上书城的图书优惠大战爆发了，而且其后两三年间一年比一年疯狂。凡是网上书店打折，我都第一时间通知老师，老师要得到什么打折信息也会立刻告诉我。趁着电商打折，我跟着老师买了不少好书。可渐渐地，看着老师书房、客厅的书越堆越多，我再也不敢将打折信息告诉老师，但老师此时早已学会自己掌握行情，我说不说也没什么用了。

老师家里到底有多少书，我想谁也不知道，连老师自己也没有具体的数字。这一来是因为老师几乎每天都在买书，就像老师自己说的，他买书就像师母买菜，每天都往家里提溜。二来书确实太多，四室两厅的房子，除了厨房、饭厅没有书架，别的房间几乎四壁都放满了书，连卫生间、地下室都未能幸免。但就是这么多的书，老师却为其中绝大部分包了书皮，这也可以看出老师对书的爱。也许是对老师爱书之情见得多了，我们反而不以为意了。一次我带好友吕东超兄去见老师，后来东超兄回忆说："我至今还清楚地记得时先生拿起他新购的《集韵校本》时的情景。他轻轻地翻开书叶让浩仁和我看，我不知道该如何形容他的表情，就像小孩子获得一件喜爱的玩具，收藏家捡到一件久求不得的至宝，那应该就是彻彻底底、最最单纯的'满足'。时先生像所有真正爱书的人一样，普普通通的书就足够让他满足了。"时老师对书的爱，是发自内心而无以复加的。曾经看过一本书，书名是《嗜书瘾君子》，在我认识的人里，老师是最担得起这个称号的人。

记得给老师守灵时，我与李寒光兄聊起老师的书。我说老师的地下室也全是书，实在是太多了。寒光说可惜书不会再多了。简单的一句话，让人悲从中来。老师不止一次说过，退休后想给藏书编个书目，可惜这个愿望已不可能实现。

三

有时候会我想，师母是不是会恨老师把家里的钱全贡献给了书商。这当然是玩笑式的想法，因为在我认识的人中，师母绝对是最贤惠的女人。能支持老师这么买书，我想绝没有第二人了。有时候闲聊，师母也会戏谑地说什么时候和我合开个网店，把两家不要的书卖了。每当这个时候，老师总是严肃地说家里的书不卖。但说起"卖书"，老师倒还真卖过两回。

第一次卖书是在20世纪80年代中期，卖的不是自己的书。1984年，老师参加在苏州大学举办全国高校社科文献检索师资培训班，潘树广先生是其中最主要的几位老师之一。在此次培训班及之后几次类似的活动中，老师与潘先生结下了深厚的师友之情。也就是在这几年，潘先生出版了一本书（具体书名已记不清，网上查潘先生1984年出版了《书海求知：文科文献检索方法释例》和《古典文学文献及其检索》二书，当是其中之一），需要作者负责销售一定数量。因为与时老师相熟，潘先生请时老师在河北大学代为销售。老师自然是一口应允。但等看到发过来的200本书时，老师也不禁有些傻眼。傻眼归傻眼，书还得卖。老师和师母就在河北大学图书馆边上搭了个摊子，一有空闲就去摆摊卖书，老师下课后就和师母一块给学生介绍此书的种种好处。也许是那个年代大家都充满了求知欲，也许老师和师母的推介起了作用，最终这二百本书销售一空。

另一次卖书在1999年，经历就没有前面那么愉快了。1995年的某天上午，老师去保定古物市场淘书，发现一套顺治刻本《字汇》，要价200多元。老师身上带的钱不够，而下午又有课，就叮咛师母去帮他买，即便贵些也要买下来。我不知道老师下午的课是否上得安心，幸运的是师母以240元的价格将书购下。据老师说，这套书某种程度上可称为海内孤本，就其所见只有北京大学图书馆藏有一套残本，他处则未之见也。1999年左右，老师的家搬到校外。住校内时，老师每天都去学院，有什么事可以当面通知。住校外后一有什么急事，就需要学院老师跑来通知。而老师是最不愿意麻烦别人的，因此他打算装一部电话，以方便联络。那时装电话需要1500元左右，但老师实在没有那么多钱，只能卖一些书，这部《字汇》就在此时以1000元的价格卖给了中国书店。

对于爱书人来说，将心爱的图书让与他人，无异于心口割肉。就是这次卖书，老师一直在追悔之中。在北京住院时提起此事，老师仍然颇感懊恼。我想，老师应该是对每届学生都说过这个事的。有同学私下曾说，等我们有钱了，把此书再买回来送给老师。然而，此书现在流落何方已难以寻访了。但愿是在另一位爱书人手中，这样老师也会感到欣慰的。

在河北大学，老师有一件很出名的逸事。王洪瑞校长到任之初，听说老师因所从事的专业对文献需求较大，而学校图书馆藏书不敷其用，于是节衣缩食不计成本自行购置，以至家中连电冰箱、洗衣机都没有。王校长到家中探访，所见比听说的更甚，感动之余提出自掏腰包买冰箱送给老师。为婉拒校长好意，老师急急到商场拉了个冰箱回来，并对身边人说：我又不是买不起冰箱，只是钱用来买书更应该。于是，王校长又改买一套《中国通史》送给老师。我不知道老师为了这个冰箱，有没有再次割爱卖书。

四

无论是买书、卖书还是读书，作为一名学者，最终必然是要写文章、写书的。老师的著述并不算多，论文约有八十余篇，著作则有《古籍整理教程》和《论衡词典》。凡是读过这些论著的人都能发现，这些论文和著作都是扎扎实实的成果。

从1999年上半年开始，老师就将研究重心转移到《论衡》。但从2005年《论衡词典》出版以后，他虽偶有关于《论衡》的论文发表，但却没有系统的论著。但我们这些弟子都知道，老师这十几年一直在研究《论衡》。老师确有宏大愿景——为《论衡》再作一部新注。为了这个目标，老师搜集了三十多个《论衡》版本。凡是财力允许者，老师都购置一份。而对于实在太贵，不是普通人能够购置的版本，就请朋友、学生在各地图书馆复印。对于各种《论衡》注本，老师都仔细阅读，详加勘正。给老师整理书桌时，上边放着的各种版本《论衡》上都密密麻麻地作了批注，夹了签条。

但就是这样勤勉的批校和研究，老师仍觉得或有不当之处，不愿将这些成果成文发表。记得我多次跟老师谈起出版《论衡》新注本的问题，李俊勇老师、李寒光兄也不止一次跟老师提起此事，别人大概也劝过老师。我们都觉得老师可以出个初版，以后若有新见可以再行修订。但每次提起此事，老师总是觉得尚未成熟，需要慢慢打磨再整理、出版。在此期间，某出版社曾约老师编撰《论衡》译注本，限期半年完成。老师直言无法在这么短时间内完成任务，若完成则质量必然堪忧。最后老师没有接这一项目。老师常常提起黄侃，说黄侃打算五十岁才开始著述，可惜英年早逝。老师很是佩服郭在贻先生，认为郭先生学问扎实精深，惋惜其在五十之年离世而去。没想到老师也在五十多岁时离开了我们，也许这就是一种宿命吧。

五

人生就是一条单行道，一去而不能复返。路上的行人偶尔相与并行，但终究要分开，只是老师走得实在太匆匆。从2014年7月11日得知病情到10月10日离开我们，竟只有短短的三个月。

9月初我去医院陪老师聊过一次天。10月9日，我再次在医院见到了老师时，他已不能再谈学问了。老师说不出完整的话，断断续续地一次次提到《论衡》，模模糊糊地说“我不在乎名利”云云。

“我不在乎名利”，这是老师的最终遗言，也是老师最真实的写照。老师虽然走了，但我们仍然可通过读书感知老师的精神。就像老师书桌上放着的那本《学术薪火》一样，对老师最好的纪念应该就是将老师扎实的学风作为学术薪火传承下去!

《藏书家》的未了情

——追怀杨成凯先生

周晶

8月19日。上午九时许到单位（齐鲁书社），先到二编室晤武良成，他首先向我报告了一个不幸消息，8月5日还曾给我打电话的杨成凯先生竟于8月14日（上周五）病逝，天丧斯文，十分震惊，十分悲痛！之后，我在小武的平面电脑上看了中国社科院语言所讣告及于8月20日举行杨兄告别仪式的告示；还看了辛德勇写的一篇纪念文章：《与我一起买古书的老杨》……晚与北京杨府通电话，先后与杨公子、嫂夫人陈老师通话，对杨兄逝世表示诚挚的哀悼和慰问。陈老师告诉我杨兄患胰腺癌，很痛苦，家属尽了最大努力为他医治。我只能劝慰面对不治之症的折磨，杨兄离世对病者和家属都是解脱，我感同身受（家父因癌症病逝），也对未能前去探望表示歉意。愿杨成凯兄走好。

以上抄自我的日记。只是8月5日他来电话告知已收到韦力转交的山东省图书馆为我编印的《五里山房捐让山左珍贵文献图录》时，虽然说话声音已不如春节时有力，但尚能听清楚，他一再对我说他不知得的是什么病，连301医院都去看过，医生一直不能确诊。我听得鼻子酸楚，几乎要掉泪，只能盼他慢慢康复，有奇迹发生，却想不到老天不遂人愿，更想不到这次通话竟是他与我的诀别，我们从此人天两隔。悲夫！

我与杨成凯先生相交相知是缘于《藏书家》。在创办《藏书家》之初，最重要的工作是组稿，第一辑是创刊号，所收必须大多是有份量的文章，才能打响第一炮。为此，也必须筹组一支既有学术功力又能执生花之笔的作者队伍。好在我在古籍出版社已工作多年，有幸结识了许多在读书界、藏书界以至学术界都颇有声望的老教授、老学者、老作家，如程千帆、王绍曾、黄永年、来新夏、黄裳等先生，我向他们报告齐鲁书社将出版《藏书家》后，即得到他们热情的支持，他们不仅大都赐稿，有的还帮助组稿并推荐了一些重量级作者，这其中就有黄裳先生推荐的倪墨炎先生，黄永年先生推荐的杨成凯先生等。

刚知悉杨成凯先生大名，我还感到陌生，中国社科院文学所有许多我熟稔并有交往的老、中、青作者，而他是语言所的，又是研究汉语语法，是否对传统古书有兴趣，我将信将疑。直到友人如辽宁教育出版社王之江、天津图书馆李国庆闻之，都对他交口称赞。王之江说杨成凯以"林夕"笔名在《读书》发表了许多文章，我方恍然大悟，真是有眼不识泰山。

上世纪八十年代中期，我曾组到黄裳先生两部书稿——《前尘梦影新录》《清代版刻一隅》，我还担任《清代版刻一隅》的责任编辑。《清代版刻一隅》出版后，曾在《读书》上见"林夕"写的评论文章，作者的书评文笔老到，深中肯綮，对清代版刻尤其是精刻珍本，了如指掌，我当时读后是既佩服又惭愧，佩服的是作者深谙黄裳先生编书的苦心孤诣，惭愧的是我这责任编辑实是黄裳先生大作的门外汉。但我当时不知此"林夕"的真实姓名，也不好意思向黄裳先生问询，只能猜想其或是在某大学教目录版本学的名师，或是京沪某大图书善本部耆宿的化名。

当获悉此"林夕"即杨成凯先生笔名后，适有北京之行，我急迫地赴京识荆。记得是杨成凯先生接我到京电话后，到我下榻的齐鲁饭店见面的。初次见面，打破了我的猜想，杨成凯先生面容清癯，身材修长，戴副眼镜，温文尔雅，平易近人，我们仅交谈几句，便因彼此年龄相仿（他长我一岁），是山东老乡（他祖籍招远，我祖籍福山，都属烟台），气味相投，一见如故。接着我们便开门见山，就如何办好《藏书家》，如何组稿，及《藏书家》栏目的设计安排等进行了深入讨论，他提出了很好的意见和建议，使我获益良多。这次见面之前，我们通过信，也通过电话，他知道我喜欢收藏山左文献（包括山东先贤藏书），我们谈完正题后，他便从其带来的书包里取一个纸包，打开纸包，是一部康熙刻本《西昆酬唱集》，此书康熙刻本颇少见，黄永年先生藏本已被影印出版，而他这部更为珍贵的是卷端钤"藉书园印"，是清初济南著名学者周永年的旧藏，颇稀见（曩昔我与山东大学杜泽逊曾在济南古旧书店见到一部明刊胡应麟撰《诗薮》，书上有"藉书园"及周永年之子周震甲印，诧为奇遇，推荐售归山东省图书馆珍藏），今我们第一次见面，杨成凯先生即让我"惊艳"，我小心地抚摸这部经山左名贤阅读、收藏过的善本，兴奋不已。后来我才知道，他收藏的周永年的旧藏不止这一部（见《词集散记》）。

从此，我们便开始了从《藏书家》创刊第一辑至第十辑（1999年4月—2005年2月）编辑与作者间的密切交往。他不仅每辑必赐稿，而且还热心地代为组稿，如自第三辑起连载韦力先生的《藏书访古日记》便是他推荐的；正是由于这个机缘，又使韦力在我退休以后，邀我重新出山，合作编辑出版了《藏书家》第十一至十六辑（2006年11月—2009年6月），对此杨成凯先生大力支持，并仍坚持为《藏书家》每辑都写稿。

《藏书家》创办之时，我心中稍存底气的是，我与黄裳、黄永年先生都有交往，有了这两位在读书、藏书界德高望重的老先生做台柱子（我常使用软磨硬要功夫向他们“索稿”，承二老厚爱，几乎有求必应），使《藏书家》一直能保持较高品位，在读者中有较大影响。但在我心目中，杨成凯先生是《藏书家》的第三支笔。现在将《藏书家》前十六辑一一翻开，大概除杨成凯先生本人及至亲密友外，当时很难有人确悉他在十六辑《藏书家》上共刊发了多少篇文章。适我手边有他2009年4月22日写给我的信，其中写道：“活字本（即《活字本的鉴赏与收藏》）文稿不用也罢，还是用词集散记吧。如果要用，散记署名慕侠，此名极少用，他人不知，但我意二篇用一即可，实在可充补白，则选用一二无妨。”这是我所编《藏书家》“终刊号”第十六辑时，杨成凯先生寄来了两篇文章，一篇是连载的“古书版本知识”的《活字本的鉴赏与收藏》，一篇是反映其藏书专项中的词集精品的题记，他在电话中告知，除“古书版本知识”尚有需补写者外，他藏书中的秘籍包括词集珍本也想力所能及地写文介绍，或可为词学研究、爱好者提供一些罕见词集的内容与版本消息。对这两篇文章我难以割舍，便一起收入第十六辑中。这样至第十六辑，杨成凯先生共在《藏书家》上发表了十七篇文章，其中用杨成凯真实姓名发表的是《寒窗青灯五十年——书海随想》（第八辑），用林夕笔名发表的是《明寒山赵氏小宛堂刻〈玉台新咏〉真伪考实》（第一辑）、《读书与藏书》（第三辑）、《藏书家的眼光》（第四辑）、《古书市场今昔》（第五辑）、《明刻本的鉴赏与收藏》（第六辑）、《清刻本的鉴赏与收藏》（第七辑）、《初印与后印》（第九辑）、《丛书的版本与收藏》（第十辑）、《宋刻本的赏鉴与收藏》（第十一辑）、《金刻本的鉴赏与收藏》（第十二辑）、《元刻本的鉴赏与收藏》（第十三辑）、《批校本的鉴赏与收藏》（第十四辑）、《抄本的鉴赏与收藏》（第十五辑）、《活字本的鉴赏与收藏》（第十六辑），用任中奇笔名发表的是《古书价格漫谈》（第二辑），用慕侠笔名发表的是《词集散记》（第十六辑），他大概是唯一一位与我责编的《藏书家》前十六辑相始终的作者。如今看来，我曾付出不少心血、惨淡经营的《藏书家》之所以能前后延续十年出版生命并编辑出版了十六辑，除了社长宫晓卫始终支持，藏书家韦力在我退休后又帮助续命以及众多老、中、青作者和广大读者关怀、支持外，杨成凯先生已成为《藏书家》另一根台柱子，与二黄先生三足鼎立，起到了重要的支撑作用，从而保证了《藏书家》的品位和内在风格特色的稳定性，使其成为读书、藏书界出版物中一块特色鲜明的品牌。

杨成凯先生在《藏书家》发表的这十七篇文章可以分为四类，一是谈读书与藏书，二是其尚待整理出版的大作《历代词集题记》选篇，三是书市今昔变化，四是古书的鉴赏与收藏。他的眼光不凡，读书多，文笔好，很多枯燥的题目到了他的笔下就生动起来，化腐朽为神奇，而作为《藏书家》的策划人和编辑就喜欢这样的文章，因为《藏书家》不是学术刊物。

《藏书家》创办之际，杨成凯先生与我都刚年过半百，精力尚旺盛，有许多共同语言，乐此不疲。但一晃十年过去，我们都成老人了，但即使我们都退休了，即使偶尔能与养病的他在电话中交谈，我们所谈还多涉及《藏书家》，既缅怀过去愉快合作的时光，也关心《藏书家》的未来（谁再接手），都希望它的生命能再延续，我们似乎对《藏书家》都有意犹未尽的感觉，有一种特殊的《藏书家》情结。我知道他博览群书，腹笥丰富，如《藏书家》再复刊，他既可续写“古书版本知识”，如补写“套印本”“石印本”“经藏本”“版画”等题目，他应是烂熟于胸、得心应手的；他的词集秘本题记仍可继续摘录发表，大可与《来燕榭书跋》媲美。我甚至想到，他与黄裳、黄永年先生交往比我更久、更深厚，如邀他分别写两篇或几篇有关二黄先生的回忆文章，以他的妙笔，当会有许多精彩的场面重现，妙趣横生，书界“瑜亮并世”的许多逸闻轶事定会使读者大饱眼福。可惜他近些年从医院进进出出，行踪不定，我与他的联系除年节外几乎中断（我不会上网，也不会用手机发短信），因此即使近年《藏书家》再续出，原来的那些设想也难以在续刊上实现了。他的“古书版本知识”，征得宫社长同意，须经他补充修改、加配书影图版后，可由齐鲁书社出版，而他电话中只谢谢我的好意，说他现在的精力有限，暂顾不上，我也只能嘘唏，却爱莫能助了。

所幸的是，在杨成凯先生与病魔斗争的几年里，他先整理出版了《闲闲书室读书记》（广西师范大学出版社2011年版）并赠书送给我，作者署名仍用林夕笔名，书中文章多半曾在《藏书家》上发表，可见证我们的友谊；今年春，他又托友人寄赠我其新著《人间词话门外谈》（海豚出版社2015年版），用了他真实姓名署名，给我以莫大的惊喜，原来他不是一位仅矻矻于词集版本考据的老学究，而在中国古代近世词作词学研究上，他也是行家里手，深入浅出，独辟蹊径，有很深的造诣，但想不到的是此书已成为他生前的绝唱!

古人有“遥闻声而相思”之说，如今杨成凯先生虽贤者长逝，但却音容宛在，在我垂暮之际，他将会让我长久萦怀、思念。

补记：杨成凯先生由于与我是同龄人，有许多相同的读书经历（我们都曾因病辍学，坚持自学）、藏书爱好，因此我们十多年的交往（仅有几次短暂的晤谈，大多是通话、通信），少了许多客套矜持，多了许多坦诚和信任。我在通话、通信中尊称他为“杨兄”，他辄多称我为“周老弟”。

多年以来，我们除围绕《藏书家》通信、通话外，还常常彼此交流些个人的“小秘密”，当然，有许多话题也是围绕着书而谈起的。譬如对北京的古书拍卖会，我看他的文章，听他电话中有时情绪激动的谈话，看得出他对现今已完全商品化并有越来越多的投资客参与的古书拍卖是又爱又恨，喜忧参半。但在大势所趋的无奈之下，他也参加北京的古书拍卖会，去寻找他最心仪的古书，特别是词集。这期间有惊喜，也有烦恼。他曾数次对我说，在北京他有几位求书目标比较接近的书友，有时拍卖会上是友人竞争，互相“残杀”，常弄得两败俱伤，倒推高了书价。为此，他曾与相关书友于拍卖会前有口头“君子协定”，对拍卖会上彼此都看中的书，约定哪些书你拿，哪些书我得，书友间不再竞逐争夺，而是“平等瓜分”。但让杨兄苦恼的是，到了拍卖场上，可能由于拍卖场如战场气氛的刺激，刚达成的“君子协定”就常被其书友忘在脑后，杨兄一举牌子，那位书友也紧跟，一场内战又起，有时即使杨兄获胜，但拍得的书价已大大超过原先的预算；何况杨兄是稳重之人，常常是他败北退出的时候多。这样令他沮丧的故事，他也常会在电话上向我娓娓道来，但有时会义愤填膺；而我则听得如身临其境，却不免心有不平。然而由此也可以看出杨兄是一位讲义气重承诺的人。但他也有偶尔食言的时候，譬如我喜爱读北京赵丽雅女士的文章，想为《藏书家》约一篇她的大作，杨兄与她有深交，答应帮忙，可是最后却不了了之。这也算是我们之间的一个“小秘密”吧。

乙未白露于济南

寻访藏书家墓地（二）

韦力

刘向墓

刘向墓位于江苏省徐州市九里山，壬辰年夏天前往寻访。一路上见到麦田虽然欲黄未黄，但成熟气息扑面而来，令人心怡。寻访刘向墓之前，在淮安寻访桓谭藏书遗迹未果，颇担心对于刘向的寻访也会没有结果，因为仅查找到其墓遗迹在九里山，却不知在山上具体哪个方位。刘向与其子刘歆是中国目录学的创始者，对于我而言，可以称得上是祖师爷的祖师爷，如果又是一个没有踪迹的答案，我会极其遗憾。

刘向字子政，本名更生，后改名向，是汉高祖刘邦弟弟刘交的四世孙，西汉时期著名的经学家、文学家及版本目录学家。他十二岁做辇郎，二十来岁任谏议大夫，之后因官场政治斗争失利，一度隐居八年，在此期间撰写了《疾谗》《救危》《世颂》《擿要》等著述，以期利国救民。公元前26年，汉成帝刘骜鉴于典籍收藏不多，且多散佚，利用不便，下令陈农至全国各地搜求遗书，同时命刘向整理国家藏书。从这一年开始，直至公元前6年去世，刘向在这十九年里将全部心血倾注于整理、校勘古籍及编撰书录。所谓的书录，也就是后来的解题与提要，刘向所撰写的书录大致内容有三个方面，其一是列述定本的篇目，其二是记述校订情况，其三是讲述定本旨意，并简述作者情况及其时代背景和学术源流，这些书录后来被集中在一起命名为《别录》。然而在校书编目的工作即将结束时，刘向却病逝了，汉哀帝遂命其子刘歆继续校书编目。

刘歆是刘向的第三子，字子骏，后更名秀，更字颖叔，是西汉末年古文经学的创始者，同时也是一位天文学家，著有《三统历谱》。他从二十六岁起与父亲一同校勘典籍，于六艺群书无所不究。刘向去世时，刘歆已经四十七岁，又经过两年的整理，刘歆在《别录》的基础上整理提炼出《七略》。所谓“略”，指的是篇幅较《别录》大为减少，《别录》共有二十卷，《七略》仅七卷，共著录典籍六百零三家，一万三千余卷，这些典籍又被分为六大类：六艺略、诸子略、诗赋略、兵书略、数术略、方技略，六略之前再加上序言辑略，故名《七略》。《汉书·艺文志》中曾经记载这段历史：“诏光禄大夫刘向校经传诸子诗赋，步兵校尉任宏校兵书，太史令尹咸校数术，侍医李柱国校方技。每一书已，向辄条其篇目，撮其指意，录而奏之。会向卒，哀帝复使向子侍中奉车都尉歆卒父业。歆于是总群书而奏其《七略》，故有《辑略》，有《六艺略》，有《诸子略》，有《诗赋略》，有《兵书略》，有《术数略》，有《方技略》。”

《七略》发明了中国最早的图书分类法，是中国历史上第一部综合性目录，同时也是我国首部国家藏书目录，刘向父子则是中国目录学史的创始者与奠基人。《七略》的产生，早于西方目录学之父吉士纳的万象图书分类法一千五百多年，对于后世的目录学有着极其深远的影响，史学家范文澜评价称：“西汉有《史记》《七略》两大著作，在史学史是光辉的成就。”对于目录学上如此重要的人物，吾辈后学，理当亲身前往拜祭。

但是能找到刘向墓吗？我其实并没有把握。九里山东西长九里，故名九里山，又名九嶷山，自古以来为著名军事要塞，据说楚汉相争时，韩信在此伏兵与楚军鏖战，大困项羽，可以想见当年地势之险。关于刘向墓，最早有郦道元《水经注》记载：“彭城北三里，有石冢被开，传言楚元王之孙刘向冢。”民国《铜山县志·古迹考》亦载：“刘向墓，城西北二里演武场南，墓侧旧有祠。黄河南徙，墓在北岸，距河十数步。道光二年圮于河，今迁于徒山口迤南。”又查得资料称，当地政府解放前曾重建纪念墓于北火车站北部，解放后又将墓迁往九里山，如今墓已被毁，仅有一块明嘉靖年间的墓碑还在山上。

快到九里山时，我开始担忧，刚刚在淮安寻找桓谭的经历让我颇为不快，非常希望能够找到刘向墓，因为刘向尚有墓碑可寻，而刘歆墓已经是全无遗迹，如果连刘向墓都找不到，那么目录学史上筚路蓝缕的两位前贤，就会成为我寻访之旅中的极大遗憾。沿311国道进入徐州后，我请司机沿着九里山边开边打听，一位老者自称从小就生活在此地，却从未听说过刘向墓，闻言颇令我绝望，但仍然不死心，继续找人打听。大多数人一听我要找古墓，马上指我去“龟山汉墓”，看来此墓在当地极有为名，可惜不是我要找的对象。最后无奈，请司机将车停在九里山的入口处，硬着头皮徒步登山寻找。

上山不多久，即见一岔道，左边有间寺庙，侧门上写着“白云寺”，右边一条小径隐于林中。我选择了右边的小径，果然前行未久，就看见前面有墓碑，大喜过望，连忙跑过去细看碑文，始知是空欢喜一场，虽是墓碑，却与刘向无关。略觉失望之余，仔细打量前路，感觉不像是有古迹的样子，于是掉转头回到刚才的岔道上，决定去白云寺打问。重新回到白云寺时，门口坐着一位老者，看样子是居士，却并不怎么虔诚的样子，我不报希望地向他请教是否知道刘向墓，没想到他居然说：“刘向墓没有，不在这山上。但是有个跟他相关的石碑在那边，得从这里下山，从那边再往上，跟这寺是同一个方向，但是两座山。你难得找啰。”我大概明白了方位，但是仍然怕找不到，看他说得这么详细，有心掏钱请他带路，又生怕自己唐突伤到他的尊严，看他比划的样子，似乎山路不近，也不是顺便能做的事，一咬牙自力更生，下山请司机开到另一条山路入口处，重新上山。

走了一段羊肠小径后，眼前出现一个村子，奇怪的是村子里极安静，有心找人问路，却一个人影都不见，反而是看见好几个猪圈，里面圈着不少的大肥猪。我当然知道向猪是打听不到路的，继续向村中走去，村子里一个人都没有，不知哪里窜出一条狗，冲我吠了两声之后，甚觉无趣，又懒得理我了。我当然知道向狗也是打听不到路的，但狗一定是有主人的。我跟着狗来到一家小院前，果真看见一位中年妇女从院中走出来，总算看到了人烟！我马上向她打听刘向墓，她指了指穿村而过的小路说，就在这村后的山坡上，沿着这条路上去就是。谢过她，继续沿着小路上山，小路不断出现歧路，但是已经无人可以打听了，只好凭着感觉选择，好在事实证明每次选择都是对的。来到最后一个歧路时，方犹豫间，忽然见到左侧的树影中隐约有一亭角伸出，大喜过望，如果这种地方出现亭子，那一定与刘向墓有关。

果然再上一段，就看见了完整的刘向碑亭，从样式看，应当为近十年所建，但已尽显斑驳，显然无人管理，亭正中立着一块石碑，上面用白石灰涂着巨大的“篮球天才”及“NBA”，走近再看时，才发现不仅石碑上涂满文字，整座亭子里外上下，凡可以涂字的地方全都涂满了莫名其妙的文字和名字，令人叹为观止，让我百思不得其解的是，连亭子顶上的梁柱都涂满了文字，涂写者是站在什么地方涂上去的呢？这应该就是刘向墓的遗迹了，我努力辨识碑文，碑额上有“汉楚元宗刘氏墓表”双行八字，下面的小字已难以辨识，背后碑额上有“大明后续宗枝”字样。这就是今天能够找到的与刘向墓相关的惟一遗迹，看着这涂满字的碑与亭，我有些感慨。于今天而言，一百个青年人中，估计有九十九个都知道NBA，但恐怕知道刘向的百人中不见其一。做为版本目录学的祖师爷，其墓不知所终，其碑沦为涂鸦场，久处深山，一年里估计没有几个人会专程上来拜祭，不知刘向是否会觉得寂寞，然而版本目录之学，本来就是寂寞的。

从刘向碑亭下来，重新穿过小村，忽然想到碑亭是找到了，可是这碑亭的具体地址应该如何写？于是我重新找到刚才的小院，那位妇女见我又返了回来，一点儿吃惊好奇的表情都没有，等着我继续开口问话。我解释说想知道这个村庄的名字，因为刚才穿村而过，既没看见村牌，也没看见门牌。她告诉我说这里叫猪窝村，我以为自己听错了，刚才的确看见许多猪窝，难道这个村子真的这么名副其实？我掏出纸笔递给她，请她写给我看，她羞涩地笑了一下，说：“不好浪费你的纸。”接过笔在自己手心里写出了“猪窝村”三个字，并略带歉意地说：“我的字写得不好。”这回轮到我羞涩了，因为她写的三个字工整端庄，反而我的字歪歪斜斜。

刘向碑亭

回到家后我继续查找相关资料，无意间查到刘向碑亭所在具体地址，按官方的说法是九里村五组，但那位妇女端端正正写下“猪窝村”的情景让我印象极深，这又让我想起在灰堆村遇到的一位村民，不管政府将村名怎么改来改去，他们一直称呼自己所在的小村为灰堆村，可能猪窝村也是这样吧，不知刘向更喜欢哪个村名。

班固墓

班固墓位于陕西省宝鸡市扶风县太白乡浪店村，其墓之寒碜，令人大为意外，甚至怀疑真假。

说到班固，大多数人都会想到他是史学家，因为他所著的《汉书》是中国第一部纪传体断代史，与《史记》《后汉书》《三国志》并称为“前四史”，其史学家的地位不容置疑，但他同时也是目录学的开山人物，“目录”这个词的最早出现，就是在班固《汉书·叙传》中：“刘向司籍，九流以别，爰著目录，略叙洪烈。”刘向撰写了中国历史上的第一部书录《别录》，其子刘歆在《别录》的基础上撰写了《七略》，成为中国历史上第一部综合性目录，但是这两部书都没有流传下来，早在唐代就已经失传，仅有《七略》在班固的《汉书·艺文志》中可窥一斑。

班固字孟坚，生于建武八年（32），卒于永元四年（92），出身于“家有藏书，内足于财”之家，《汉书》这部史学巨著并非班固一人之力，而是集中了班氏一族好几个人的力量，始得以大成。班氏成为史学世家之始，起于班固的伯族班斿，班斿曾任汉朝的秘书之副，参加过刘向主持的校书工作。班斿之弟班彪，即班固的父亲，字叔皮，出身儒学世家，专心史籍，司马迁作《史记》之后，许多人采集时事以续《史记》，但多有狗尾续貂之嫌，班彪博学多才，长于著述，搜集前史遗事，撰有《史记后传》，成文六十五篇，但书未成而人已逝。班固整理父亲遗稿时，发现《史记后传》记述不详，且有遗漏，于是另起炉灶，在《史记后传》的基础上，开始撰写《汉书》。在撰写期间，班固因有人告其私改国史而入狱，后经其弟班超多方奔走始得获释，之后汉明帝看了班固的书稿，很是赞赏，决定重用，于是自从永平六年（63），班固在东汉政府图书馆兰台开始了典校秘书，并且撰写国史《汉书》。然而《汉书》尚未撰完，又因窦宪兵变引发株连事件，班固死于狱中，之后其妹班昭在马续的协助下，继续整理续写，终于完成了《汉书》。

《汉书》于史学而言，是一部煌煌巨著，而其中的《艺文志》这一部分，无意间开启了史志目录学的一片新天地，同时也是全世界现存的最早的图书目录。在这里，《艺文志》中“艺”代表着“六艺”（诗、书、易、春秋、礼、乐），“文”则指文学百家，“艺文”二字在此代表着包括六艺百家在内的一切书籍。清代学者金榜曾评价《汉书·艺文志》：“不通《汉书·艺文志》，不可以读天下书。《艺文志》者，学问之眉目，著述之门户也。”章学诚在《校雠通义》中称：“刘《略》、班《志》，乃千古著录之渊源。《艺文》一书，实为学术之宗，明道之要。”姚振宗更进一步评价说：“今欲求周秦学术之渊源，古昔典籍之纲纪，舍是志无由津逮焉。”

自从班固在《汉书》中加入了单独记录典籍的《艺文志》后，后世修史者多有效仿，在史志中加了“艺文志”或“经籍志”，从汉到清，各种正史艺文志及补史艺文志、经籍志等，有数十种之多，形成了中国正史中独特的史志目录。对于目录学如此重要的一位人物，却一直被其史名所掩，大多数人们提到班固时，仅仅将其停留在史学家的层面，不能不说是有些遗憾。在我最初的寻访计划中，虽然也将班固纳入史学类寻访名单，但进入扶风县后，班固的形象在脑海里越来越清晰，于我等热爱典籍者而言，其目录学史上的地位越来越强烈！

出发前在书斋里查找班固墓资料，有记载称班固葬在扶风县张家沟，即今天的扶风县太白乡浪店村。进入扶风县后，沿104国道西行，这段路虽然称为国道，却路况极差，沿途极少见到路牌，村名牌更是一块都没有见到，只好不断停车向人问路，后来问到一位老者，一时说错了嘴，本来要问浪店村，结果问成了张家沟怎么走。好在老者恰好知道，风趣地说：“前面五公里就是张家村，但是没沟。路边北侧有班固墓，过了墓不远的村庄就是。”不问而自答，让我喜出望外，连声谢过，回到车上继续向前。时值三月，正是春寒料峭，此刻又下起了细雨，开始担心相机会受到影响。果然，没走多远就看见路边北侧有一座墓冢，的确紧紧挨着马路，与资料上查到的记载一模一样，可是这座墓冢怎么看都是新坟，整个墓冢与周围的泥土都是翻动过的新土，似乎刚刚堆起来不久，而且周围空空荡荡，没有墓碑，没有护栏，没有松柏，有的只是周围青青的小麦。

带着怀疑，我还是下车去看了看，这座新坟没有墓碑，只是突兀地出现在路边的麦田里，但距离墓冢两三米远、紧紧靠着马路的地方，有一块近乎正方形的水泥碑，弯腰看了看，居然清清楚楚写着“班固墓”。眼前所见让我极为震惊，班固墓居然如此模样，这也太儿戏了吧！我甚至怀疑这只是民间为了纪念班固，自发堆起来的衣冠冢、纪念冢等等，并不是真正的班固墓，但是水泥碑上又清清楚楚刻着“陕西省重点文物保护单位”，以及“公布单位：陕西省

班固墓

人民政府”和“公布时间：一九五六年八月六日”，立碑单位则是宝鸡市人民政府。这难道是真正应验了《好了歌》中所唱的：“古今将相在何方？荒冢一堆草没了？”我有些茫然，一时接受不了，总觉得这不是真的。看看周围，不远处的麦田里还有几座墓冢，看上去比眼前这座要陈年许多，而且都有着高大漂亮的墓碑，每个墓冢旁边都种着一两棵树。我决定去看看那几座墓冢，也许那里面才有真正的班固墓。

但是，这些墓冢全部都分散在麦田里，中间并无小路可通，我只能从麦田里小心地走过去，尽量不要踩到麦苗。然而连日的阴雨，再加上正在下的小雨，麦田里泥土极松，每一脚下去，再抬起来都是千斤之重，带起来的泥土很快就糊到了裤子上，至于鞋子，早就沦陷得一塌糊涂，但也顾不上这些，不证明一下，我实在难以接受班固墓的现状如此寒碜。可是事实让我更加沮丧，这几座墓都和班固无关，有清代的，也有民国的，现实清清楚楚告诉我，那个最难以接受的小孤坟，就是班固墓。我极失望，却说不出失望的是什么，就像一个人怀抱着热血想要干一番事业，血沸腾了，却没人告诉他事业是什么。我回到班固墓前再一次仔细地看那块文保牌，让自己接受现实，并安慰自己，也许正因为班固墓年久失修，当地政府刚刚来培过土，所以才显得如此新，可是即便是刚刚培过土了，也只有半人高，比那些民间百姓的墓冢仍要小得多。一代鸿儒竟是这等结果，让我颇生幻灭之感。

杨以增墓

杨以增墓在山东省聊城市东昌府区侯营镇田庄村的苗圃内，现在地上的建筑包括墓冢与石碑等，已经看不到了，能够看到的只有一片小树林。在网上查到这个地址时我很兴奋，以为可以一次性找到海源阁杨氏一门五代的坟墓。按以往的经历，一个家族墓里，至少也可以找到两三代人，可是去了以后才知早就被平了，也明白为什么山东地方史志资料上说到杨以增家族墓地时，每每都是语焉不详。

杨以增是海源阁创始人，然而以杨氏藏书渊源来说，却是第二代。杨氏藏书起自杨以增的父亲杨兆煜，当时的堂号尚未起用海源阁，而是袖海庐和厚遗堂，海源阁之堂号起用于杨以增时期，取《学记》中“先河后海”之意，之后海源阁历经杨以增之子杨绍和、孙杨保彝、曾孙杨承训，一共五代递藏，终于民国年间。海源阁鼎盛时期，海内藏书界有“南瞿北杨”之称，“南瞿”指江南瞿家铁琴铜剑楼，“北杨”即指杨氏海源阁。江南为历代藏书渊薮之地，古籍聚散多不出江南，可谓楚弓楚得，数百年来藏书名家代不乏人，杨氏能够在古籍资源相对匮乏、藏书气氛远不如江南浓郁的山东聊城建起海源阁，并与铁琴铜剑楼相峙而立，从某种角度来说，应该是比瞿氏更为难得。

但是海源阁的崛起，仍然离不开江南这块人文宝地。海源阁第一次大规模收书，是杨以增出任江南河道总督时期，恰逢汪士钟藏书散出，杨以增趁机收购，并借职务之便，以运粮船将之运回山东。到杨绍和时期，怡亲王府因为得罪慈禧被抄家，怡府藏书因之而散，正在京师任翰林院侍讲学士的杨绍和趁机收书，此为海源阁第二次大规模收书，而怡府藏书其实亦源自江南，故海源阁虽起于山东，实根于江南。有意思的是，这两次大规模收书，不仅都与江南相关，而且都与钱谦益相关。

当年绛云楼失火后，钱谦益将一部分烬余送给了钱曾，另一部分被毛晋汲古阁所得。钱曾的藏书后来半数卖给了季振宜、徐乾学，季、徐二家藏书散出，一部分经何焯介绍，归于怡亲王弘晓，另一部分陆续为黄丕烈所得。而黄丕烈之后，士礼居所得之绛云烬余又经汪士钟，部分归入海源阁。怡亲王弘晓是康熙的第十三子，性喜嗜书，有堂号“乐善堂”“明善堂”及“安乐堂”等，乾隆年间四库馆开，朝廷下令向全国征书，唯有怡府藏书可以不用进呈，因此怡府藏书一直延续百余年，直至同治末年始行散出，其中精品又被杨绍和所得，归入海源阁。绛云烬余能够在散落民间两百多年后，重聚于海源阁，可以说是奇迹。

关于杨氏家族墓，资料并不多。《聊城县志》所载《杨以增传》中并未说明其墓的具体地址，最后只记载：“咸丰五年冬，卒任。照军营病故例。赐恤，予祭葬，谥端勤，祀乡贤。”杨绍和《墓志铭》则记云：“藏书之富冠于海内，著有《楹书隅录》二十卷，诗文集十二卷，娶傅淑人，江苏巡抚傅公绳勋长女，后公六年卒，合葬于聊城池西一乡田家庄孝思原。”田家庄就是今天的侯营镇田庄村，这个地址还是我无意在网上查到的。既然有了具体地址，那么聊城，应该再去一次。

聊城来过数回了，比较熟悉。这次没有打扰各位书友，从北京乘高铁到济南，出高铁站后立即转车至聊城，再打上出租车前往侯营。时值初秋，已经有些微微的凉意，天色黑得极早，在京时尚不觉得天黑得早，来到聊城始有些担心，希望能够在天黑之前找到杨以增墓，此时尚不知道其墓早已夷为平地。侯营镇距离聊城市区大约三十公里，一路上与出租车司机聊天，说到海源阁，他们都知道是个藏书楼，但说到杨以增就不大有人晓得了。我想侯营镇田庄村这么具体的地址，应该很容易就能找到，但是来到这里才知道，田庄村颇大，当我向人们打听“杨以增家族墓”时，人们往往反问我：“哪个组？”要不就是：“你给他打个电话不就知道了？”我颇无奈，发现很多人都不知道“杨以增”这个名字。后来，终于遇到一位年岁大的，问我是不是要找“杨家的坟”，然后指了方向对我说：“过了一条河，再往前走不远就是了。”

我想，来到这被称为“杨家的坟”的，应该就是杨以增家族墓了。我按照老人所指过了河，继续往前走，可是路越走越烂，似乎是下过雨的样子，处处泥泞，根本不似有村庄的模样，禁不住开始怀疑是否走错了，偏偏这种地方前不着村后不着店，要么退到刚才的大路上重新打问，要么就硬着头皮继续找，这时一辆小农用车从后面过来，我赶紧下去打听。这一回我聪明了，不再说“杨以增家族墓”，改问“杨家的坟”，果然对方一听，马上明白我要找的地方，对我说：方向是对的，继续开吧，前面有个苗圃，里面就是了。

于是我继续往前开，太阳已经完全下山，我担心即便找到了也无法拍照，去年在义乌找骆宾王墓时，就因为时间没掌握好，找到墓时天色已全黑，即使司机打开车头大灯为我照明，也无济于事。车开了不久，终于又看见一个人影，一位老农在前面放羊，我赶紧请司机把车开到近前，下车问路。老农一听，抬手指了路边的一个单位大门说：“就在里头，早就没了，就几块碑在里边。”意外地是，他还说了一句：“杨以增嘛，藏书的。”我有点愣，一路上都没人知道杨以增，一位羊倌不仅知道他，还能说出他是藏书的，有时候民间人士还真不能小觑。然而，来到这里才听见说墓没有了，我很意外。我问老农能否带个路，即便是没有了，那么原来的墓在什么地方，可不可以带我去看一下。老农颇踌躇，看着他的羊说：“我得看羊，丢了我儿子要骂人的。”我看了看这周围，这么偏僻的地方，走这么久才看见他，会是什么人来这里偷羊呢？又不好说出“丢了我赔”这种话，想了想，我对他说：“要不请我们司机替您看着，您带我进去，拍张照片就出来，我特意从北京过来的，来一趟不容易呢。”这是我的小心思，因为我发现在农村寻访，很多时候打出“北京”这张牌，村民们往往就配合了。果然老农慢慢地把羊拢到一起，拴在一棵小树上，一边拴一边说：“好几千块钱呢。”我吓一跳，刚才没说出来的话难道被他听见了？

原来这里是苗圃。大门两边挂着单位牌子，左边是聊城市直苗圃，右边是聊城市林木良种繁育中心和生物防控研究中心。大门距离泥泞路有一些距离。进去后，里面是几排平房，老农先带我去平房前的空地上看几块碑，嘟嘟囔囔地说一些话，可惜是当地话，我听不懂，只好猜测这些就是杨以增家族墓里石碑。这些石碑每隔十余米一块，平放在地上，下面垫着一些红砖，变成了苗圃员工们用来晒果子、放农具的石桌，而且大都是背面朝上，不知道正面刻些什么。只有一块石碑正面朝上，但字迹已经模糊，加上时间不足以让我细辨，只能看见碑额处“聊城县示”四个大字，中间刻有一方官印，虽然模糊，但我知道那方官印上面是刻的是满汉“聊城县印”四字，因为寒斋恰好藏有海源阁钤“东昌府印”及“聊城县印”两方官印的《海源阁书目》及《海源阁金石书画器用总目》。

我拍照间，两位年轻人从平房里走出来，我向他们请教这些石碑是杨以增家的吗？他们摇摇头，对这些石碑毫无兴趣：“不是的，和杨以增没关系。”我略有些扫兴，继续请教：“那么，杨以增的墓在这里面吗？”他们手一指：“在那后面，现在什么没有了，你什么也瞧不见。”我请老农带我去杨以增墓旧址，他带我来到平房后面的一片小树林，站在林子中间，说：“以前就在这里的。”可能因为这里是苗圃，所以树林里的树都很小，而且每一样都只种一小片，仅这一带就种了四种树，分别是白蜡、松树、桃树和苹果，老农站的地方略微靠近白蜡，表示以前杨以增的墓就在这里。然后他慢慢地走了一个圈，一边走一边说：“从这里，到这里，都是。”

老人所指处即杨以增墓

树林里泥土很湿，显示刚刚下过雨，林子里一片初秋景象，落叶与枯草，还有低着头慢慢走的老农，眼前这些让我有些难以接受，藏书史上如此重要的一位人物，或者不论藏书，对于聊城来说，如此重要的一位乡贤，其墓竟然被平到如此无影无踪。如果我再过数年来到，知道旧事的老人逐渐离世，也许再难找到这个地点，因为这里的确是一点标记都没有。而这位老农，他是因为生于斯长于斯，种种旧事皆为亲见，所以才这么清楚。若干年后，老农的后人知道吗？或者，杨氏的后人知道吗？

杨氏的后人是知道的。我问老农，这么重要的人物，当地政府为什么不重修呢？老人家说了一个名字，我听不大清楚，大意是以前这里有石人、石马、石狮子，“文革”时都扒了，又说前几年杨大安的孙子的女儿想来修坟，后来不知道怎么又没了下文。“那个杨大安，只有女儿，没有儿子，所以过继了一个，过继的这个人的孙女前几年来过，想修，没有修起来。”我当时没有反应过来杨大安是谁，回到酒店始想起来，杨大安就是杨保彝，杨保彝无子，过继族子杨承训为嗣。《聊城县志》中《杨保彝传》最后一段记载：“无子，择族子嗣。病革时，以祖父所遗海源阁宋明板书及古字画金石，禀官立案，永作家祠世守，勿为子孙毁弃，论者谓其保存先人遗泽为无忝所生云。”寒斋所藏钤有官印之《海源阁书目》，即当年杨保彝禀官立案之本。

回到书斋后，再次翻查资料，在《聊城文史资料》上看到一篇《杨大安殡葬纪实》，讲述1910年杨保彝在聊城病逝后，丧事办得极为阔绰，耗银十八万两。当时全县的扎彩匠人全部被请到火神庙为杨保彝扎童男童女，所用皆绫罗绸绢，全城的厨师都被集中起来为丧事服务，连路人都能随时入席就餐，更不用说出殡当日的警备队放哨开路等。杨保彝入殓所用棺木为极贵重的阴沉木，由三十二名杠夫全部穿起孝服抬棺，因棺木过大，遇到路窄转弯时极为困难，为了鼓励杠夫出力，第一个转弯困难处由原配夫人亲自打赏，后面转弯处则安排姨太太们打赏，但仍然黄昏时才抬到墓地，第二天始下葬。现在想想，当年如此大规模的出殡，倾城出动来办一场丧事，其墓地又该何等壮观，哪里会想到百年后，墓地居然无影无踪，看来沧海桑田，百年足矣。

新书架

七录斋合集

（明）张溥 撰　曾肖 点校
ISBN 978-7-5333-3241-9　平装　16开　一册
2015年8月版　158.00元

七录斋，是明代著名文学家张溥的书斋名。张溥善读能书，著述宏富，涉猎广泛，尤长于经史。其作以“七录斋”冠名，传刻多而广。本书以张溥现存四种《七录斋集》中经史论著、诗文作品及《汉魏六朝百三名家集》等为底本，汰重去复，精审考辨，汇集而成《七录斋合集》，全面展示张溥的文字与思想。

相逢总是缘
——张振铎先生与古籍抢救

张金钊

原天津古籍书店经理张振铎先生，从事古旧书业务五十多年，毕生从事古籍版本鉴定和目录学研究，是全国知名的古籍版本学家。他为抢救、挖掘、收集和保护古籍善本倾注了大量心血，宋刻本《周曇咏史诗》的失而复得，就是其功劳之一。

周曇《咏史诗》有丛书本，收入明人编辑的《唐百家诗》，仅嘉靖年间一刻；有丛编本，即编入《唐音统签》、《唐诗》稿本及《全唐诗》；还有两个删节本，见《唐诗类苑》卷六十八、《古今图书集成·理学汇编·经籍典》卷四一十七史学部艺文二。但以上数本均为删落注评而单存诗作的白文本。宋刻本《周曇咏史诗》是传世版本中唯一集诗、注、评于一体而保持原貌的本子，属海内孤本，具有很高的学术价值。此书共三卷，收诗一百九十五首，均为七言绝句，且皆以历史人物为题。每首题下述大意，诗下引征史事，而间以己意论断之。此书为宋福建刻本，纸印精美，宋本之佳者。此书除《天禄琳琅书目续编》著录外，明清两朝未见传本。围绕这部书的失而复得，还有一段鲜为人知的感人故事。

我国著名古籍版本学家、收藏家、原天津市副市长周叔弢先生在20世纪30年代时曾见到此书。当时，北京琉璃厂一书友携两部宋版书《周曇咏史诗》和《寒山子诗》来津求售，周老当时因财力所限，只留下《寒山子诗》，而与《周曇咏史诗》失之交臂，但此后周老一直惦记着这部珍贵的人间孤本。解放后，周老从朋友处得知，此书被天津吴颂平收藏，深喜孤本犹在人间。“文革”期间，传闻此书被作为“四旧”销毁，已化为灰烬，周老闻听忿惋之情不能已。70年代末，一次周老到天津古籍书店看书，他是这里的常客，时任书店经理的张振铎兴奋地让周老看一部书，周老一看，竟是自己五十余年来梦寐以求的宋版《周曇咏史诗》。原来，张振铎在清理书店准备处理的废品堆中，发现了这部书。张老有个习惯，凡是准备处理、销毁的废纸残片，他都要再过一下目。正是这个习惯，才使这部当时已成散页的珍贵古籍免遭灭顶之灾。当时，周老闻听这一过程，惊喜过望，感慨万千，赞不绝口。后来，周老将这件事告之时任天津市文史馆长的陈邦怀老先生，陈老是我国著名的古文学和考古学专家，也是古籍书店的常客。陈老听后也十分兴奋，当即给张振铎写信说：“顷接周叔老来访，谈及吴颂平旧藏之《周曇咏史诗》为人间孤本。经由你从废品站买来（此处有误）将归市人民图书馆入藏（此处有误，此书未归天津人民图书馆）。你为人民抢救善本书，不让无知者送纸厂做还魂纸，真是功德无量！……今写小诗一首奉赠，此为书林佳话，宜为来者知之。宋椠周曇咏史诗，珍储天禄几人知。喜闻孤本今无恙，废品堆中搜得之。寄赠张振铎同志。天津陈邦怀，时年八十三。”

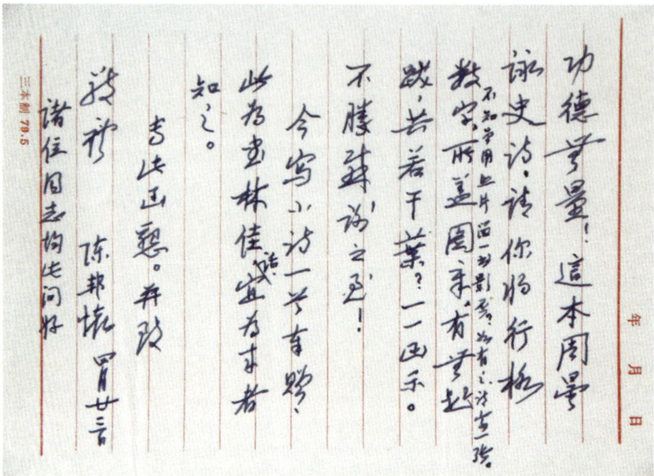
功德无量！這本周曇咏史詩，請你將行格数字（不知可用照片留一二影页？如有之，请寄一张。）所差周年，有无缺叶？装若干叶？一一函示。不胜鹄望之至！今写小诗一首奉赠，此为书林佳话，宜为来者知之。寄此函恳。拜致
敬礼
陈邦怀 四月廿三
诸位同志均此问好

陈邦怀函

1981年，天津古籍书店将《周曇咏史诗》用线装本影印出版，受到国内外学者的广泛好评。周叔老亲自为书作跋并动情地说：“孤本化身千万，珍善流传后世。”周叔老在跋中写道：“死者重生，断者复续，冥冥中若有神物护持，偶然之事，良友不可思议者。今者古籍书店拟付之影印，使人间孤本化身千万，甚盛事也。因略识数语于后，以述此书之幸存为之不易云。”

如今，周老、陈老都已作古，张老以九十五岁高龄仍然健在。张振铎一生从事古籍善本的抢救、收集、整理、修复工作，抢救的古籍善本上万部。如天津图书馆列为镇馆之宝的宋版《棠湖诗稿》，为岳飞之孙岳珂之作，也是张老从一堆列入一般书籍管理的书中抢救出来的。张振铎经营古籍书店，不认为仅

仅是商业行为，他把它看做是传播、抢救、挖掘、收集和保护祖国文化遗产的神圣事业。他对古籍善本简直就是着了迷，只要听到哪有古书的消息，他都亲自前往一探究竟。为此，半个多世纪以来，他走遍了祖国的大江南北，长城内外。从中原腹地到沿海边陲，都留下了他的足迹。经他亲手收集、挖掘的古籍文献逾百万册，其中珍善本四千多种，抢救了一批价值极高的孤本、善本。这些书中，仅唐、五代写本刻本就有三十多种，如敦煌莫高窟石室流出的《唐人写经》，五代刻板的文殊像等。宋刻本书二十多种，如《春秋繁露》《晦庵先生朱文公别集》、南宋临安书棚本《棠湖诗稿》、金刻本《中州集》等。明代刻本三千余种，如《革象新书》《辽东志》《东泉志》《南藏大藏经》等。早在1957年，有一次他到江苏南通兴仁镇，得知当地关帝庙内有一部佛经，亲自去看，经鉴定，是明万历年间刊印的《释藏》，又称《大藏经》，是全本，共有七千多册，是非常珍贵的版本，当时用四千元收下来。第二年，南通的同行又发现了一堆同样的书，他立即赶往南通。听当地书店的人讲，有人向他们出售一堆旧书，因店里没人懂得这些书是否有价值，就没有收购。结果这个人就将这些书卖给了废品站。他听到之后，立即让人带他去看，在废纸堆里将这批书找到。又得到一部五千多册的《大藏经》。

“文革”时期，天津被查抄的一些书籍、资料，曾存放在天津古籍书店的库房里，其中包括著名红学家周汝昌的书籍和手稿。当时查抄物品交接、保存比较混乱，在返还时，周老发现自己被抄走的一些手稿、资料遗失了，其中包括《红楼梦校稿》。此书稿是周汝昌先生逾半个世纪，根据存世的十一个古本《红楼梦》，一字一句精校而成。研求领会曹雪芹真文笔意，审辨伪文假续、窜乱讹误，力求恢复原貌，给广大红楼爱好者提供一个信本。它不同于含四十回高鹗续书的一百二十回本，堪称真正意义上的“曹雪芹著”。他托天津

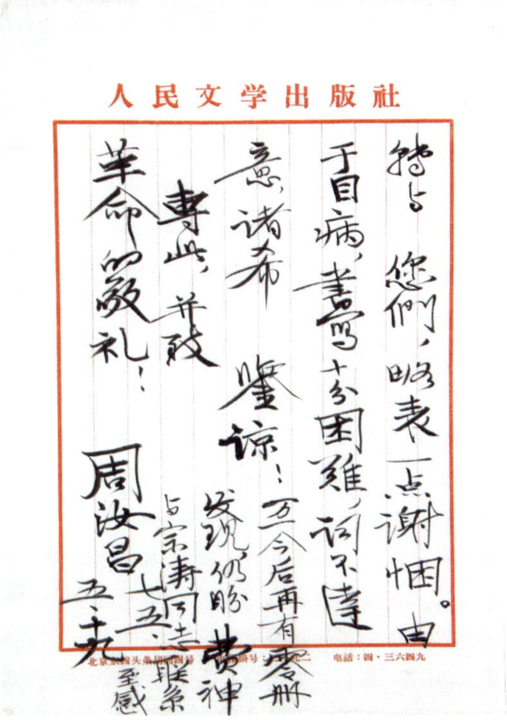
人民文学出版社

转与 您们，略表一点谢悃。由于目病，书写十分困难，词不达意，诸希 鉴谅！至今后再有零册发现，仍盼费神与宗涛同志联系，至感。专此，并致

革命敬礼！

周汝昌

七五、五、十九

周汝昌函

社科院历史研究所研究员涂宗涛找到张振铎。张老知道后，非常着急，虽然他和周老并不相识，但深知这些手稿、资料对周老，对我国的“红学”研究的价值，他组织专人进行查找，几经周折，终于将周老失落的《红楼梦校稿》找到，及时转送给周老。周老接到后十分感激，专门给古籍书店写了一封感谢信，信中写道：“由涂宗涛同志转到我旧日失落的红楼梦校稿，并告之我自始至终多蒙同志们大力协助，细心查找的各种情况，阅悉之下，真使我万分感动！对您们这种热情认真的精神深衷无限敬佩与感激！”周汝昌是我国著名的红学家，新中国红学研究第一人，他的代表作《红楼梦新证》是红学史上具有开创和划时代意义的著作。

2005年，由山西彭令发现、研究、整理并引起轰动的“钱梅溪手稿”，其中有钱永手录沈复《浮生六记》卷五《海国记》的佚文，也经过张老过目、鉴定和整理。2006年彭令带着这些手稿到天津找到张振铎请教，张老将破烂的《记事珠》稿本进行了鉴定和分类，分为杂记、金石字画、《覆园丛话》草稿和信札底稿四部分，并为其题写了“钱梅溪手稿”的书签并加盖印章。当时，对是否为钱梅溪手稿真迹彭令还心有疑虑，张老当时对彭令肯定地说：“纸张是对的，笔迹是对的，东西是对的。”特别珍贵的是，沈复《浮生六记》卷五《海国记》中有作者随清朝官吏出使琉球国经过钓鱼岛的记载，为钓鱼岛自古以来就是中国领土提供了有力的佐证。

蜚声卓越在书林——版本目录学家江澄波先生印象记

赵宣

作为一名目录学研究者，美国哈佛燕京图书馆的中文馆藏一直令我钦羡不已；作为一名高校图书馆文史哲方向的采访馆员，我对哈佛燕京之所以能成就今天的中文馆藏特色也是佩服有加。相比较而言，我常常心生感慨：国内很多图书馆的购书部门虽名曰“采访部”，但绝大多数仅圈选书商提供的几种主流征订目录而已，实在不能称得上“采”，更遑论“访”也。有鉴于斯，我得暑期之闲暇，驱车二百公里赴古城苏州访书访人。

吴门古旧书业历史悠久，明清两代，尤称极盛。刻书之精，藏书之富，书坊之多，除北京外，首推苏州。故海内学者采觅典籍，莫不于此求之。今平江区钮家巷之文育山房，不仅在吴语中与旧之文学山房异字同音，而且实系一脉相承。现店主江澄波先生正是昔日文学山房之后人。

文学山房主人江杏溪，娴于版本目录，又善访旧籍，苦心经营，遂名闻东南，为书林巨擘。杏溪原名如礼，以字行，祖籍浙江湖州织里镇。太平天国时期，其父椿山来苏，进阊门扫叶山房为店员。光绪七年（1881）生子杏溪，光绪二十五年（1899）创文学山房于护龙街嘉余坊口。1931年迁至大井巷北首，前有宽阔高敞的店堂，古书盈架，随人选阅；后有楼座，成为东南旧籍贩卖的名铺。此时，其子静澜已精于贩书之术，协助店务，经营古书益盛。如无锡朱达夫、吴下冯桂芬，以及管礼耕、叶昌炽、丁士涵、沈秉成、王同愈、单镇等人藏书，皆囊括于店中，海内珍本也时有搜集。于是南北名家时聚山房，若张元济、孙毓修、叶景葵、傅增湘、朱希祖、顾颉刚、谢国桢皆时来访书，像郑振铎、阿英等也皆是不速之客。至于吴门学者名流，更是不一而足，可谓群贤毕至。

文学山房1956年参加书业合营，并入苏州古旧书店。杏溪于1949年病逝。其子静澜继承遗业，曾任新华书店旧书回收部主任，1965年退休，1978年病故。其孙澄波幼得先人教诲，粗识版本；抗战胜利以后，又得潘景郑先生指教，尤精鉴别宋明版刻，善目录之学，公私合营后进入苏州古旧书店。文育山房则是江澄波先生退休以后，以耄耋高龄重操旧业，开的一家古旧书店。其间，它虽几度易址，从建新巷25号到小太平巷5号，最终落户钮家巷9号，但足以堪称目前苏州民营旧书业的一面旗帜。

时值酷暑，但素以园林之秀冠绝天下的苏州，依然游人如织。沿着临顿路向南走不远，便是钮家巷了。进入巷口大约不到二十米，很容易便找到文育山房。只是眼前的情景，让人颇感失落。一是印刷体的“文育山房旧书店”几个大字，让人再也找不到当年水竹邨人徐世昌及翰林曹福元所书“文学山房”的古朴遒劲；二是书店裹挟在修车铺与小吃店之中的不伦不类，让人无法想象解放前吴中护龙街自察院场至乐桥一段，大小旧书铺林立其中的和谐与昌盛。由于来得较早，山房尚未开张，我坐在门前古槐下的竹藤椅上，倒是找到了一丝读书人的惬意和散淡。不一会功夫，远远看见一老者从巷子另一头踽踽行来，个头不算高，圆圆的脸庞上架着一副硕大的老式眼镜，腋窝下似乎还夹着一包书籍——牛皮纸包扎得严严实实的。他就是著名的版本目录学家江澄波先生。

甫一坐定，寒暄几句后，我便迫不及待地询问，能否一睹《文学山房丛书》（以下简称《丛书》）以及《文学山房明刻集锦初编》（以下简称《初编》）？当年，文学山房用聚珍木活字精印的《丛书》共出四集二十八种，以连史纸印行，所编内容以训诂、考证及书画题跋为主，曾风行一时，远销日本欧美。《初编》则选明版书一百六十种，每种一页，加以提要，于版本目录学研究功莫大焉。该书发行后，各地图书馆争藏，惜仅辑成三十余部，现吴门公私藏家均无是编，其珍贵可知。据江老告知，文学山房后又得蒋凤藻《心矩斋丛书》及谢家福《望炊楼丛书》书版，亦重印发行；1935年起，文学山房每年还编印存书目录，先后出过三期，分别由瞿启甲、叶恭绰、吴梅题写封面。遗憾的是，公私合营后，运动频仍，以上种种，江家竟已无一部私藏。《初编》编成后，潘景郑先生甚至因自身成分之忧没敢应约为之作序，后改为顾颉刚先生作序，顾廷龙先生题署。昔日运动之惨烈，于此亦可见一斑。

令人稍感欣慰的是，20世纪80年代初，江澄波先生从北京图书馆（今国家图书馆）复印过一份顾颉刚的《初编》序言，从中可知，顾先生对文学山房所刊刻之书评价甚高：“苏州文学山房夙为书林翘楚，江君静澜及其文郎澄波积累代所学，数列朝缥缃如家珍，每有所见，随事寻求，不使古籍有几微之屈抑。”“其于省识古文献之用，远出《留真谱》复制之上，洵为目录学别开生面之新编。得是书者，合板本图录而观之，有明一代刻书源流，如指诸掌矣。”“甚愿江君父子，更进一步，搜罗清代名刻之残者，同例分集装行，盖木刻之风，兹已届歇绝之期，必有此书而后得以揽其后期之全貌，固以评察板刻终始递嬗之迹，其为功顾不伟哉！临颖殷望，跂而求之。”可惜的是，仅仅三年后，书业便已公私合营，其后“文革”爆发，江澄波更被下放至苏北阜宁参加劳动几近十年，顾先生殷殷期望的《文学山房清刻集锦初编》终究化为泡影。

知道我来自古城扬州，江澄波先生特意引我至里间，小心翼翼地打开刚才进店时用牛皮纸封得严严实实的包裹。原来，里面是太谷学派第二代传人张积中撰的《白石山房诗钞》、第三代传人黄葆年撰的《归群草堂诗文集》、第四代传人李泰阶撰的《双树书屋诗钞》及黄寿彭撰的《远香书屋诗文钞》等一批扬州地方文献珍本。江老坦言，成功竞得过云楼剩余四分之一藏书的凤凰集团，正有意将其纳入拟建中的藏书楼，但他更希望这批珍贵乡邦文献能回归故土，有益于后学。殷殷之情，溢于言表。

回到店堂，顺着刚刚收购太谷学派文献的思路，江老谈起了他下放期间收购宋蜀刻大字本《元包经传注》的经过。此书从藏书家张石铭后人处流出，书品宽大，纸洁如玉，墨光似漆，可称宋蜀刻中之上驷。南京图书馆本有意购买，只因杜信孚先生误鉴为明版，竟被退回了古旧书店，后为上海图书馆收藏，成为镇馆之宝之一。于是，我向江老请教，《丛书》最后一种《西圃题画诗》扉页有潘宝沂题签署“丙寅秋九月下浣”，其中之“下浣”作何解？江老淡然一笑说：“农历的二十一到三十日啊！”回想刚才翻检李泰阶手札时，就台甫尊称和古人不能直呼其名问题，江老就信手拈来民国藏书家怀辛斋主人许博明和叶德辉之间的一段逸事加以佐证。由此令人不得不感喟，前辈大家史料之娴熟，根柢之扎实，实非我辈所能逮。

临别之际，江老拿出早已题签的《古刻名抄经眼录》相赠，并略显歉意地说，《江苏活字印书》已经送完了，只有以后找到再送你了。江老告诉我，昔日鲁迅曾与郑振铎编《北平笺谱》，目前他正着手编《苏州笺谱》，已收集了二百多幅，最早一张是道光年间潘世恩为纪念其父生日所造之笺，“要是有江标的十六幅藏书家图作为参考才好哩”。言语之间，让人丝毫感觉不到这是一位已届八十七岁高龄的老人。从业师徐复先生，到瞿冕良、张秀民、沈燮元、骆伟诸先生，再到眼前的江澄波先生，这些我求学或拜谒过的前辈学者，他们给我最深的感受就是——视学术为生命。他们无一例外地都达到了治学者的最高人生境界，这似乎也是我辈与前辈学者最大的差距吧。

江氏三代，蜚声书林，传为美谈。20世纪80年代初，著名历史学家谢国桢先生以八十二岁高龄莅苏访书，特赋七绝一首赠江澄波先生云：“性耽搜讨到吴门，历识君家数代人。发潜彰幽君独秀，蜚声卓越在书林。”诚哉斯言！

参考文献：

①江澄波：《苏州古旧书业简史》，《苏州史志资料选辑》第1、2辑合刊（总第19、20辑），苏州市地方志编撰委员会办公室等编1992年版。

②沈延国：《苏州文学山房记》，《苏州文史资料选辑》第13辑，苏州市政协文史资料研究委员会编1984年版。

③江澄波：《古刻名抄经眼录》，江苏人民出版社1997年版。

④李军：《百年芸香　文学山房》，《苏州杂志》2010年第4期。

新书架

清儒地理考据研究

华林甫　主编

ISBN 978-7-5333-3378-2　平装　16开　四册　2015年6月版　386.00元

本书为2015年度国家出版基金项目。

本书分《先秦卷》《秦汉卷》《魏晋南北朝卷》《隋唐五代卷》，对清代考据学派的地理考据内容进行实证性个案研究，在此基础上，全面、系统、客观地总结了清代地理考据的成就与不足。本书史料翔实，论述深刻，不仅填补了这一研究领域的空白，并且在清人研究的基础上，对传统历史地理学问题也提出了一系列新的见解，具有较高的学术价值和文献价值。

古旧书商的商务品质及人文内涵
——以《津门书肆记》中的书贾群像为例

荣方超 张 芳

以书肆、书坊、书铺等为称呼的旧时书店，既是图书的交易所，也是书人的交际场。即便从书业已经繁荣的北宋算起，书贾、藏家和读者之间“以书为媒”上演的历史长剧也逾千年了。在古代的诗歌、笔记乃至近现代人物的日记、函札中，都不难寻觅这些书人的影踪。比如唐代诗人项斯《宁州春思》诗中就有“初为断酒客，旧识卖书家”之句。已逾千年的中国古旧书业，在我国历史文献（旧称“故纸”）的长河中，扮演了非常重要的角色。

笔者对书肆书贾、书人书事的关注，始于学人日记、书肆史料的阅读。比如借由《钱玄同日记》《静晤室日记》（金毓黻）、《琉璃厂书肆三记》（孙殿起）、《琉璃厂书肆四记》（雷梦水）等，初识了清末至20世纪50年代北京书肆书贾的风貌。在史料的爬梳中，虽曾偶遇过少量描摹天津书肆的文章（如雷梦辰《津门书肆记》），但直至包含《津门书肆记》《津门书肆二记》《天津三大商场书肆记》等珍贵史料文献的雷梦辰文集——《津门书肆记》（曹式哲整理，天津古籍出版社2014年版）的问世，方知作为京畿门户的天津，也是中国古旧书业风景中的一处重镇。

这部汇集了雷梦辰已知全部文章和遗稿的《津门书肆记》，记载了晚清至20世纪50年代天津的书肆变迁、书籍流通、书贾师承以及书事逸闻，内容包含业主姓名、籍贯履历、设店时间、店址变迁、资金来源、主营项目、经营年限、徒弟帮伙、分散聚合等细节，对于天津书业史乃至文化史的重要价值自不待言。特别是津门书肆“交际场”中的旧书贾们，以其专门知识和业务经历，筑成了古旧书业独特的商务品质和人文精神，在百余年后的今天，依然吸引人们寻访、追念和探讨。

一、津门旧书商的受业与出师

“王桂林，字茂斋，河北省盐山县人。独资设店北门里，主营古旧书。王氏受业于北京聚好斋魏云桢先生。王氏自幼精敏，颇嗜钻研，因受魏氏倾心栽培，从业六年，颇有造诣。为立志创业，始来津设立新明书局。业期不长，应‘益德王’氏聘请，任求古堂经理。”[①]这是《津门书肆记》中介绍旧书贾和旧书肆的代表性文字，几句话就揭示出古旧书肆传承繁衍的几个关键词：受业、出师、帮业、设店、授徒、歇业、分合。当然，古旧书业的产生和发展，与旧书来源、购书财力等外部环境也是分不开的。

如其他中国传统技艺的传承一样，“师承”这一文化基因也影响着古旧书肆的发展。世代相传，辗转播迁，大有“子子孙孙无穷匮也”的移山气概。由《津门书肆记》可知，天津旧书贾的师承，大概有两种模式：一是受业父辈，家族血统的世代相传；一是拜师学业，非血缘关系的师徒相传。如果从更高的视野来看，天津早期的旧书贾多受业于北京的古旧书肆。因此，师承在血缘和学缘之上，又具有地缘的印记。详述津门旧书肆的雷梦辰，本身就是师承印记的最佳诠释。雷梦辰早年投身书业，受到了在北京通学斋业书的舅父孙殿起和长兄雷梦水的影响。经孙殿起介绍，雷梦辰先后在北京琉璃厂富晋书社、隆福寺东雅堂以及天津茹芗阁学徒。

学徒在打杂的间隙观摩学习、刻苦钻研，往往经数年磨练才能出师。受业于北京聚好斋的王桂林课业六年；受业于天津宏雅堂的张树森课业四年；雷梦辰在业务精练、经营有方的茹芗阁经理杨永维名下学徒，也曾课业四年。小伙计们在旧纸和尘螨的熏染中度过学徒时代，学满出师后表现上佳者，通常会获得业界同行如此评议——“行内出身，颇有造诣”。如宏雅堂的李汝堃和张树森，因业务经验多、精通版本学，收得很多善本。雷梦辰的“内行”和“造诣”，更是业界中的佼佼者——不消说《清代各省禁书汇考》《晚清至解放前天津书坊刻印本书籍知见录》这类考订翔实的著述，即便与人随意谈起书业、版本，也凸显出他的真知灼见。比如他认为好的版本有三个方面：一是历史文物性；二是学术资料性；三是艺术代表性。[②]由此看来，所谓旧书贾的“内行”和“造诣”，实有赖于深厚的版本学知识和丰富的业务经历。

二、津门旧书商的“书往”和“人来”

并非所有旧书贾都是行内出身。比如永和书局的张璞臣就非行内人，却善用“小聪明”——探听到行内人出价未成交后，找到买主以高价购入。因是经行内人鉴定过的，所以他借此法也得了不少善本。又如瑞记书局的郭兆瑞虽是外手，但凭着书店位置好，以多居奇，竟也获利颇丰。

当然，有经营头脑和运气的书贾毕竟不多，旧书肆营生的长久发展，还得依靠专业知识和业务经历——知书达“利”，知人获“益”。因此，在旧书店这个图书“交易所”和书人“交际场”中，旧书贾们不仅要掌握“书情”，还要善解“人情”。茹芗阁的杨永维就是这样的一个明白人。他不仅业务精练，且凭着直爽忠厚、不计小利的性情，结交了许多圈内人：一类是藏家，清末天津成为租界后，政界、学界、商界名流云集，故多藏书大家。这些藏家与杨氏熟悉，不仅常托其代购，且一旦有书散出，多由他捷足先得。再一类是富商，为附庸风雅而托杨氏购书，不高兴时则再由他卖出。还有一类是同业，因他经营做得活，北京、上海的同业多与其往来。杨氏深受藏书家孟广慧的信任，来往甚密。孟氏生前多托杨氏购图书，故其藏书后来也由杨氏一人所得。宏雅堂张树森的眼光似乎没有杨氏那样长远。

藏书家李宝诚本与张树森交往甚密，其善本书籍多由张氏经手代购。一日张树森得到一部殿版开花纸《二十四史》，李宝诚见后甚爱，并议定书价一千元。后因李氏未及时交款取书，张氏在没有催促和通知李氏的情况下，就以一千二百元将书售予他人。李氏得知后就立状起诉，张氏则以一无定款、二无立据、无以为凭的理由胜诉，自此张李绝交。后来李氏藏书全部出售，因了前面这些恩怨，就将本应张氏唾手可得之物售予他人。于是，张氏因区区二百元之利，失掉了一桩大买卖。学者袁逸把书贾与藏家称作“一对欢喜冤家”，认为“这是一对联系密切、互有需求，又各有算计、借彼惠利的矛盾体”③。既是“欢喜冤家”，也就会有算计争利，雷梦辰的笔下就记录有书贾凭借“懂书”，骗夺善本或作伪以“坑”藏家的旧闻。不过，聪明的旧书贾决不欺骗藏家，如茹芗阁的杨永维、校经书坊的段惠萍等，因对业务善于钻研，与藏家维持了融洽的关系，因此也得到藏家和学者的信赖和尊重。

雷梦辰从自身职业的角度出发，提出书贾与读书人之间的关系不是一般买卖关系，而是基于相互尊重的服务关系。他说，“搞学问的离不开卖书的，卖书的离不开搞学问的。卖书的必须懂书，并且窥知读书人的心理需要，主动提供图书目录和线索，介绍有价值的学术资料，使读书人受益——这才是最高层次的书商”，“当年梁启超先生住在天津意租界时，藻玉堂书店的王子霖替他采购了一批又一批的图书，为梁老先生的学术研究提供了很大的便利，梁老先生也将王视为朋友。我个人也本着这个原则与学者交往”④。来新夏先生回忆津门旧书肆时也说：“我从十七岁读高中时就开始逛旧书店、摊……开始偶尔去逛逛，渐渐成为每周必到的常客，和书店的老板也慢慢熟悉起来，有时遇到一部好书，会站着看上个把小时，老板还笑眯眯地让学徒给搬个小圆凳请我坐下看，好似他的书找到了知音一样。这些旧书店决不像现在的某些书店，架框上贴着‘请勿动手’的签条，店员沉着脸像防贼那样盯着你的每一个举动。有时店堂清闲，老板还会邀请我这位常客坐坐，端上一杯‘高末’清茶，饶有兴味地谈论些关于书的知识，那都是他几十年书贾生涯的经验之谈，尤其是版本目录方面的内容时时引起我极大的兴致，我那时知道的什么‘金镶玉’‘四大千’‘鱼尾’‘黑白口’‘黄批顾校’‘活字本’和‘精刻本’等等知识，都是从这位六十多岁的老板口中学到的。”⑤由此亦可看出书贾与藏家或顾客的融洽关系。

对于雷梦辰、王子霖等旧书贾的经营特点，学者徐雁提炼为：“业务上追求精深，且对客户有求必应、悉心周到服务到户的经营作风，以及以书会友，主动结缘学者文人的人脉意识。”他还认为这“足以证明中国旧书文化自有其迷人弘文的精神魅力”。⑥在“持书而售”的贸易行为的背后，寄寓了许多业书者和读书人的文化情结与人文理想，故此形成了古旧书业独特的商务品质和人文精神。

三、津门旧书业的转型与回眸

当书肆的传统业务后继无人，就只能歇业，或转营他业。主营古旧书的博古堂，在主人陈海江病故后，其妻因系外行，故该店在1953年转为图书租赁业。然而，旧书肆和旧书贾的“大转型”，不是转营租书、图画和文具，而是社会主义改造时期的公私合营。在公私合营的浪潮中，多数旧书贾进入国营书店，任古旧书门市部营业员或收购员。

早年受业于北京文禄堂的王仲珊，20世纪30年代至50年代经营宝林堂，主营古旧书，1956年合资并入新华书店天津分店的古旧书门市部（以下简称“古旧书门市部”）。王氏自1960年起，进入古旧门市部任营业员直至退休。曾在天津文运堂学业的纪根滇，20世纪40年代至50年代在合兴市场和天祥市场自营书业，最后进入古旧书门市部，任营业员直至退休……随着中国社会的变迁，曾经书肆里的学徒，成长为执掌一店的经理，最终变身为国营书店的营业员。对于书业生涯的每一次身份转换，我们无法窥见旧书贾们的心路历程，仅能从雷梦辰的笔下和他人的忆述中，看见他们对旧书业的执着守持，感触他们以毕生所学献身业务的热忱。

“业务精练”“恪尽职守”“细心谨慎”“吃苦耐劳”“默默奉献”……这些均是当时国营书店年轻职员对“老师傅”们的印象。在天津市古籍书店前经理穆泽的回忆里，王仲珊不仅业务水平高，任收购员时还不辞辛劳地往偏远地区收购古旧书籍；李同春对数千种线装书的库存位置、数量了如指掌，根本不必借助卡片；纪根滇任库管员时，终日整书编册，从未感到辛苦和乏味。雷梦辰的业务生涯，也未跳出旧书贾们所走的典型路径。公私合营之后，他告别了自营的书肆，成为国营书店的营业员。《津门书肆记》一书的整理者曹式哲认为：“雷梦辰与不少老辈售书人的共同点是，一辈子默默无闻地售书，最终成为书业的行家里手。不同点则是，雷梦辰在兼顾售书的同时，长期搜集资料，撰文著书，成果显著。”⑦翻阅雷梦辰这部回眸古旧书业的累计三十余万字的著述，我们不能不对这位十五岁即辍学从业的旧书贾肃然起敬。

最终，津门古旧书肆里的“小伙计”在时间的磨砺中，变成了国营书店里的“老师傅”。进入20世纪80年代，雷梦辰、张振铎、孙金梦、杨永维、王振永等老师傅，因书业发展之需要，或则带徒传艺，或则开班授课，或则撰文著书，或则改行易业，以至沉沦人海默默无闻。同样历经时代风云变幻的旧书商们，在完成了古旧书文化的传播职能之后，绝大多数令人唏嘘地结束了自己为古旧书的一生，包括本书作者雷梦辰先生在内。

开卷阅读《津门书肆记》，借助整理者曹式哲先生的“前言”、天津图书馆文献学家李国庆先生的“序言”，以及本书附录的章用秀《书林有路　学海无涯——雷梦辰与古籍版本鉴定》、尹树鹏《我所接触的雷梦辰先生》、常海成《在古书堆中过日子——记天津古籍书店老前辈、版本学家雷梦辰先生》、曹式哲《津门书业忆故人——雷梦辰》和《雷梦辰遗作〈津门书肆二记〉发现始末》诸篇，我们对津门旧书业和旧书贾的“转型”，将能够获得更加丰富而且典型的观感。

注释：

①雷梦辰：《津门书肆记》，载雷梦辰原著，曹式哲整理《津门书肆记》，天津古籍出版社2014年版，第3页。

②章用秀：《书林有路　学海无涯——雷梦辰与古籍版本鉴定》，载雷梦

辰原著，曹式哲整理《津门书肆记》，天津古籍出版社2014年版，第266～267页。

③袁逸：《一对欢喜冤家——古代藏书家与书商关系探析》，载《书色斑斓》，岳麓书社2010年版，第196页。

④章用秀：《书林有路　学海无涯——雷梦辰与古籍版本鉴定》，载雷梦辰原著，曹式哲整理《津门书肆记》，天津古籍出版社2014年版，第264页。

⑤来新夏：《旧书店》，载《邃谷文录》，南开大学出版社2002年版，第1423页。

⑥徐雁：《现当代文人学者笔下的津门旧书业》，《图书馆工作与研究》2010年第3期。

⑦曹式哲：《津门书业忆故人》，载雷梦辰原著，曹式哲整理《津门书肆记》，天津古籍出版社2014年版，第304页。

新书架

陶楼诗文辑校

（清）黄彭年 著　黄益 整理
ISBN 978-7-5333-2820-7　精装　16开　一册
2015年8月版　185.00元

本书辑录了晚清知名学者、教育家黄彭年的诗文。分为“陶楼诗辑”“陶楼文辑”“紫泥日记”“志例璅谈”四部分。这些诗文语言质朴、通畅练达、叙议结合，深刻反映了清末社会的各个方面，不仅具有较高的文学价值，还有很高的史料价值。

旧书堆里的签名本

陈皮

喜欢在旧书摊前转悠，时日长了，也能在其中发现一些好书，比如一些作家的签名本。这对爱好收藏签名本的我来说，简直就是发现了一个巨大金矿。这些签名本是怎样流落到旧书摊上的？这些书是怎样离开自己的主人，期间又发生了哪些变故？书买了，还想知道背后的故事，实在是有趣而开心的事。现在我就王婆卖瓜自卖自夸一番，说说我在旧书摊上用一块钱或者几块钱淘到的签名本。

叶延滨《不悔》

卖书人在一边狂叫着：一块钱一本了，快来看看了！四周围的人很多，我转了一圈，好不容易才钻了进去。书翻的乱七八糟，但我还是仔细过了一遍，就找出了一本《不悔》。翻开大概看了看，还是叶延滨先生的签名本，我心里着实高兴。人和人相遇讲究机缘，而书和人，又何尝不这样？

从《不悔》扉页上那两行钢笔字看，书是赠给蔡润田先生的。蔡先生我是知道的，在山西省散文学会成立的那天，他还上台讲了几句话。我坐在后头，没大听清他说的什么，但还是记住了他对散文这一文体做的颇为独特的说明，而且我还做了笔记。我知道他是山西的一位批评家，我在当年的《批评家》杂志里读过他的文章。既然叶延滨先生赠书给他，可见二人不是一般的关系。叶延滨先生在书上的题字很有些意思，让人看了可想到那个年代人与人之间的纯粹关系：蔡润田同志指正。“同志”二字现在已很少听到，我也收到过许多人的赠书，但没有一个称同志的。看着同志二个字，还有扉页叶延滨先生简朴的衣着，就知道这本书，其实有着更多的时代变迁和人生际遇的烙印。这一切，对两个当事者来说，可能更要刻骨铭心一些。

《不悔》是《袖珍诗丛》第一辑，由湖南人民出版社出版，1983年9月第一版。印数是个很让人眼红的数字，价格也让人“眼红”，两毛钱。这正好说明了一个现象，书价越便宜，书的命运就越好，今天，书价贵了，读书的人却少了，能上到一万册的书，就有让人不可思议的感觉。

我之所以看重这本书，是因为《不悔》是叶延滨先生的处女诗集，对一个写作的人而言，第一次成书，往往有着非同寻常的意义和情感在内。另一个原因是因为这本诗集前面有贺敬之先生的序言，后面有周良沛先生的集后。两位先生一前一后，好比一队大军有两员大将前后为这位崛起的新星诗人作着开路先锋和断后，真是荣幸之至。两位先生分工也不同，贺敬之先生是对《袖珍诗丛》作了大概的介绍和意旨所在的说明，目的在总领纲要，而周良沛先生则对叶延滨的人生履历诗歌特色作了简要的分析评定，应该说，那个时期的诗人们是幸运的。

《不悔》里的诗，明显有着那个时代的特征，除了收入给作者带来巨大声誉的组诗《干妈》外，还收入了一些反映时代特色的诗，比如《饲养室里的马列主义》《偷来的小学校》等。这样的诗，似可看作个人心灵对时代的感应。《不悔》所收诗篇尽管有那个特殊年代的影子，但诗中呈现的人生社会画面却定格了那个时代的纵深，今天读来仍能感觉到诗人写作时的激情。

当然，最令人动容的还是组诗《干妈》，情感真挚，语言质朴，没有现代派诗歌的意象跳跃，却具有穿透人心的朴实力量。值得一提的是，叶延滨先生发表《干妈》时，正是朦胧诗和现代派诗歌在中国大行其道的时候，但叶延滨并没有追赶这个时髦，而是以朴素的笔触写了一位插队时遇到的陕北老人，给读者带来了心灵和视觉上的震撼。诗的语言虽然少了一些委婉，但强烈的感情抒发仍旧感染了众多读者。

此后，叶延滨又出版了《二重奏》，并荣获了中国作家协会第三届（1985—1986）诗集奖。之后，他以自己的勤奋和对诗歌艺术的执著，步入到了一个日臻成熟的创作喷发期，从而奠定了在中国诗坛的地位，成为一名优秀的诗人。

阎连科《坚硬如水》

“请阎晶明先生存正，阎连科2001年元月。”

堆在地上的书籍灰尘不少，好在我当时心情不错，三翻两翻，就翻到了这本《坚硬如水》。一看是阎连科的，还是给阎晶明的签名本，马上心情就亢奋起来，两人现在都是名家啊。

从签名上，看不出阎连科和阎晶明两个人的交情怎样。从姓上来说，都姓阎，则是本家。从签名时间看，阎晶明先生应该还没到北京，尚住在太原南华门的一条巷子里，那里是山西省作家协会大院。虽然我不知道阎晶明先生具体是什么时间离开太原到北京的，但作为一个文学评论家，他早年的文学评论我却读过不少。现在的阎晶明先生，已是中国作家协会主管的《文艺报》的总编辑了。

所以我就猜测起来，这书是不是阎晶明先生迁往北京时，因为东西太多或不方便拿而不得不留下来的？于是这本书就没有跟着阎先生到北京而留在了太原。还有一种可能，阎先生见所带东西很多，就把一些书送给了好友，但他的这位好友某天整理家什，觉得自己的书也很多，于是就把它卖给了收购废品的小贩，然后经过小贩的手，就来到了旧书堆里。

《坚硬如水》是阎连科创作的反映"文革"岁月的小说，作者以荒诞手法写了一段青年男女在那样荒唐年代里的婚恋故事。透过书中男女荒诞变形的情感和欲望，我们看到那个年代对人情和人性的摧残，以及个体生命对真爱的祈盼。主人公爱军和红梅笃信革命，渴望自己能成为一个完全的革命造反者，但他们的愿望却被放大、扭曲、变形，最终两人都成为了所谓革命的牺牲品。

《坚硬如水》2001年由长江文艺出版社出版，收入该社"九头鸟长篇小说文库"。据说此书出版后，因其大胆的性描写，受到了读者和评论家的批评，但作者阎连科先生说，这是情节和塑造人物的需要，比贾平凹的《废都》要干净得多。2009年，《坚硬如水》由云南人民出版社重版，也许这才能说明一部作品的价值。

据说，阎连科在创作这部小说时，案头放置着许多"红宝书"和宣传画。他的创作灵感就来自于这些"文革"宣传品。小说里大量的"文革"语言，读着就让人体会到那个年代人们思想的疯狂，行为的疯狂，尤其是男女主人公近乎疯狂的情欲，从而反衬出那个年代的荒诞。比如小说第九章"新革命"中，爱军对红梅说：左手铁扫帚，右手千钧棒；蚂蚁缘何夸大国，蚍蜉撼树谈何易；面对封资修，我们全无敌；面对地富反坏右，我们奋起一击；面对美帝和苏修，高唤一声把他们送回老家去。

作为中国当代很有份量的作家，阎连科的小说写作，一直含有残酷和冷漠，但他的小说文本，却大都触及了很多人不愿触及的记忆和伤痛，比如《丁庄梦》《风雅颂》等，都延续着阎连科的责任感和思考，这也促使他成为了“中国最受争议的作家”。

卫俊秀《鲁迅〈野草〉探索》

什么样的书才是好书，才是读者（不是专家）眼中的好书？才是能够经得起时间的浪潮冲刷淘洗的经典？这样问，与先有鸡还是先有蛋等问题一样，让人难以回答，但鲁迅先生的《野草》，应该配得上这样的荣耀。许多作家在谈到自己人生的成长时，都要说到《野草》，尤其是几乎都提到这本书的价格：0.20元。

我也爱读《野草》，比如《秋夜》，比如《雪》，比如《风筝》，比如《好的故事》，等等。这些篇章，不仅意蕴浓厚，而且语境精美，诗一般的句子，单纯，明净，如清泉洗浴过自己的身心。我估计，许多人就是这样爱上《野草》的。尤其是那篇《雪》，至今让我神往和迷恋。那是怎样的雪啊，却永远如沙，如粉，它们决不粘连，在晴天之下，旋风忽来，便蓬勃的奋飞，在日光中灿烂的生光，如包藏火焰的大雾。里面的这些句子，至今仍让我激动不已。

《鲁迅〈野草〉探索》是我在太原市胜利街的一个旧书店遇见的。书店前后两间，后面一间兼做厨房。前面那间书架放不下的书，就堆放在两边的过道上，书的样子就有些可怜。有些书，就任一只只脚在上面踩踏着。我就是在这些堆放的书里，看到了《鲁迅〈野草〉探索》的。

拿到手上，感觉书有点潮湿。当时，也没什么惊喜，封面上还有几滴油污。那时候，我对作者卫俊秀先生还不熟悉，更别说这本研究《野草》的书了。但让我感到高兴的是，这是一本作者的签名本。字是用钢笔写的，看起来不怎么好，笔迹有点儿绕。回家后，我上网查了一下卫俊秀先生，同时自责自己的愚莽无知。原来卫先生和于右任、林散之、王蘧常，被誉为20世纪狂草四大家，而且还是我们山西人。后来就多了对先生的留意，果然在大型书画活动中看见了他的作品，气势磅礴，气似苍海，笔法汪洋恣肆，行若云龙，不愧一代书法大家。后来我才知道，卫先生在书上签名写字时，已经八十一岁高龄，而且其右手早年劳改时还落下了毛病。

《鲁迅〈野草〉探索》于1954年由胡风主持的上海泥土出版社出版，次年卫先生就因胡风问题受到牵连，此书也随之被打入冷宫。我淘到的这本《鲁迅〈野草〉探索》是最新修订本，北大孙玉石教授以《愿好的故事不消逝于梦中》为题作了序，从中我们了解到，这本书不仅是卫先生的心血之作，更是著名鲁迅研究专家李何林教授的未了心愿。序言对卫先生写这本书遇到的诸多困难都作了详尽的叙述。原来卫先生从青年时代就喜欢《野草》了，然后他潜心研究十年，用四年时间写成此书。1955年被打为胡风分子，被剥夺了上课的权利，1959年51岁时又被打成右派分子，四年后被注销城市户口，回山西农村老家，被安排到曲沃县当代理教师，60岁之后回乡务农，直到70岁以后才过上安稳日子。就是这样一个老人，一直以顽强的毅力，乐观向上的心态，以自己独特的草书艺术，在中国书坛赢得了一席之地。

这本《鲁迅〈野草〉探索》是赠给“福成”的。福成是谁？对我而言，这是一个谜。也正因为有了这样的谜，才使收藏签名本的工作，变得更具魅力。签名的时间是1990年4月15日，距书的再版时间仅有一年光阴。但这些，对我似乎已不重要，因为我从卫俊秀先生那一篇篇对《野草》文章的评析理解中，已经看到了他是怎样对心中偶像进行倾诉和表达的了。

新书架

北海银行货币大系

山东省钱币学会 编
ISBN 978-7-5333-3386-7　精装　16开
2015年9月版　890.00元

北海银行是中国人民银行三大前身之一，抗战时期，在山东根据地领导了一场轰轰烈烈的货币斗争，为抗战的最后胜利作出了不可磨灭的贡献。本书为北海银行的历史实录和著名红色货币北海币图录，是北海银行最为全面的一次总结。本书的编纂出版，为抗战史以及红色政权金融史研究提供了第一手资料，为北海币的收藏提供了权威参考。

有关康嗣群的几册签名本

蒋颖馨

多年前在上海的广东路上，临近河南路口有一爿旧书店。那时，有闲暇就爱到福州路逛书城、古籍书店，有时经过这家小书店。书店里科教方面的书居多，文史类的只一小部分，印象中没买到过什么起眼的书。

只有一次是例外，那天也是路过，进门在书架上扫了一眼，无甚中意的。转身之际，瞟到墙角靠柜台的架上有一排书，上次来的时候怎么没见过，心想可能是老板刚收来的。急匆匆抽出看个究竟，书很一般，都是上世纪五十年代的翻译著作。翻到扉页，居然是几册签名本，签赠者个个鼎鼎大名——周作人、李健吾、汝龙……心想一定不便宜，但很快见到封底贴有标签，每册定价才三四元。显然，书店老板没发现这些是签名本，当普通书在卖。当时故作镇静，也不敢议价了，付了钱欣然携归。回家仔细翻阅，这些书分别是：周作人签赠的《显克微支短篇小说集》、李健吾签赠的《单身汉》、汝龙签赠的《秋夜集》、孟安签赠的《摩洛》，受书者是同一个人——康嗣群。还有一册，是康嗣群自存校订本《风往这边吹》。偶得佳书不敢专美，现将成果略作汇介。

《显克微支短篇小说集》

作家出版社1955年4月初版。共收小说八篇，施蛰存、周启明（即周作人）翻译。首篇《炭画》，周作人译，实际是个中篇小说，计八十五页。其余七篇均为短篇小说，由施蛰存翻译。扉页有周作人的亲笔签名及题句：

嗣群惠存。启明（钤“周作人”印）。

改译《炭画》时承借予旧文言译本并志谢意。

周作人的字是典型的文人笔墨，别具一格。周作人，字启明，相对而言他的号知堂更为人熟悉。1949年后写文章署名，周作人较少使用本名和知堂的称谓。签名时没有署日期，大概在书出版后不久吧。周作人日记1936年以后没有公开出版，无法查到确切的赠书日期。签赠此书，周作人日记也许会有记载的，但想要了解更多的情形，只能有待他日了。周作人这方姓名印，载于福建教育版的《知堂遗存·周作人印谱》，书中介绍这枚印章是钱君匋刻的，刻于乙酉年（1945）三月。据周作人签赠题句的内容看，周作人此次翻译《炭画》，是参考了自己翻译的旧文言译本，实际上是改译。《炭画》的文言译本，曾出版过二个版本，1914年北京文明书局初版和1926年北新书局初版。旧译本可能周作人手边也没有，他翻译的参考用书是由康嗣群提供的。为了表示感谢，改译本出版后，送了一册给康嗣群。因为想了解康嗣群的情况，我曾写信请教施蛰存先生（施蛰存解放前与康嗣群合编过著名刊物《文饭小品》），他的回答是：“康嗣群乃四川财阀康心如的儿子。北大学生，常去周作人家……你买到的书，一定是嗣群下世后，他家里卖出来的。”我问施蛰存先生，其与周作人合译《显克微支短篇小说集》之事。施蛰存在信中解释说：“人民文学出版社分配的译书任务，50年代我们译书都是为了吃饭。1971—1973年译了些非洲史书亦如此，但这是政治任务。”

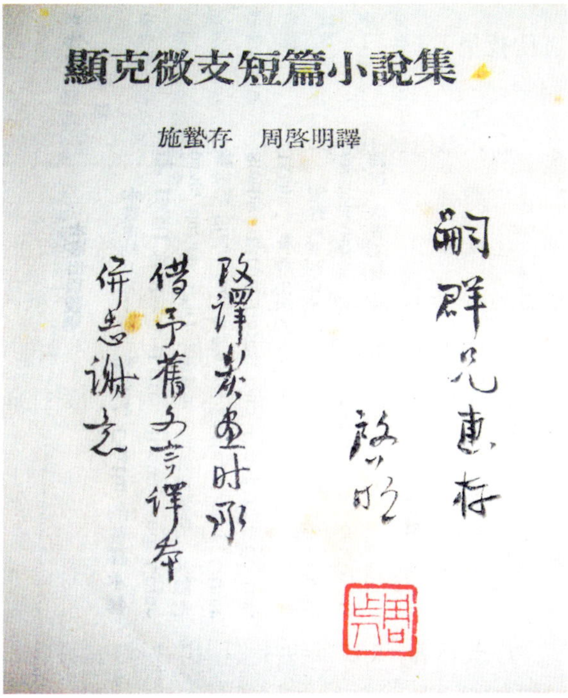

周作人的签名及题句

《单身汉》

列为“屠格涅夫戏剧集”第三种，1953年1月平明出版社初版，李健吾翻译。扉页有李健吾的签名：

嗣群存正。李健吾，五三年二月廿日。

李健吾的签名与他的人一样很有个性，钢笔写草书。不熟悉的人根本认不出是“李健吾”三个字，“吾”字的最后一笔拉得很长。

《秋夜集》

高尔基著，1953年7月平明出版社初版，汝龙翻译。扉页有汝龙的签名：

赠嗣群兄。汝龙，一九五三年十一月。

《秋夜集》中的《海燕》一文是我们熟知的，曾入选过小学课本，结尾句最著名：“让暴风雨来得更猛烈些吧！”不知是谁的译笔，确实震撼人心。这一句，汝龙的译文为：“让暴风雨尽量凶猛的到来！”文字表达方式有些差异。汝龙是研究契诃夫的专家，国内契诃夫翻译的权威，翻译高尔基好像不是他的专长。

《摩洛》

库普林著，1955年9月平明出版社初版，孟安翻译。扉页有签名：

嗣群先生太太。译者，一九五五．九。

译者孟安即李孟安，女，福州人。早年毕业于上海震旦女子文理学院。解放前夕自学俄语。1962年进入上海编译所。库普林的《摩洛》是孟安的首部译作。这册《摩洛》装帧精美，绿丝绸布面精装，书名及书脊烫银。平明版的《摩洛》多为平装本，精装本比较稀见，可能是出版社印制的特印本，赠书用的。

《风往这边吹》

伊·阿慈塔洛斯著，康嗣群翻译。1953年9月平明出版社初版，扉页有译者题记：

一九五三年十二月二日改正。嗣群。

此书为康嗣群自存校改样本，我大致看了一遍，译者将印刷出版中的误植和认为须更正的内容，逐页订补校改，有上百处之多，也许是用作将来再版的底本。

乙未年淘书札记四题

韦泱

千秋人物任评说

晨5点30分，天刚放亮，就到达文庙，展眼望去，我顿时傻眼：往昔热闹的地摊一个都不见了。定睛看，见路旁停着城管的执法车，路沿上三三两两站着旧书商们，自行车或助动车上的书袋都按兵不动。一打听，才知城管从昨晚十点起就进驻此路了。今年以来，这可是第一回呢！现在的城管，一般都是柔性执法，劝说几句而已，超过七点半了，才让收摊。所以，书商或淘友，对城管的态度也较友好。又听说，昨晚举行了为期一周的上海旅游节开幕式，才有如此行动。我表示理解。

那么，既然来了，旧书还得淘啊。就一路漫步而去，见书商从袋子里取书，与熟识的淘友在谨慎地做着交易，我也不甘人后，东瞅瞅西望望，居然还淘下十来册旧书，且本本可圈可点，比如民国版的书，有《人物评述》《论读书》。20世纪50年代出版物有《新民晚报》老报人刘岚山的《领路的人》，《解放日报》老报人张春桥的《访苏见闻杂记》。有大名鼎鼎的柯灵、圣野的签名本，还有早期旧刊《文学知识》含创刊号的22册合订本等。文庙地摊淘书，不知能久乎？

封面朴素的《人物评述》，内容甚为丰富，有65篇谈中外人物的文章，从国父孙中山到印度总理甘地，从英国文豪萧伯纳到中国化学家吴蕴初，俨然一条人物长廊。邹韬奋为此书写了《弁言》，文仅三百多字，却可以为我们评价历史人物提供一种参照。兹录如下：“这本书是由同事寒松、徒然两先生选集《生活周刊》自第三卷至第七卷里面登载过的‘人物评述’汇编而成的。我素觉中外古今难有完人，往往各有所长，亦各有所短，其为人物的大小，即在其长短的性质和程度如何为断，这样说来，他们有整个的模范给我们，固所欣幸，仅有局部的模范给我们亦大可欢迎，全在我们能去短取长，作为修养上淬励奋发的借镜。古人说：青出于蓝，果能尽量取各人之长以集于一身，而同时尽去其短，也许还可超出各个独立分开的模范，而自成其为完人，不必以前人自限，我希望读者能用这样的态度读《人物评述》。扩而充之，能用这样的态度阅读任何名人传记，乃至冷眼观察当世的人物。此外我们并在编辑《事业与修养》一书，不久亦可出版，可把理论和实例互相参证。韬奋，廿一，十，廿五。记于正在艰苦危难中的《生活周刊》社。”邹韬奋是当年《生活周刊》的主编，我国著名的新闻记者、政论家、出版家，今年是他诞辰120周年。前天上午我在出版博物馆小坐，听他们谈起，正在紧锣密鼓筹备系列纪念活动，包括新版《韬奋全集》，举办书法纪念展等。

艾思奇（1919—2004）有着“人民哲学家”之誉，我们知道他的《大众哲学》风靡了多少年，在解放前已印刷了32版之多。而《论读书》却是我第一次见到。此书是位于香港干诺道中123号的新民主出版社出版，承印者为商务印书馆香港工厂，1949年4月初版，印数1万册。这是一本薄薄的小册子，只有3篇文章，21个页码，但却有很高的含金量。艾思奇以答问形式，谈了他的读书经历与感受，使我们得以分享他的读书经验。文中有不少堪称经典的读书箴言，比如“低级趣味的作品，有时候很容易受一般人的欢迎，因为这些东西容易懂，读起来不费力”，比如“读书时自己心目中先要有标准，有目的，我们读者，决不可单单因为人家说某种书好，自己就随便拿来读读”。六十多年前的读书方法，仍适用于我们今天的读者。

《领路的人》是刘岚山（1919—2004）一本人物特写散文集，由文化工作社再版于1951年4月。作者写有《前记》：“这些小故事则大部分是到上海后才写的，前头几篇曾经在《时代日报》上发表过，其余的则是一九四八年后写的。由于忙碌的生活，这些文字都是急就而成，我只不过提供了一些人物，一些小事件，一些战斗生活的片断而已。”刘岚山是诗人，早年在任《新民报》（《新民晚报》前身）校对、记者时，便热衷写诗，曾出版诗集《漂泊之歌》《乡下人的歌》等。在解放前的三年中，他协助袁水拍编《新民晚报》副刊《夜光杯》。解放后长期供职人民文学出版社，任诗歌散文组组长、编审。

张春桥（1917—2005）是臭名昭著的“四人帮”之一，官至中央政治局常委、国务院副总理。他早期是文人，二十世纪三四十年代在《民国日报》《中华日报》《时事新报》等发表了大量文章。曾以狄克为笔名，与鲁迅打过笔仗，敢与鲁迅叫板的人，可见不是等闲之辈。1953年起，任《解放日报》总编辑。这本《访苏见闻杂记》，是他作为中国新闻工作者代表团成员，在1954年一二月间，访问苏联后写下的八篇文章汇编。《后记》中作者写道："在苏联，我们主要的任务是学习《真理报》的工作经验。同时，我们访问了莫斯科和列宁格勒的各个报纸和新闻机关，参观了六个工厂、十一个博物馆、一个集体农庄、莫斯科地下铁道和莫斯科大学等二十个单位。"可见，作者见闻甚多，写下了如此观感。这是张春桥的第一本专著。如今，张春桥已成了历史人物，我曾询问当年见过张春桥的文化老人，都说张的专业水平与领导能力，那时是出类拔萃的。谁也没有料到，文人从政，其人生的后半世，会有如此大的转折。

《文学知识》是1958年创刊的文学普及杂志，《创刊的话》开宗明义："对于阅读和创作，大家就更加希望能多多交换意见。《文学知识》的创刊，主要就是为大家开辟这样的园地。"尽管在主流意识形态影响下，刊物有许多时代烙印，但仍不失为一份丰富的、具有指导性的专业杂志，尤其是对于作品的评论，是有一说一，广开言路。以创刊号上的文章为例，有《农村青年评〈林海雪原〉》，有《读者对〈百炼成钢〉的意见》，都是真实的文学评论。还有一个"大家来讨论巴金作品"的栏目，刊出了观点针锋相对的两篇文章，一是《过去起过革命作用，现在仍有积极意义》，一是《对青年只有害处没有好处》。这样的评论氛围，现在应大力提倡。

签名本已成为一种灾，到处是签名活动，其实是一种商业行为。有人视之浮躁俗气，有人趋之若鹜。我过去亦常请人签名，大多是将淘得的老作家早期书请其签名存念，这样的机会已很少了。而在书摊见到签名本，只选名头大的收入，如今日所得柯灵的《长相思》，是1982年的版本。《圣野诗选》是600页厚的精装本，摊主说印数少，我看版权页，只印2000册，这样的签名本，现在是不易找了。前者价35元，后者价30元。还有两种封面颇可一观的书，即《列宁夫人一生及教育事业》和《图案新编》，内容就不啰嗦了。

书之命运亦多舛

这几天天气预报说局部有时有雷阵雨，可老不见雨，可能文庙周边处在局部地区之外。今日一早却有霏霏细雨，但不碍淘书，那就抓紧时间吧。

一册《巴黎公社诗选》，是上世纪50年代后期"大跃进"时期出版物，小小的开本，俗称"口袋书"。人民文学出版社出版，1959年6月一版一印，印数2.1万册。书后有“文学小丛书”第二辑、第三辑总目，每辑40种，已列出120种。书前印有一段话，可看作丛书的出版说明：“大家要学点文学”，“劳动人民应是文化的主人”，这是党的号召。但大家搞社会主义生产大跃进，时间有限，我们为此出版这套“文学小丛书”，选的都是古今中外好作品。字数不多，篇幅不大，随身可带，利用工休时间，很快可以读完。读者从这里不仅可以获得世界文学的知识，而且可增强认识生活的能力，鼓舞大家建设社会主义新生活的热情。从这些简明通俗的文字中，可以看出，这套丛书有着特定的阅读对象，即具有初级文化水平的工农读者。此书的译者沈宝基（1908—2002），浙江平湖人，是诗人、法国文学专家，曾为法国里昂大学文学博士，留学期间，结识诗人戴望舒，成为莫逆之交，他早期的诗歌作品，就发表在戴主编的《诗刊》上。他留法归国，先后任教于中法大学、北平艺专。出版有诗集《沉舟》《沈宝基诗抄》，翻译有《雨果诗选》《雨果抒情散文选》《罗丹艺术论》等。“文学小丛书”均小32开本，此册定价1角6分，属微型读物，现在的出版社已不屑出版了。在书前空白的扉页上，盖有一方蓝章，分三格，第一格是单位：“北京东路地段医院图书馆”，第二格是类别和编号，即“诗类，6020号”，第二格印“捐赠或寄存者”，这一格姓名未填。这说明，这家单位图书馆的书，是由职工捐赠或借用的，是大家群策群力办的图书馆。封底有一蓝章，是上海旧书店的经售章，“售价0.10”。图书馆的书散出，经读者之手后进了旧书店（或直接进了旧书店），再到读者中，最后流入地摊。

《杜甫诗论》是“中国古典文学研究丛刊”之一，上海文艺联合出版社出版于1954年12月，一版一印，印数4000册，书后有丛刊书目，计18种，都是古典文学专家所著，如林庚的《诗人李白》，程千帆、沈祖棻的《古典诗歌论丛》，文怀沙的《屈原离骚今译》，王瑶的《中古文学思想》，周汝昌的《红楼梦新证》等。丛刊由王耳主编，此书作者傅庚生（1910—1984），辽宁沈阳人，毕业于北京大学国文系，曾任西北大学中文系主任、文学院院长、西安市作家协会副主席等，是唐代文学专家。1943年在开明书店出版《中国文学欣赏举隅》，1946年由商务印书馆出版《中国文学批评通论》，还有《杜甫散译》《杜诗析疑》等。此书封面上有两个长方蓝印，一为“上海市合众图书馆藏书”，一为“上海市徐汇区图书馆藏书”，合众图书馆是上海老牌的私人图书馆，由张元济等创办。新中国成立后并入上海图书馆，估计合并时，有部分书转给区级图书馆，直至区馆的书多得无法存放，就逐步剔出，流入地摊。我曾淘得多种这家图书馆散出的旧书。

方形的书不多见，《论摄影艺术》即是一种，书名及封面装帧颇为别致，在地摊上特别亮眼。此书为苏联摄影家、斯大林奖金获得者爱凯尔契克著，傅鹤鸣译，四联出版社出版于1955年6月，新一版一印，印数3000册。此前曾以同样的书名，在1954年4月由中国摄影出版社出版过，印数5000册。译者在书后有《译后记》，其中写道："摄影究竟是不是艺术，在许多摄影者和摄影爱好者的心目中，还存在着彼此不同的看法。资产阶级的艺术，特别热心培植形式主义，什么印象派、象征派、立体派、未来派等，确实把人弄得头昏脑胀。半殖民地的旧中国，旧的摄影工作者也在到处模仿着唯美主义与形式主义的时髦风格。毫无疑问，就澄清这些错误观念而言，本书作者的见解确实是细致而独到。在这本书里，我们不难认识什么是现实主义摄影艺术的本质，什么是现实主义摄影创作的方法。"作者还翻译出版过另一种苏联摄影专著《实用摄影技术讲座》一至三辑。20世纪50年代前期，我国在摄影艺术上，也是以苏联"马首是瞻"，此又是一例。此书的扉页有一长方蓝章："上海市国营农场业余大学筹备组图书资料专用章"，一家还在筹建中的业大，却已在张罗图书资料了，这说明五六十年代，书籍还受到相当重视。这些年国营农场已如鸟兽散，图书的散出，也就不难理解了。

巧的是，我所得上述三书，都是图书馆散出之书，有章为证。书一旦离开图书馆，受损的几率就会大些，直到最后沦落地摊。这说明，书的命运与人的命运十分相似，所谓"命运多舛"。旧平装一般寿命也就几十年，即使民国版，也在百年之间。如何使其流转有序，得到妥善保管、合理使用，值得书界思考。我想，善待细护，可以延长书的寿命，使其更多地传播知识。

另得一叠文稿书信，有李景端给上海翻译家汤永宽的短信，附他写汤的译著《福楼拜的鹦鹉》书评复印件。有徐重庆写给"胡老"的信。见信思人，未知重庆兄身体恢复得如何，待下月天凉后去湖州看望他。今日花费多的不是旧书、信札，而是画、画册和印章。计有一册活页《现代中国画选》（第一辑），大8开，1978年1月由人民美术出版社出版，完整不缺页且品相甚好，价50元。一幅20世纪50年代顾家琨所作水彩画原作，价100元。两方旧石印章，价300元。另有旧照片、旧像框若干，价100元。

淘书以归，雨开始下大，更无碍于我了。幸哉！

秋光助我猎好书

天凉好个秋。今日正逢中秋节，是真正进入秋天的时辰，这金风送爽的佳节，是可以吃着月饼，赏着朗月，也可以遥寄情思，暗送秋波。晨5点，穿过小区桂香飘浮的小径，赶往文庙，与旧书约个会，谁让旧书成为我不忍舍弃的情人呢！美景良辰好心情，助我猎得旧书多，好事都撞一块儿了。

民国时期商务版的“世界文学名著”丛书，至今我也没弄明白究竟出了多少种。其统一的封面装帧，狭长的版式，很容易辩识。红色的“世界文学名著”丛书名，比书名还大还醒目。两边饰以红色花卉图案，亦成了丛书的标识。书名《塔拉斯布尔巴》，初看让我不知所云。前面有《译者小引》，开头写道：“这篇小说，是代表尼格拉义·郭歌尔的杰作之一。这篇虽被称为历史小说，但严格地讲并不怎样适合于一般历史小说的定义，只是其中的事迹是取自十五世纪的哥萨克人的生活的。”书名就是作品中的历史人物，一个在种族间彼此征服中的主角。此书原著郭歌尔，即现在通译的果戈理，他是俄罗斯现实主义作家，写过《死魂灵》《钦差大臣》等。此书译者侍桁即韩侍桁（1908—1980），原名韩云浦，天津市人，是现代作家、翻译家，上世纪30年代参加“左联”，40年代任重庆文风书局总编辑，创办国际文化服务社。50年代初任山东齐鲁大学教授，后调上海编译所、上海译文出版社从事翻译和编辑。主要译作有勃兰兑斯《十九世纪欧洲文学主潮》（四卷）、霍桑《红字》、哈代《卡斯特桥市长》等。我常在旧书摊上淘得他的旧译。可是，这样一位重量级的翻译家却从人们的视野中消失了，新中国成立后的文学史、翻译史，不大提起这个人，我挺纳闷的。也许，他是鲁迅反感的“第三种人”，又在国民党的中央通讯社任过战地记者，那个国际文化服务社也有国民党背景。想想就这些原因了。除了翻译成就，他因早期的作品刊在《北新》《语丝》上，与鲁迅有较多交往。鲁迅去世后，他答应把鲁迅给他的书信交给许广平出版《鲁迅书信集》，后被日寇炮火炸毁，他觉得对不住许广平。他与冯雪峰也有着半个多世纪的情谊。

我不谙日语，见到《中日会话集》的封面，却欣喜书名的题写者为海上书画名家王震（王一亭），封面上还有“中国国语及上海语双解、注音日语版、实用、速成、活用”等字眼。前面分别有本书日语校阅人五月女量祐序、日华纺织会社社长田边辉雄序，此两序为日文。中文有锡山以进居士序，有著者丁卓自序。自序写得谦虚诚恳：“余历年教授时，每以选择课本为苦，爰有讲义之编著，取径于法，而归纳于用，中日两国从学者交相称便，年来积稿日多，见知者亦日众，颇有以刊行流传为请者，人事倥偬，因循未果，今幸得少暇，亟为诠次付印，以备同好者研究参考之需，一得之愚，亦对中日语学界聊尽贡献之微意云尔。”著者另写有《例言》六条，把此书的宗旨、经过写得一清二楚，如“一、本书为著者根据二十余年之研究及实验所得，并参考中日各种语学书籍编纂而成，易稿数次，积时五载，始克付印。二、本书用中国国语及上海语，与日本标准语对译，为两国人士对照研究上极有兴趣之作，语学读本之以三种言语组成者，当以本书为嚆矢”等等。此书由三通书局印行，民国二十五年十二月初版，到此本已出至民国卅一年十月十七版了。教科书编著得如此长销不衰，值得出版界三思呢！

罗尔纲的《太平天国史纲》一书，初看以为是民国版，实为1937年1月初版，1950年1月五版，但这五版与初版的封面及印制，如出一辙，可一视同仁也。前有“汤象龙序于伦敦”，再有“吴晗于平西万寿疗养院十一号”，接着是“罗尔纲自序于北平二十五年四月十三日”。自序说：“写太平天国史有两件难事，第一，关于史料的考订方面，第二，关于写作的态度方面。一个要写作太平天国史的人，要打破这两个难关，都得有相当的训练。著者不敏，不敢说已经受过了多少的训练。但对于太平天国史料的考订工作，曾下过几年的苦功夫”。最后写道：“全书成后，并蒙汤先生在百忙中，吴先生在休养中为著者细细改正一过。总之，假如不是得吴先生的鼓励，今天压根儿不会有此书；假如不是得汤先生的指示，此书决不会写成今天这样的内容。所以著者对于这两位好友的鼓励与指示，是万分的感激！此外吾友谷霁光先生、朱庆水先生也都为著者改正几处，著者对谷朱两位先生也深表谢忱！至于著者所根据的许多专著，除在本书各章中一一注明以示所源外，在此并同深感谢！”寥寥数语，可见一位大学者的风范。时下有的作者将他人学术成果据为己有，哪有感谢之辞。罗尔纲（1901—1997）是我国著名历史学家，更是太平天国研究权威，有人赞其是太平天国“研究时间最长，用力最勤，著作最多的一位集大成者和杰出代表”。海外学者费正清曾说“罗尔纲的《太平天国史纲》现在仍然是最好的一部概论性著作”。

同样，大学者余嘉锡（1884—1955）将1939年发表在《辅仁学志》第八卷第二期上的《宋江三十六人考实》一文，作了修订与补充后，由作家出版社于1955年1月出版。《水浒传》所描写的以宋江为首的许多人物、故事，大多有典籍与史料出处，但作者“缀辑微引，就他所接触到的册籍、著录，予以考证，对于研究水浒的取材以及写作和形成过程，是有一些帮助的”（《出版说明》）。有专家回忆余嘉锡：他做学问下笔不苟，引用史料定要穷源竟委，找到可靠的根据，才写在论文里，引书一定要注明卷。校对文字，凡是引用材料，总是比较精准，写字也是一笔端正的楷书。我想，研究古典文学，以史料考据文章如是，吾辈爱好现代文学史料考证，能存半点马虎吗？！

在书商王小学的地摊前，选了四册。他估价时，特别拿出《红岩》说："这是红色收藏哎，里面有不少版画插图哪！"说着翻开书页来找插图让我过目，意思无非是想抬高书价。我于红色收藏向无兴趣，但时下十七年文学的经典之著真是不易找了。《红岩》由罗广斌、杨益合著，中国青年出版社出版，版权页写"1961年12月北京第一版，1962年6月南昌第一次印刷，印数1—30000"。有这种情况，甲地出版的书放到乙地印刷。如果没有弄错的话，这该是初版初印本了。以后重印达113次，印数超过一千万册，是我国发行量最大的一部现代长篇小说。因为印量巨大，现在不难找到，但如此品相之好的初版本，真是天赐我也。

"文献文学"好传统

中秋刚过，桂花凋零，香气渐远。天已开始向昼短夜长转换了，晨5点多到文庙，天幕上还是黑黑的，有不少人打着手电在地摊上找书，如同"鬼市"一般。气温也开始转凉了，出早门我得在长袖衬衫外，再加一件外套了，毕竟年龄不挠人呢！

走近一个地摊，我就被《战斗着的日子》吸引住目光。书名是从右向左边读去的，我想它一定是繁体字竖排版式的，也应该是五十年代初的出版物。果不其然，书名下有"张香山著，海燕书店印行"一行字。版权页上印"一九五〇年十月第一版"，印数4000本。"海燕书店"下的地址为"上海中央路二四号二一一室"，今为南京东路原中央商场附近。书店创办人俞鸿模曾写过《海燕十三年》的回忆文章，最后说1951年的海燕书店，与群益出版社、大孚出版公司公私合营组建新文艺出版社（即上海文艺出版社前身）。作者张香山（1914—2009）生前为中联部副部长、中宣部副部长，早年毕业于日本东京高等师范，回国后任天津"左联"党组书记，是日本问题专家，还译有《观察与典型》等书。在《后记》中他写道："我从一九三七年参加八路军起，总是利用紧张繁忙的战斗和工作间隙，把这些日子的生活，陆续地纪录下来。现在集在这个小册子里的素描《战斗着的日子》，就是在这一年里所记下来的生活实际。我对它总还是有所挚爱的，原因是这篇作品里所记录下来的生活本身，是值得珍爱的，这生活，有思想、有感情，有血也有肉，也告诉我们：在那混乱、张惶、败退的日子里，只有人民，只有共产党和八路军才真正擎撑住了民族的危局。最后，在这本小册子里的另外两篇作品：《记刘伯承将军》和《我看见了人民的战争》，则是我在抗战胜利后写的，现把它们收集在这个小册子里，乃是作为我对曾经谆谆地教育过我的刘将军所表现的一种衷心的敬爱，和对曾经同我一起生活了八年的太行人民所表示的一种深切的怀念。”这就可以看出，这是一部非虚构的纪实性文学作品。正巧，10月8日，2015年度诺贝尔文学奖揭晓，获奖者为白俄罗斯女作家、记者阿列克谢耶维奇。她出版了《我是女兵，也是女人》《锌皮娃娃兵》等报告文学作品，她称自己的作品为“文献文学”。真是久违了，在诺奖历史上，难得有非虚构作家获奖。她的获奖，将有助于世界文学中纪实类作品的繁荣与发展。在我国现代文学发展中，纪实文学有着良好的传统。周而复早期在延安写的《诺尔曼·白求恩片断》，阿垅在上海参加“八一三”淞沪抗战时写的《闸北七十三天》等，都是优秀的人物传记和纪实文学作品。包括我今日淘得的这册《战斗着的日子》，它们现在都有一个崭新的名词——“文献文学”。

在另一地摊，我偶然翻到一叠“白皮书”，即报纸连载小说的剪贴本，自装白纸封面，题写书名、作者。我曾经淘得过田遨《杨度外传》、沈寂《大世界传奇》等老作家的长篇小说剪贴本。今日忽见七八种，我挑出两种，一为《客自南洋来》，作者王啸平（1919—2003），是作家茹志鹃的丈夫、王安忆的父亲，他早年投身抗日运动，新中国成立后在南京任前线话剧团编导，后调上海人艺任导演，执导过《霓虹灯下哨兵》等，曾出版《永生的人们》《两位战友》等。《寄自太平洋》后由百家出版社于1990年出版单行本。另一为上海作家俞天白的《大上海沉没》，前此刚去他家拜望过，听他畅谈二十年前这部长篇小说的出版轶闻，真有点惊心动魄，牵动了国家上层人物。今日淘得两种小说剪贴本，也是书运。感谢细心读者，每日读过，剪下存着，连载完毕，自订一册，自阅、传阅两方便。这报纸副刊上进行小说连载，不知始于何时，似乎没人研究过，大概自现代意义上的新闻报纸创办始，为吸引读者，才有了“连载”一招。当年张恨水同时写着几部长篇小说供给副刊连载，扩大了报纸影响，满足了读者文化需求，也使作家有了用武之地。这些剪贴本，说不上是正规出版物。每日的报纸，虽发行量巨大，但看过也就成了明日黄花。如此日日做剪报的有心人却寥寥无几。这样的剪贴本，在我眼里，比正规出版的小说集更稀少更珍贵。就如田遨、沈寂的剪贴本，他们自己不存，当我持请他们签名留念时，老人露出惊喜的神色，说想不到会在旧书摊上淘得如此特别的自制书籍。

二十世纪五六十年代，正是我国经济建设的高潮，也是文化普及的热点。尤其是语文知识的学习，从扫盲开始，让工农大众能看书阅报，能写信作文，可谓功不可没。当《学语文》三个红色大字跳入我的眼帘时，我本能地从心底涌现一股暖流，中国的汉语文字，是我们一辈子的朋友呢！此刊

《学语文》创刊号

是月刊，从1960年3月创刊开始，共连号7期，摊主要价不高，说5块一本，最后却以20元成交，平均每期只合3元，到哪去找啊。《创刊词》中写道：“《学语文》这个刊物，就是我们合肥师范学院为欢呼社会主义建设高潮的到来而创办起来的。我们希望通过这个刊物来宣传毛主席的文艺思想和有关语言方面的指示，普及语文知识，促进语文教学持续大跃进，希望它能帮助广大语文学习者提高语文水平，来更好地为社会主义建设事业服务。”从内容上看，此刊确实丰富通俗，有对文学作品的分析、评点，也有《我是怎样改进作文教学的》经验交流，有很强的针对性、实用性。联系当今现实，语文教学似乎薄弱了，大学生怕写文章，也很少写出端正的汉字。这令人堪忧的语文教学呢。

今日虽然没有遇见看得上的民国版，却淘得一册洋装日文版《新色盲检查表》，由石原忍编著，关田屋书店出版于昭和七年九月，相当于民国二十八年。这是一种精装彩印本，前面是检查表的说明、用法等，后面一页一图，里面五彩六色中，藏着数字。我想到每次体检时，面对视力表，常常四个方向看不清楚，视力不佳。而医生拿出类似的色盲表，我立马能一一辩识，分毫无误。一差一好，印象至深。可堪一说的书，还有俄语版的《漫画》，大大的近八开的开本，很是气派，18册才40元，我国当年的《漫画》杂志，似模仿苏联老大哥的样式。

今日还淘得不是旧书的文房之物，如胡开文旧墨五锭，朵云轩早期笺纸一刀，更奇的是见到一厚叠有彩色图案的卡纸，我想这倒可以制成精美的贺卡，遂想购买些。摊主说1元1张，我让其数下，约300张，讨价还价花了250元全要了。回家仔细观之，每张图案都是不同的，即便几十张画鱼或画鸡的画，也是粗看张张一样，细观各各不同，我喜上眉梢，这是手绘卡啊！

我的『藏缘』与『读缘』

宋健

生长在天津宝坻农村，幸喜与藏书和读书结缘，让我不虚此生。

我与书的缘分，大约启蒙于孩童时期的“听书”。何谓听书？就是在夏日的晚上，热得汗流不止而无法入睡，于是到屋外，在门口，或街头，或葫芦架下，邻里六七个人或更多，聚在一起，谈天论地，说古言今。乡间读书人少，知识相对也少，科学的东西更少，但并不妨碍大家天地古今地神聊海筛（即说，吾乡方言也），荤的，素的，悲的，喜的，品种全，花色多。而我最爱听的是鬼故事（严格地说其中有不少神话故事和民间传说）。鬼故事没有多少科学性，与科学相遇就得退避三舍，否则必幻灭。但缺少科学性也就多些神秘和恐怖，听起来上瘾。常常是听完一个，就央求再讲一个。问这么多鬼故事是从哪里来的？一位因手小而绰号“手爷儿”的，读过书，教过书（其时他属于“黑五类”，到底是哪一类记不清了），他告诉我，有一本叫“聊斋”的书，专门说这些故事，于是我知道天地间有一本书叫《聊斋》，梦想着有一天见到这本书，自己直接面对书中的狐仙或花妖，并幻想着将来在一处邻坟的树林中或旷野里，结几间草舍，挑灯夜读，夜深人静的时候，一阵风吹进来，灯灭了，然后听到敲门声……

1976年，史称“浩劫”的“文革”即将结束，但在我求知的田野里还是一片荒凉。在农村，那些牛鬼蛇神被“扫荡”了，“毒草”也被拔除得差不多干净了，但有一本叫《水浒传》的书，却正在走红，因为它“只反贪官，不反皇帝”，“大军一到，便受招安”，是揭露投降派的好教材。全国自上而下，都在大评特评，因而我有幸在村干部儿子（与我同岁，人机灵，但学习笨）的帮助下，读到了《水浒传》。这是让我毕生难忘的·次阅读，大约两天一夜，三巨册（在当时的我看来真是太厚了）的《水浒传》我一气读完了！真是大快人心，人心大快啊！以后我见到《水浒传》，就像见到老朋友，必请之到我家做客，如今寒舍的书橱里，各种版本的《水浒传》已有近二十种。

1977年，我十四岁，在另一位村干部爱女的帮助下，读到了被视为“禁书”的《红楼梦》。家里的“防震棚”（其时为唐山大地震后）不适于看禁书，蓟运河大堤上的“土牛”（防汛备用的土堆）于是成了书桌。我躺在土牛上，仰天捧读，累了就放下书，凝视着比现在白的云、比现在蓝的天，神思遨游不已。躺累了，再辗转而俯卧着读，趴得久了，肚皮被土块硌得由痛而麻，由麻而更痛，那滋味儿，现在还记得。

以后我负笈津门，才叫傻小子进城，开了眼，见了大世面，时在1981年。其时各种文学著作和文学研究著作，恰如雨后春笋般竞相出版（其他学科情况相同），其价格，现在看来，那叫真便宜！每当回想时，均生今不如昔之感！我当时不幸犯在“穷”字上，每月不到二十块钱的生活费，勉强能够吃饱，但我仍然省吃俭用，用饭钱来买书——其中还有一次花十几块的壮举！十几块钱，当时能买多少本书啊！记得是在劝业场二楼的古籍书店，三十多本吧（多为特价书），用尼龙草捆好了，提着，走几十米就要换一次手，真沉。可现在呢，前不久去北京，见到许多让我心痒难熬的书，挑来捡去，选了三本，一算账，八十四元！在如梦的20世纪80年代，这可是天价，会让我半年吃不上饱饭。现在生活好了，经济上宽裕了，但书价涨得是不是太邪乎了。

闲话少说，接着说我的买书。我像饿坏了的乞儿，分不清山珍海味，也不管粗茶淡饭，吃到嘴里，都是一个滋味——香，解馋。也真是的，那些年，没有“扫黄打非”这样的名目，书店里（还没有遍布城乡的个体书摊）都是“不黄”的正版，特点就是“好”。这好，得分几方面说。

一是内容好。“文革”以后经过了多年的沉寂，多少作家、学者，正如枯木逢春，枯枝发芽，以前不能出版的著作竞相出版，那都是真才实学的结晶，字字皆是血，句句不寻常，谁会有心情、有精力去弄什么“黄”的东西？

二是装帧好，素雅大方，没有现如今的这么多花里胡哨。花里胡哨，目的不是替读者着想，而是为了借此涨价，一花里胡哨，就可以多卖几块几十块上百块，何乐而不为？但苦了读者，比如时下风行的所谓“豪华本”“珍藏本”，乃是大款、大腕、明星附庸风雅的装饰品，我辈读书人豪华不起，也珍藏不起。再如一种叫作“压膜”的装帧，现属较低档次，估计是针对读书阶层的，表面看，够漂亮，但漂亮就要花相应的“漂亮钱”。岂知这压膜恰如大家小姐，中看不中用，而且受不得委屈；岂止是受不得委屈，是没人敢招惹她，免得“粘”上，躲都躲不开。且说这压膜书，放在书橱，势必有别的书作她的左邻右舍，日子久了，这压膜书就与左邻右舍粘到了一起，取读时必须加倍小心，否则，她会把左邻右舍的封面带下来。这还了得？！更可怕的是，两个或两个以上的压膜书为邻居，像是碰上了冤家，取读时竟让人颇为犯难，怕因此而“株连”了一大批。这种包装，除了“贵”之外，有什么优点？而素雅大方的装帧，看着心里就那么舒服，像没有架子的名人，平易近人的高干，反益加可敬可佩，可亲可近。

三是印刷好，主要表现在校印皆精，绝少错舛。这与目下之“万言之文，错误百出”相比，真有天地之差。一个例子，春节前在北京的书店买到一本张中行《负暄续话》，回家一看，里面竟是三十多张“白版”，不知是买书还是买本儿，让人哭笑不得。像这样的情况，“想当年”是绝少发生的。

四是书价低廉。以上说了不少，此处从略。

五是品种多。那时出版社还没有“承包”或“自负盈亏”，所以有些赔钱的书也出，这就便宜了读者。我的藏书有相当一部分，就是那时买的。恨的是当时太穷，有些书想买，却买不起；现在买得起了，出版社又不肯出了。

买了二十几年的书，日积月累，数目渐多。前些年，在县图书馆（现在已成区图书馆）几位同志的协助下，进行了粗略的统计，竟超过了16000册，仅书目就抄了500多页。这个数目，对一个非学者、非作家、非教授、非名正言顺的文化人来说，也称得上可观了吧。早在1997年，我就被市有关部门授以“津门百佳优秀藏书家庭”称号！

买书多了，藏书是个问题。先是没房子住，住单位宿舍，钉几个木箱子。屋子潮，木箱便上了床，而我在睡觉的问题上，只好采取游击战术，可谓随遇而安。以后结婚成家，有房子了，但仅两间，又窄小，书仍放箱子里，取用十分不便，就盼着早日能住上“广厦千万间”中的几间，以便单辟一室，珍藏我的这些“爱物”。后来，住上三间房了，箱子里的书上架了，层层叠叠，取用仍觉得不便。好在再以后的日子，从目前现状看，是越来越好，居住条件亦然，早晚有一天，我会有间像样的书房吧！

“藏”与“借”是对矛盾。爱看书，交的朋友必然也都犯同一个毛病。可是有一样，大多数人不像我，能够不惜血本，花钱买；所以他们多向我借，我面嫩，谁借，就拿走，可又不好意思讨要，这样藏书就多有流失。这些年，总有四五百本一去不返吧！聊以自慰的是，他们都是爱书的人，总不至于丢弃或损坏吧？书有人读，就是物尽其用，一去不返也未必是坏事。还有，就是主动“送”，有了好书，自己看了，好，忍不住就推荐给朋友看，送出去，往往又回不来，只好自己再买。记得黄裳的《珠还记幸》买了两本，目前我无一本；董鼎山的《天下真小》买了三本，也均不知道流落何方；臧克家的《青柯小朵集》也买过两本，我想看了，竟不知道找谁去借……这情形，也怪让我伤心的。总之，在借书、还书这件事情上，朋友对不起我的时候，比我对不起朋友的时候多多了。再就是捐赠，每有“上边儿”发起活动，我都要捐书，且比别人多。前些年单位恢复职工图书室，缺书，我送了二百多本，以现当代文学为多，外国文学次之，古典文学和历史读物又次之，还有少量棋类读物。单位领导呢，对此举当然十分欢迎，派两人去我家拉。谁知这二位也多少爱看点书，不好意思拿我的“藏品”，就从我的“赠品”里来截流，选了三十多本“够档次”的，这样送到图书室的，只剩一百八十多本了。自己的感觉，藏书是件难事，如打下了江山要守住，真是不易。

买书是件苦事，因为要考虑口袋里的钱，以及它与以后一段时间吃饭问题的关系，二者间的冲突，不管哪方胜利，受折磨的都是自己。然而读书则是乐事，此一乐，山珍海味，金簪玉佩，暖室椒房，皆不足比拟之。读书之乐，唯读书人知之，此乐，不足与不读书之人道也。归根结底，没有此乐，谁也不肯忍饥挨饿而买之，点灯熬油而读之，正如抽大烟，读书也上瘾。其瘾大乎哉。就我而言，外面的世界很精彩，我不为所动；外面的世界很无奈，与我何干？我读书的瘾，是外面世界任何事情都无法替代的。有一年春节，我撰春联以明志曰：有饭吃有衣穿是真幸福；有书读有事做是真快乐。横批：俭朴宽厚。邻里看了，都说好，只是太白。我不服，自以为“颇雅”。看来，读书将伴我一生了。

藏书多了，自然要读；读得多了，就会有看法；看法写下来，就是文章，或美其名曰论文。十几年来，不常写，但也写了一些，大约总有百余篇，自认为像点样子的有三四十篇。最高的，发表在国家一级刊物上；次之，大学学报或省市刊物；又次之，一般报纸；复次之，县里办的出版物。也有的无法论高低，是发表在香港的杂志上，论稿酬是国内一级刊物的二十倍，且是美元或港币，但刊物商业味浓，而文化味淡。我曾发宏愿，是写书，真的就写了一本。那是1993年夏，一位红学同道约我写关于《红楼梦》中游艺方面的小册子，说某出版社要出一套丛书，共六十个题目，每题一本，十万字左右。我说我不行，他说你行，事就定了。其时，我正犯腰疼，就忍着痛写，四个月，写完了，交上去。不久朋友带话说，人家认为写得好，且特别指出我的“字好”，估计半年内能印出来。我大喜，静候佳音。岂知佳音五年多未至，打听了一下，说主事者退休了，出丛书的事黄了。我出版第一部“大著”的愿望，就这样像水泡一样，破灭了。

还有一件事也值得说说，因为也是由书而来。这些年，虽然不经常，但也偶尔涂涂抹抹，有人视砖瓦为美玉，说挺好。因此而结识很多文化人：享大名的如张中行、周汝昌等先生，对我勉励有加，寄望颇深；著名的如杜景华、汪道伦、王志尧、欧阳健等先生（均为红学家），视我为入室弟子；著名而不太为常人所知的刘尚恒先生，是古籍方面的大专家，对我很是厚爱，竟把手稿拿来供我参考；曾享大名而后一生曲折、饱经磨难的笑天先生，与我成忘年挚交。我惭愧，自知在读书、学问方面尚未入门，不能拿出像点样的货色，来报答厚望于我的长者和先生，但与他们相识，却是我一生之大幸。

新书架

山东省图书馆馆史资料选编

山东省图书馆 编

ISBN 978-7-5333- 2426-1　精装　16开　三册　2015年6月版　580.00元

本书是山东省图书馆自建馆以来第一部馆史资料集，内容包括创建以来至2007年有关山东省图书馆发展壮大的重要资料。全书共分三编：第一编，汇集自建馆至新中国成立之前的资料，包括各类馆务活动以及重要的计划、规划、章程等。第二编，时间跨度为新中国成立以来至1976年，反映了新中国成立以来前半期山东省图书馆的发展情况，包括图书馆的各项事业。第三编，时间跨度为1977年至2007年三十余年，基本反映了改革开放以来山东省图书馆的发展变化。

编后记

编完《藏书家》本辑（第20辑），我已经感到有些筋疲力尽了。前后近三年的时间里，我有幸参与四辑《藏书家》的编辑。这种兴趣爱好的契合，对于我这样的普通个体来说，也算是一种难得的经历了。可是每回草写编后记时，我都不知该如何面对读者——由于总是不能如期推出，只好在这里不断解释，从初拟每季一辑变成半年一辑，半年一辑又难以实现。一本丛刊出得如此坎坷，对于读者诸君的雅望，真的是有些辜负了。

虽说出版上波波折折，但是本辑《藏书家》仍固守既有传统——以老带新：老作者继续奉献，新作者层出不穷。编委郑伟章先生的《北京文献家新考》，文章风格一以贯之，材料丰富，考订严密，结论科学。编委沈津先生的《“书中自有颜如玉”——说女子抄书》，杂谈女性抄书，视角新鲜，娓娓谈来，掌故性和学术性兼具。编委谢其章先生的《旧期刊收藏的若干问题》承前刊出，使读者对相关问题的认识更趋完整。特约审稿人韦力先生的《寻访藏书家墓地》也是接续上辑，散文化风格的亲历叙述，使阅读过程变得兴味盎然。本辑的新晋作者数量超过以往，显示出《藏书家》不断扩大的影响力和持久生命力。陈东辉的《浙江大学的古籍藏书》、王菲和福田文彬的《槐影楼阅书记》、李开升的《漫谈古书中的“废纸”》、张磊的《周叔弢早期译作〈人心能力论〉》，缕述古旧图书，或宏观，或微观，新见迭出，新人耳目；杨琳的《新发现的〈永乐大典〉述略》、曹鑫的《王同愈藏书印考述》、王晓兵的《新发现的王献唐藏书及题跋》、姜庆刚的《周子美先生书信考释》，或考订抉微，或整理逸文，为进一步研究提供原始资料；荣方超和张芳的《古旧书商的商务品质及人文内涵——以〈津门书肆记〉中的书贾群像为例》、陈皮的《旧书堆里的签名本》，或品新书，或淘旧书，亦可谓各专其美。

在本辑的编辑过程中，《藏书家》的两位编委——时永乐先生和杨成凯先生，又先后因病离开我们。在这里，谨代表《藏书家》编委会全体成员和热心的读者，对两位先生的逝世表示沉痛哀悼！为此，我们专门请时永乐先生的弟子许超杰撰写了《书人已逝 墨香永馨——记先师时永乐教授》，请《藏书家》特约审稿人周晶先生撰写了《〈藏书家〉的未了情——追怀杨成凯先生》，以此来表达《藏书家》同仁对他们的深切怀念。

事非经过不知难。我想再次表达对长期关心和支持《藏书家》的作者和读者的谢意，你们的厚爱是《藏书家》长存的基础。

杜 鱼

2015年10月23日

图书在版编目（CIP）数据

藏书家．第20辑／宫晓卫主编．—济南：齐鲁书社，2016.1

ISBN 978－7－5333－3431－4

Ⅰ．①藏…　Ⅱ．①宫…　Ⅲ．①藏书—文集　Ⅳ．①G253－53

中国版本图书馆CIP数据核字（2015）第266175号

藏书家　第20辑

宫晓卫　主编

主管单位　山东出版传媒股份有限公司
出版发行　齊魯書社
社　　址　济南市英雄山路189号
邮　　编　250002
网　　址　www.qlss.com.cn
电子邮箱　qilupress@126.com
营销中心　（0531）82098521　82098519
印　　刷　山东德州新华印务有限责任公司
开　　本　787mm×1092mm　1/16
印　　张　12
字　　数　221千
版　　次　2016年1月第1版
印　　次　2016年1月第1次印刷
标准书号　ISBN 978－7－5333－3431－4
定　　价　**28.00元**